Inhalt

Editorial   3

Marie-Luise Hermann
Narrative Gerontologie. Ein Literatur- und Forschungsbericht   7

Katarzyna Swita
Narrative Gerontologie. Eine Interviewstudie   33

Elisabeth Gülich
»Volle Palette in Flammen«. Zur Orientierung an vorgeformten
Strukturen beim Reden über Angst   59

Brigitte Boothe
»Im Dezember bin ich umgekippt«. Erzählen über Kontrollverlust   89

*Thorsten Jakobsen, Christine Knauss, Puspa Agarwalla,
Ruth Schneider, Heinz Hunziker, Joachim Küchenhoff*
Eine komparative Kasuistik auf der Grundlage quantitativer
Ergebnismessungen und qualitativer Prozessbeschreibungen
als Beitrag zum Verständnis therapeutischer Prozesse   119

Merve Winter
Eine qualitative Studie zur Lebendorganspende. Werkstattbericht   143

Judith Rossow & Mone Spindler
Geschichten mit und ohne Bart:
Narrative Konstruktionen von Alter und Geschlecht   155

Louis Jent
Alt und älter   159

GAT Transkriptregeln   163

Autorinnen und Autoren   165

Wissenschaftlicher Beirat   171

Impressum

Psychotherapie und Sozialwissenschaft
ISSN 1436-4638
2007, Heft 1

ViSdP: Die Herausgeber; bei namentlich gekennzeichneten Beiträgen die Autoren. Namentlich gekennzeichnete Beiträge stellen nicht in jedem Fall eine Meinungsäußerung der Herausgeber, der Redaktion oder des Verlages dar.

Erscheinen: Halbjährlich

Herausgeber:
Jörg Frommer, Brigitte Boothe, Bernhard Grimmer, Jürgen Straub, Ulrich Streeck

geschäftsführende Herausgeberin:
Brigitte Boothe

Redaktionsanschrift:
Prof. Dr. phil. Brigitte Boothe,
Universität Zürich,
Binzmühlestraße 14/16
CH-8050 Zürich
b.boothe@psychologie.unizh.ch

Die Herausgeber freuen sich auf Ihre Manuskripte, die nach Eingang möglichst rasch begutachtet werden.

Abonnements:
bestellung@psychosozial-verlag.de
www.psychosozial-verlag.de

Bezug ab 2007:
Jahresabo: 29,90 Euro (zzgl. Versand)
Einzelheft: 18 Euro (zzgl. Versand)
Bestellungen von Abonnements bitte an den Verlag, Einzelbestellungen beim Verlag oder über den Buchhandel.
Das Abonnement verlängert sich um jeweils ein Jahr, sofern nicht eine Abbestellung bis zum 15. November erfolgt.

Rechte:
© 2007 Psychosozial-Verlag
Nachdruck – auch auszugsweise –
mit Quellenangabe nur nach Rücksprache mit den Herausgebern. Alle Rechte, auch die der Übersetzung, vorbehalten.

Anzeigen:
Anfragen bitte an den Verlag an

Editorial

Die Vermittlung eigenen Erlebens im narrativen Modus ist eine Praxis des Poetisierens, eine darstellende und beschwörende Form des Sprechens, in der sich ein Individuum oder ein Kollektiv selbst zum Ausdruck bringt, auf sich selbst verweist und das, was erzählend zur Darstellung kommt, als bedeutsam und persönlich involvierend vorführt. Es erstaunt daher nicht, dass sich die Altersforschung dem biografischen Erzählen zuwendet. Sie interessiert sich zunehmend für die narrative Selbstvergewisserung als substitutiver Handlungswirklichkeit, als intergenerativer Weitergabe und als Poesie eines Selbst- und Weltverhältnisses. Die narrative Gerontologie (dazu der Tagungsbericht von Judith Rossow und Mone Spindler Geschichten mit und ohne Bart: Narrative Konstruktionen von Alter und Geschlecht in diesem Heft) ist in besonderer Weise interessiert an der narrativen Herstellung von Lebenswelt, die gerade im höheren Alter zur Chance mentalen Integrierens gehört – einer Leistung, die seit Eriksons Modell einer lebenslangen Entwicklung des Selbst- und Weltbezugs stark beachtet wird. Das retrospektive Nacherleben, Gewichten, Werten und Neubetrachten macht sich geltend, wenn die Ausrichtung auf Zukunft, Planung und Einsatz für das bisher nicht Erreichte zurücktritt zugunsten der Aneignung des Vergangenen. Man will sagen können: *So war es. So war ich. So bin ich. So ist mein Leben.* Die Aneignung des Vergangenen geschieht auf persönliche und individuelle Art. Es ist eine Herausforderung und ein kreatives Vergnügen eigener Art, Biografisches aus der Vergangenheit und der Gegenwart im persönlichen Gespräch vor einem aufmerksamen, beteiligten Partner auszubreiten, der von außen kommt und nicht dem gewohnten Kreis angehört.

Vier Funktionen des Erzählens kommen in unterschiedlicher Gewichtung zur Geltung: Erzählen im Dienste der sozialen Integration: Die erzählende Selbstmitteilung fordert *soziale Resonanz* und Kommentierung. Die Darbietung zielt auf ein emotionales Echo des bedeutsamen sozialen Anderen ab; Erzählen im Dienste der psychischen Restitution: Im Prozess des Erzählens wird versucht, das Gewesene in Richtung auf das Wünschbare zu korrigieren. In diesem Sinne dient die Erzählung dem Interesse einer nachträglichen Erfüllung. Das Modellieren des Erzählprozesses als *Imperativ einer Wunscherfüllung* steht in produktiver Spannung zur Abwehrbewegung; zusätzlich muss die Erfüllungsdynamik »Vermeidung von sozialer Ablehnung« publikumsgerecht gestaltet und im Bedarfsfall verdeckt werden; Erzählen im Dienste psychischer Reorganisation: Diese Modellierungsleistung ist eine

Editorial

Bewältigungsstrategie seelischen Aufruhrs, mit der versucht wird, erlittene Erschütterung, psychische Destabilisierung in negativer, traumatisierender oder in positiver, euphorisierender Richtung im Nachhinein durch wiederholtes Erzählen zu integrieren. Der aktive Prozess des Gestaltens erhöht das Gefühl der Kontrollierbarkeit. Und schließlich: Erzählen im Dienste der Vergegenwärtigung: Erzählen ist Evokation von Vergangenheit in einem neuen Beziehungskontext.

Marie-Luise Hermann präsentiert Narrative Gerontologie als Literatur- und Forschungsbericht. Katarzyna Swita gibt anhand ausgewählter Beispiele Einblick in eine Interviewstudie (narrative lebensgeschichtliche Interviews mit Personen im hohen Lebensalter), die an der Universität Zürich durchgeführt wird.

Erzählte Angst – ein großes Thema. Erzählanalysen, wie wir sie auf der Basis von Verbatimtranskripten an der Universität Zürich durchführen, weisen darauf hin, dass sich zwei Prototypen narrativer Angstdarstellungen unterscheiden lassen: einerseits risikofokussierte und andererseits schädigungsfokussierte Angstdarstellungen. Risikofokussierte Narrative thematisieren die Konfrontation eines Ichs, einer Person mit einer Bedrohungsattacke; der Erzähler schildert, wie er ihr entkam, sich ihr stellte oder sie glücklich oder blessiert überwand. Schädigungsfokussierte Angstdarstellungen stellen die Bedrohungssituation als übermächtig und letztlich unentrinnbar dar, das Ich ist invasiven Attacken und Blessuren ausgesetzt und thematisiert erzählend vor allem die Schädigungsfolgen, die oft als bis in die Gegenwart reichend geschildert werden. Es ist das Muster der schädigungsfokussierten Angstdarstellung, das im psychotherapeutischen Kontext die zentrale Rolle spielt, neben jenen – bei Gülich und Boothe im Folgenden besonders wichtigen – Formen der Angstkommunikation, die Angst- und Bedrohungsinhalte in der Latenz oder in der Ambivalenz zu halten sucht.

Angst lässt sich charakterisieren als alarmierte psychophysische Verfassung bei Bedrohung der Integrität und Intaktheit der eigenen Person, bedeutsamer Anderer und bedeutsamer Güter angesichts einer negativen Kräftebilanz zu den eigenen Ungunsten. Das Bedrohungserleben kann sich auf den Ebenen der physiologischen Regulierung, der Expression, der Thematisierung und der Aktion geltend machen. Angst gilt seit den Anfängen der Psychoanalyse als Gegenstand von elementarem Interesse, weil es Angst ist, die den Radius des Handelns verengt und die Urteilsfunktionen beeinträchtigt, weil sie Entwicklungschancen blockiert, vor allem aber, weil sie – insbesondere dies galt als neurotische Angst – sich gegen die eigene Person zu richten vermag, genauer, gegen eigene Regungen, Gedanken und Wün-

Editorial

sche. Man kann vor sich selbst nicht fliehen und vermeidet gleichwohl die Selbstkonfrontation. Daher schafft die selbstgerichtete Angst eine doppelte Latenz: die Angst wird verschleiert, und ebenso werden mögliche Objekte und Ursachen von Angst unkenntlich gemacht oder verfremdet. Eindrucksvoll ist und bis heute bemerkenswert wenig erforscht (allerdings war Elisabeth Gülich die Initiatorin der *Kooperationsgruppe Kommunikative Darstellung und klinische Repräsentation von Angst,* ZIF Bielefeld 2004), wie sich die Thematisierung von Angstinhalten sprachlich und kommunikativ vollzieht und wie sich die Vermeidung der Thematisierung von Angstinhalten sprachlich vermittelt. Elisabeth Gülichs Beitrag »Volle Palette in Flammen«. Zur Orientierung an vorgeformten Strukturen beim Reden über Angst eröffnet ein außerordentlich interessantes Forschungsfeld, das von sprachwissenschaftlichen Beobachtungen an diagnostischen und psychotherapeutischen Gesprächen mit Patienten ausgeht und zu unmittelbar klinisch relevanten Befunden kommt: Die Darstellung von Angst bedient sich häufig einer Rhetorik des Eindringlichen, evokativer Bildlichkeit und der Dramatisierung – z.B. »Volle Palette in Flammen« – zugleich aber spielen Stereotypien, formelhafte Wendungen und andere vorgeformte Ausdrücke eine bemerkenswert große Rolle. Die Vermittlung von Angstinhalten scheint, zumindest im klinischen Kontext, einer widersprüchlichen Dynamik zu folgen; Darstellen versus in der Latenz Halten, Selbstöffnung versus diffundierende Distanz werden als Leistung der Sprache und der kommunikativen Arbeit sichtbar. In diesem Sinne ist Brigitte Boothes Beitrag »Im Dezember bin ich umgekippt«. Erzählen über Kontrollverlust als kasuistische Ergänzung zu Elisabeth Gülichs Befunden zu verstehen.

Wenn Angst und ein Interesse, sich zu schützen, dasjenige ist, das zur Rettung einer bedrohten Person überwunden werden muss, werden andere Thematisierungs- und Formulierungsmittel eingesetzt, naheliegenderweise das Nivellieren des eigenen Risikos, das Hochstufen der Erfolgsaussichten der eigenen unterstützenden Handlung sowie Maßnahmen der Normalisierung oder Veralltäglichung des Vorgangs. Über solche Beobachtungen kann Merve Winter im Rahmen ihres laufenden Forschungsprojekts zur Lebendorganspende im Rahmen des neu eingerichteten Schweizer Graduiertenprogramms *ProDoc* berichten; eindrucksvoll ist zugleich die kommunikative Darstellung des Ringens um Zuversicht und Angstnivellierung, Angst und Sorge schaffen sich hier vor allem metaphorisch Ausdruck.

Wie qualitative Forschung sich mit quantitativen Verfahren sinnvoll verbindet und zu spezifisch klinisch relevantem Ertrag führt, zeigt die Studie von

Editorial

Thorsten Jakobsen, Christine Knauss, Puspa Agarwalla, Ruth Schneider, Heinz Hunziker, Joachim Küchenhoff. Die Autoren legen Eine komparative Kasuistik auf der Grundlage quantitativer Ergebnismessungen und qualitativer Prozessbeschreibungen als Beitrag zum Verständnis therapeutischer Prozesse vor. Im Zentrum stehen zwei Behandlungsprotokolle der in Basel durchgeführten FIPP-Studie zu Prozess und Ergebnis psychoanalytischer Psychotherapien. Die beiden Fälle unterscheiden sich nach quantitativer Messung deutlich in Bezug auf den Erfolg. Es ist die detaillierte Inspektion der OPD-Diagnostik, und es sind die qualitativen Auswertungen der von den Therapeuten notierten Prozessnotizen, die Einblick in Wechselwirkungen zwischen Störungsprofil und Veränderungsressourcen, kurativen Beziehungschancen und Zuschnitt der Arbeit an und in der Übertragung geben. Die intensive qualitative Analyse erschloss die beiden Therapieverläufe im systematischen Vergleich; sie erweist sich auf handlicher Konkretionsebene als ausgesprochen nützlich für die klinische Praxis.

Besonderer Dank für die ausgezeichnete und kontinuierliche redaktionelle Unterstützung gebührt Frau lic.phil. Nicole Kapfhamer!

Für die Herausgeber Brigitte Boothe

Narrative Gerontologie.
Ein Literatur- und Forschungsbericht

Marie-Luise Hermann

Zusammenfassung
In einem Überblick über aktuelle Literatur und Forschung der Narrativen Gerontologie werden verschiedene Forschungszugänge und Befunde zu altersspezifischen Kernthemen vorgestellt und in Beziehung zu benachbarten Gebieten gesetzt. Auf einige Grundannahmen der Narrativen Psychologie folgt eine Zusammenfassung allgemeiner Funktionen und kurativer Wirkungen des Erzählens aus Sicht der psychologischen Erzählforschung. Das Thema *Erzählen im Alter* wird von unterschiedlichsten Seiten beleuchtet: Befunde aus der Linguistik zeigen intergenerationelle Kommunikationsmuster zur Bildung von Altersidentität sowie eine Zunahme von positiven Wörtern, Komplexität und Futurformen im Alter. Ziel der Narrativen Gerontologie ist es, die inneren Aspekte von Alternsprozessen zu erschließen. Exemplarische Studien zeigen eine innovative Methodenvielfalt überwiegend qualitativer Forschung zu Themen wie Lebensprojekten, Lebensrückblick und Akzeptanz im Alter, Glücksmodellen und Kreditierung im lebensgeschichtlichen Interview. Die herausragende Bedeutung der Biografie für die Alterspsychotherapie wird an verschiedenen Formen von Life Review oder Life Review Therapie sichtbar, deren Wirksamkeit für Patienten mit Depression und Posttraumatischer Belastungsstörung nachgewiesen ist. Abschließend wird die innere Sicht des Alterns durch Befunde der gerontopsychologischen Forschung zu den Konzepten Subjektives Wohlbefinden, Kohärenzgefühl, Resilienz und Coping, die auf subjektiven Einschätzungen beruhen, sinnvoll ergänzt. Perspektiven der Narrativen Gerontologie werden einerseits im präventiven Potential von Life Review als Vorbereitung auf das Altern gesehen, andererseits in den Differenzierungsmöglichkeiten der qualitativen Forschung, um der Heterogenität von Alternsverläufen gerecht zu werden.

Schlüsselwörter
Narrative Psychologie, Erzählforschung, Narrative Gerontologie, Life Review, Altersidentität

Abstract: Narrative Gerontology: survey of current literature and research

In a survey of current literature and research of narrative gerontology, various research approaches and results of age-specific core themes are presented and related to adjacent disciplines. Basic assumptions of narrative psychology are followed by a summary of general functions and healing effects of life-telling from the view of psychological narrative research. The topic narrative life review is illuminated from different sides: Linguistic findings show intergenerational communication patterns for construction of an identity of ageing as well as an increase in positive words, complexity and future tense with growing age. Narrative Gerontology aims at exploring the inner aspects of ageing processes. Exemplary studies show an innovative variety of mainly qualitative methods on subjects such as life projects, life review and acceptance in old age, models of happiness and credit giving in life review interviews. In diverse forms of life review or life review therapy the significance of biography for psychotherapy of the elderly is made visible, their effectiveness is proven for patients with depression and posttraumatic stress disorder. Finally relations to results of the geropsychological concepts of subjective well-being, sense of coherence, resilience and coping are shown, that are based on subjective estimations and allow complementing the inner view of ageing. Perspectives of narrative gerontology are seen on the one hand in the preventive potential of life review as preparation for ageing, on the other hand in the possibilities of differentiation in qualitative research to meet the heterogeneity of ageing processes.

Keywords
Narrative psychology, narrative research, narrative gerontology, life review, identity of ageing

Erzählforschung

Erzählen in der sozialwissenschaftlichen Forschung

Im Zuge der narrativen Wende erfuhr das Erzählen in den letzten 20 Jahren ein bis dahin ungekanntes sozialwissenschaftliches Forschungsinteresse, was zu einer Fülle von Konzepten und Modellen zur narrativen Konstruktion des Selbst (Bruner, 1998; 2002), der Zeit (Brockmeier, 2000) und der Narrativen Identität (Ricoeur, 1991) führte (Überblick in Hermann, 2006). Grundlage der *Narrativen Psychologie*, die Forschungsinteressen aus der psychoanalytischen Therapie, Persönlichkeitspsychologie, Kognitiven Psychologie und psychologisch-philosophischen Theoriebildung vereinigt, bildet das Verständnis von Verstehen und Wissen als Konstruktionsprozess, der narrativ und sozial hergestellt wird (Polkinghorne, 1998; Gergen, 2002). An die Stelle des traditionellen Identitätsbegriffs eines unveränderlichen und substanziellen Selbst tritt das Identitätskonzept eines lebenslangen Konstruktions- und Dekonstruktionsprozesses im sozialen Beziehungsgefüge (Brockmeier, 2000; Gergen, 2002). Im autobiografischen Erzählen als Prozess des interpersonellen Verstehens wird Wissen über das eigene Selbst und damit Identität erst gebildet (Hoshmand, 2000). Mit einer verständlichen Erzählung lässt sich »ein Gefühl der Kohärenz und Gerichtetheit von Lebensereignissen erzeugen. Das Leben erhält Sinn, und Geschehnisse werden mit Bedeutung erfüllt« (Gergen, 1998, S. 176).

Psychologische Anwendungsfelder der Erzählforschung

Die Grundlagen psychologischer Erzählforschung werden durch verschiedenste Untersuchungszugänge gelegt. Ihre Ziele liegen in der Bestimmung von Funktionen des autobiografischen Erzählens, seiner kurativen Wirkungen und Möglichkeiten, Psychotherapieprozesse erfassbar zu machen:

Lucius-Hoenes (1997) Forschungsinteresse an narrativen Interviews von Patienten mit chronischer Krankheit oder Behinderung gilt dem Interview als »narrativer Ressource« für die Identitätsarbeit und der narrativen Bewältigungsleistung des Erzählers (2000, [4]), sowie der interaktiven Prozesse, mit denen die »Handlungsaufgabe« des Interviews gelöst und narrative Identität hergestellt wird (2000, [7]). Die Autorin bestimmt als ›Wirkfaktoren‹ der Bewältigungsfunktion zum einen Eigenschaften der Textart Erzählen sowie Bewältigung durch die interaktive Gestaltung der Erzählsituation, die auf Textebene in spezifischen Merkmalen erfasst werden kann (2002, S. 179ff; vgl. Psychotherapie und Sozialwissenschaft, 4, 3, 2002). Ein reichhaltiges diskursanalytisches Arbeitsbuch steht zur Verfügung (Lucius-Hoene & Deppermann, 2002).

Roeslers (2001) Untersuchung autobiografischer Interviews auf Identitätskonstruktionen von Menschen mit chronischer Krankheit oder körperlicher Behinderung führt zu einer Typologie individueller Verarbeitungs- und Sinnfindungsprozesse. Roesler zeigt, dass die individuelle Identitätskonstitution auf kollektiv zugängliche Geschichtentopoi und kulturell vermittelte narrative Sinngebungsmuster zurückgreift.

Diese Befunde zur Bewältigung eines Lebensschicksals erscheinen vergleichbar mit den Anforderungen von Lebensrückblick im höheren Lebensalter.

Als Forschungsinstrument der psychodynamischen Psychotherapieforschung hat die Erzählanalyse JAKOB (Boothe et al., 2002; Boothe, 2004; Luder, 2006) zum Ziel, Erzählungen aus Therapietranskripten in ihrer dramaturgischen Erzähldynamik systematisch zu erschließen und mit Konzepten psychoanalytischer Konflikt- und Beziehungsdynamik zu verbinden. Damit können vier Funktionen des Erzählens (Aktualisierung, soziale Integration, Reorganisation und Restitution), aber auch unbewusste Konflikte diagnostisch erfasst und untersucht werden.

Auch der Wirksamkeitsnachweis von Psychotherapie kann über die Untersuchung von Narrativen geführt werden: Für die psychoanalytische Therapie mit der Methode des Zentralen Beziehungskonflikt-Themas (ZBKT, Luborsky & Crits-Christoph, 1990) durch die Analyse sich wiederholender Beziehungsmuster, für die humanistische Kurztherapie mit dem Narrative Assessment Interview (Hardtke & Angus, 2004), das Veränderungen der narrativen Selbstbeschreibung erfasst.

In der Narrativen Therapie (White & Epston, 1990; Polkinghorne, 2004) liegt das Ziel im Bewusstwerden und Überwinden restriktiver Selbst-Geschichten, »dominierender, problem-saturierter Erzählungen« (Grossmann, 2003), die intra- und interpersonell verfestigt sind, jedoch nur eine unter mehreren möglichen Versionen darstellen.

Der Nachweis gesundheitsfördernder Effekte des Schreibens oder Redens über emotionale Belastungen (emotional disclosure) wird jedoch auch durch Pennebakers experimentelles Paradigma in vielen Untersuchungen auf biologischer, sozialer und linguistischer Ebene erbracht. Aktives Nicht-Sprechen über einschneidende Lebensereignisse stelle als physiologische Hemmung einen Langzeitstressor auf psychosomatische Prozesse dar, während das Schreiben zur Reorganisation von Gedanken und Gefühlen zu traumatischen Erfahrungen und der Bildung eines kohärenten, bedeutungsvollen Narrativs verhelfe, das besser im Gedächtnis gespeichert und leichter vergessen werden könne (Graybeal et al., 2002; Pennebaker & Stone, 2004).

Erzählen im Alter

Kommunikation im Alter

Aus linguistischer Sicht wird Kommunikation im Alter erst seit wenigen Jahren untersucht. Coupland, Coupland & Giles beschreiben 1991 ein interaktionelles Verständnis der Kategorie *Alter*, auf die alte Menschen in der Kommunikation mit Jüngeren in verschiedener Weise Bezug nehmen können: Durch 1. Nennung des numerischen Alters, 2. Nennung altersgebundener Kategorien und Rollen, 3. Thematisierung altersassoziierter Prozesse sowie als zeitliche Rahmenprozesse, 4. Hinzufügen einer Vergangenheitsperspektive, 5. Thematisierung gesellschaftlichen Wandels und 6. Identifikation mit der Vergangenheit (zit. nach Fiehler, 1998, S. 50 f.). Brose (1998) kann diese Phänomene in narrativen Interviews mit Teilnehmern eines Studienprogramms für Ältere (58–83 Jahre) jedoch kaum nachweisen, stattdessen eine starke Zukunftsorientierung. Dies bestätigt ihre These, dass Sprache und Kommunikation im Alter eine Funktion aus Sozialisation, Bildungsgrad, Erfahrung, bisheriger Lebensführung und aktueller Lebenssituation darstelle (S. 227).

Andere Besonderheiten der sprachlichen Kommunikation zwischen jüngeren und älteren Menschen werden als »Elderspeak« – ein vor allem im Pflege- und Betreuungsbereich anzutreffendes Sprachverhalten ähnlich dem »Babytalk« oder »Foreigner Talk« – und »Patronizing Speech«, die in beiden Generationsrichtungen auftritt, beschrieben (Brose, 1998, S. 215 f.).

Fiehler (2002) stellt Veränderungen sprachlich-kommunikativer Fähigkeiten aufgrund altersbedingter sozialer Ursachen dar: Strukturelle Veränderungen der sozialen Lebenssituation, der sozialen Beziehungen sowie alterstypische Erfahrungen mit sich selbst und in der intergenerationellen Interaktion. Diese Veränderungen werden mental, besonders aber kommunikativ verarbeitet. So werde z. B. zunehmend auf vergangene Erfahrungen in Form des Erzählens zurückgegriffen, wenn das Weltwissen im Alter durch Immobilität oder Desinteresse abnehme, oder es werde auf aktuelle Themen häufig mit Nachfragen, Belehren oder Ausblenden reagiert. Auf die Generationsablösung, die Macht- und Dominanzverlust bedeutet, kann kommunikativ u. a. wie folgt reagiert werden: Nutzen von Erfahrungen zur Reaktualisierung der eigenen Dominanz, kommunikative Emigration in die Vergangenheit, Abgeben und Schenken oder Einfügen in die Rolle des Unterlegenen/Abhängigen (1998, S. 361; 2002, S. 23).

Eine wesentliche Funktion der Verarbeitung der sozialen Veränderungen sieht Fiehler (2002, S. 23) in der Ausbildung von Altersidentität, daher könne ein Großteil der Gespräche alter Menschen als »Identitätsdiskurs« verstanden werden – durch ihre identitätskonstituierende Eigenschaft häufig in Form von Erzählungen. Altersidentität gewinnt man besonders in Auseinandersetzung mit der Identität der mittleren Generation
– als Nachweis, dass man noch eigenständig, kompetent, bedeutsam, mobil etc. ist

Marie-Luise Hermann

- als Beklagen von Abweichungen von diesem Bild (z. B. Krankheitsdiskurs)
- als Darstellung eigenständiger, neuer Identitätsaspekte

Pennebaker und Stone (2003) untersuchen mit computergestützter Wortanalyse 45 emotional disclosure Studien sowie die gesammelten Werke zehn berühmter Autoren auf altersbezogene Veränderungen des Sprachgebrauchs. Entgegen häufiger Stereotypen benutzen beide Stichproben mit zunehmendem Alter mehr positive und weniger negative Wörter, weniger Selbstbezüge, mehr Futur- und weniger Vergangenheitsformen und zeigen zunehmende kognitive Komplexität. Die starke Zunahme positiver Wörter wird in Beziehung zu Befunden des zunehmenden positiven Affekts im Alter gesetzt. Das entgegengesetzt erwartete Verhältnis von Futur und Vergangenheit wird als stärkere Verankerung alter Menschen in der Gegenwart und Zukunft interpretiert, die Zunahme kognitiver Komplexität sowie die Abnahme von Ausschlusswörtern als Gewinn an Weisheit.

Vergleichbar mit der Theorienpolarität der Gerontopsychologie zwischen defizit- und ressourcenorientierten Theorien des Alterns zeigt sich die heterogene Breite der Alternsverläufe auch in den linguistischen Befunden. Besonderheiten der Kommunikation im Alter als Funktion der altersbedingten sozialen Situation können vom Pflegebereich bis zur Seniorenuniversität alle Facetten annehmen und sich somit sowohl in vergangenheitsorientierten Vergleichsprozessen als auch in zukunftsorientierten positiven Kommunikationsmustern zeigen. An Fiehlers Betonung der intergenerationellen Komponente wird deutlich, dass Altersidentität in Vergleichsprozessen auf der individuell und historisch erlebten Zeitachse und in der kommunikativen Auseinandersetzung zwischen den Generationen konstruiert wird. Auch das Alter als Kategorie wird im subjektiven und sozialen Vergleich hergestellt, die Identifikation über das Noch- oder Nicht-mehr-Dazugehören scheint eine wesentliche Selbstvergewisserungsleistung der Altersidentität darzustellen.

Narrative Gerontologie

Forschungsinteresse

Während die Gerontologie und Gerontopsychologie »äußere« oder Verhaltensaspekte der Alternsprozesse untersuchen, blieben die »inneren« Aspekte des Altern lange Zeit kaum erforscht (Ruth & Kenyon, 1996, S. 653). Erst ab 1990, mit der Bildung eines Forschernetzwerks um Birren, wurde das sozialwissenschaftliche Biografieinteresse mit empirischen Studien und Erkenntnissen der gerontologischen Praxis verbunden und führte zu zahlreichen Publikationen (z.b. Birren, Kenyon, Ruth, Schroots & Svensson, 1996). Die Narrative Gerontologie benutzt Narrative nicht als bloßen Zugang zu subjektiven Daten oder Aspekten des Alterns, sondern bringt die postmoderne Einsicht, dass alles Wissen metaphorisch, historisch und kontextuell sei, in die Gerontologie ein (Kenyon et al., 1999, S. 42). Basierend auf der Grundannahme der Narrativen Psychologie vom Geschichten erzählenden Wesen des Menschen, kommen quantitative, qualitative oder kombinierte Forschungsmethoden zur Anwendung.

Als Experte der Narrativen Psychologie und mit Hinweis auf sein höheres Alter stellt Bruner (1999, S. 8 f.) spekulativ vier Hypothesen zu life-telling und dem Alternsprozess auf:
- Der Wille und Eifer, sein Leben zur Geschichte zu machen (»to ›story‹ one's life«), ist dem Wunsch zu leben inhärent.
- Die Fülle und Länge des Lebens hängt, abgesehen von medizinischen Faktoren, von der Glaubwürdigkeit des laufenden Narrativs ab, in welchem die Vergangenheit eine Grundlage des gegenwärtigen Seins bildet.
- Erfolgreiches Altern ist eine Form der psychosomatischen Gesundheit, das Unerledigte einer Lebensgeschichte sein möglicher psychischer Anteil.
- Im Kulturvergleich sind verschiedene Muster von Narrativen des Alterns zu erwarten.

Autobiografisches Gedächtnis versus Erinnerung

Bluck und Alea (2002) stellen Befunde und Taxonomien zu beiden Konzepten einander gegenüber und kommen zu einem weitgehend konvergenten Ergebnis: Die Forschung zur *Erinnerung (reminiscence)* entstammt der psychodynamischen Tradition seit Butler (1963), während die Erforschung des *Autobiografischen Gedächtnisses* Teil der Kognitiven Psychologie ist. Dessen Funktionen können in drei Kategorien zusammengefasst werden (Pillemer, 1992):
- Selbst-Funktionen (Kontinuität des Selbst, psychodynamische Integrität)
- direktive Funktionen (Planen gegenwärtigen und zukünftigen Verhaltens)

- soziale oder kommunikative Funktionen (soziale Bündnisse = social bonding)

Viele Autoren betonen die Kontinuität des Selbst als wesentlichen Teil des Selbstwissens (Neisser, 1988), die durch die wechselseitige Beziehung von Selbst und Autobiografischem Gedächtnis entsteht. Neisser betrachtet die soziale Funktion jedoch als die grundlegendste mit den Unterformen soziale Interaktion, Empathie und social bonding. Die direktive Funktion wird empirisch nicht durchgängig gefunden.

Die Forschung zur *Erinnerung (reminiscence)* beruht auf einer umfassenderen empirischen Basis, aus der zwei Taxonomien ihrer Funktionen vorgestellt werden. Watt und Wong (1991) ermitteln über Inhaltsanalysen von 460 Interviews mit 65–95-Jährigen sechs Funktionen (Bluck & Alea, S. 67):
- Die *integrative Erinnerung* entspricht Butlers Verständnis von Life Review.
- *Instrumentelle Erinnerung* bedient sich vergangener Erfahrung zur Lösung eines aktuellen Problems.
- *Transmissive Erinnerung* bezeichnet das Erzählen vergangener Ereignisse, um Informationen weiterzugeben, speziell zwischen den Generationen.
- *Narrative Erinnerung* meint das Erzählen vergangener Geschichten zum eigenen Vergnügen oder dem der Zuhörer.
- *Flüchtende Erinnerung* bedeutet Tagträumen und verklärtes Fantasieren über Vergangenes bei Abwertung der Gegenwart.
- *Obsessive Erinnerung* bezieht sich auf anhaltende, unkontrollierbare negative Inhalte mit Schuldgefühl oder Verzweiflung.

Webster (1993) entwickelt aus den Antworten von 710 Personen (17–91 Jahre) zu den Fragen »Ich erinnere mich, weil...« und »Andere erinnern sich, weil...« die Reminiscence Functions Scale (RFS) mit acht Funktionen: *Reduktion von Langeweile, Vorbereitung auf den Tod, Identität, Problemlösen, Gespräch, Aufrechterhalten von Nähe, Wiederbeleben von Bitterkeit* und *Lehren/Information*.

In Abhängigkeit von der Lebensphase treten die Funktionen unterschiedlich häufig auf, im Alter sind *Lehren/Information* und die *soziale Funktion* häufiger, bei jungen Menschen die *direktive Funktion*, beide Altersgruppen benutzen die *Selbstfunktionen*, aber aus unterschiedlichen Gründen. Erfolgreiches Altern oder selbständiges Wohnen ist mit häufigerem *integrativen* und *instrumentellen Erinnern* assoziiert als nicht-erfolgreiches Altern oder Wohnen in Institutionen (Wong & Watt, 1991).

Empirische Studien

Zwanzig autobiografische Texte von pensionierten Männern und Frauen aus geführten Autobiografiegruppen von Birren werden auf Lebensprojekte untersucht, die wichtige Lebensziele und Tätigkeiten bestimmt haben (Ruth et al., 1996). Daneben wird das Bewältigungsverhalten (reaktiv oder proaktiv) bei Problemen erfasst. Mit Hilfe der Grounded Theory können fünf Typen von Lebensprojekten gebildet werden: »living is achieving, living is being social, living is loving, living is family life, living is struggling« (S. 677). Die größten Geschlechtsunterschiede zeigen sich bei »living is loving« (nur Frauen) und »living is achieving« (mehrheitlich Männer).

Wink & Schiff (2002) benutzen Daten der 172 verbleibenden in den 1920er-Jahren geborenen Teilnehmer einer Längsschnittstudie des Institute of Human Development, Berkeley. Aus halbstrukturierten Tiefeninterviews werden die Fragen zu Selbstbeschreibung, Lebenszufriedenheit, Ausmaß und Funktionen des eigenen Lebensrückblicks extrahiert und daraus nach einer Skala von Sherman (1991) ein *Maß für Lebensrückblick* eingeschätzt. Einen hohen Wert erhält, wer die Erinnerungen zum Erreichen einer höheren Ebene der Selbsterkenntnis benutzt, einen niedrigen, wer keine Erinnerungstätigkeit angibt oder Ereignisberichte ohne emotionale oder bewertende Bearbeitung schreibt.

22 % der Stichprobe werden als hoch, 20 % als mittel und 58 % als niedrig eingestuft. Dies steht statistisch weder in Zusammenhang mit der Fremdeinschätzung *Akzeptieren der Vergangenheit* noch mit selbstberichteter Lebenszufriedenheit, korreliert jedoch positiv mit Fragebogendaten zu Offenheit, Kreativität, persönlichem Wachstum und Generativität. Das Lebensrückblicksmaß ist bei Frauen signifikant höher als bei Männern. Es korreliert positiv mit einem Beobachtungsmaß für Introspektion und Einsicht in den Interviews des frühen und mittleren Erwachsenenalters – signifikant für die Gesamtstichprobe und die Frauen, nicht für die Männer. Dasselbe Muster gilt für die Globaleinschätzung negativer Lebensereignisse, besonders stark bei Frauen mit negativen Lebensereignissen zwischen dem frühen und mittleren Erwachsenenalter.

Zuletzt erfolgt aus dem *Lebensrückblicksmaß* (LR hoch +/ niedrig -) und der Fremdeinschätzung *Akzeptieren der Vergangenheit* (AV hoch +/ niedrig-) eine Zuordnung zu vier Quadranten: 18 % zeigen LR+/AV+ (Gruppe I), 52 % LR-/AV+ (Gruppe II), 14 % haben LR+/AV- (Gruppe III) und 15 % LR-/AV- (Gruppe IV). Gruppe I und II äußern auch eine hohe gegenwärtige Lebenszufriedenheit – in Gruppe I, weil sie durch intensiven Lebensrückblick mit schwierigen Erfahrungen zurechtgekommen waren, Gruppe II, weil sie ein relativ unbelastetes Leben hatten.

Jeweils eine repräsentative Person aus Gruppe I und II wird zusätzlich als Fallstudie im Detail untersucht: Melissa, 69, als junge Erwachsene stark unter Missbrauchserfahrungen, Eheproblemen und Scheidung leidend, aber interessiert an Introspektion, konnte durch Psychotherapie mannigfaltige Aspekte der eigenen Biografie aufarbeiten und erlebt nun ein aktives, selbstbestimmtes Alter. Frank, 76, hingegen führte ein sehr kontinuierliches Leben ohne größere Belastungen, brach aber nach der Frühpensionierung radikal mit seinen Berufsinteressen, um sich völlig alten ungelebten Interessen zu widmen und Bücher zu schreiben – ohne dafür Selbstreflexion und Lebensrückblick zu suchen.

Die Autoren leiten daraus zwei verschiedene Wege zu Akzeptanz im Alter ab, die den Erzählern zu einer akzeptierenden Haltung gegenüber Vergangenem, einer zufriedenen Gegenwart und Zuversicht für die Zukunft verhelfen. Lebensrückblick kann somit, abhängig von Lebensumständen und Persönlichkeit, als ausreichende, aber nicht notwendige Bedingung für erfolgreiches Altern bezeichnet werden (Webster & Haight, 2002, S. XVII).

Mit der Erzählanalyse JAKOB werden als Vorstudie in vier narrativen Interviews mit alten Menschen (77–85 Jahre) die Erzählungen zu Glücks- und Unglückserleben untersucht (Boothe, 2003). Ziel der Analyse ist es, durch das Auffinden zentraler bewusster oder unbewusster Motive die »subjektive Lebensdramaturgie« (S. 198) jedes Erzählers sichtbar zu machen. Es lassen sich vier verschiedene Modelle herausarbeiten, in denen sich individuelle »Wunschprojekte« kristallisieren (mehr dazu bei Swita, in diesem Band). Die beiden Männer thematisieren »... Glück eher reflektierend und distanziert...« während die Frauen zwischen »Erfüllung in der Liebe und ... Erfüllung in der Selbstbehauptung« (S. 214) stärker involviert sind. Das zentrale Thema der Frauen ist »Verwiesenheit auf sich selbst«, bei den Männern »Sehnsucht nach mütterlichem Rückhalt und väterlicher Nähe« (S. 214 f.). Drei der Interviewten erleben durch den Lebensrückblick Gefühle der Ambivalenz, ein Interviewter sieht sein Leben in der Gunst des Glücks und hält durch das Übergehen von Belastungen seine harmonische Balance aufrecht. Alle Interviewpartner sind noch sehr aktiv und selbständig – »positive Repräsentanten eines Kompetenzmodells der Entwicklungsphase Alter« (S. 216). Die Datenbasis umfasst inzwischen zwölf weitere Interviews und wird mit erzählanalytischen und gesprächsanalytischen Methoden weiter ausgewertet.

In einer eigenen explorativen Untersuchung lebensgeschichtlicher Inter-

views mit alten Menschen (Hermann, 2007) wird das Konzept der *Kreditierung* (Boothe & Heigl-Evers, 1996; Grimmer, 2006) erstmals auf Narrative Interviews und die lebensgeschichtliche Perspektive angewendet. Als Kreditierung wird in diesem Kontext verstanden
- eine spezifische Situation oder Aufgabe, die eine Herausforderung darstellt
- und ein für die Person wichtiges Anliegen enthält, sodass sie Engagement investiert
- die Bewältigung ist ein Risikounternehmen, das den Einsatz von Ressourcen erfordert
- die eigentliche Kreditierung bzw. Diskreditierung erfolgt als Bewertung in Form einer Zusprache (von Kompetenz, Anerkennung, Stolz bzw. Schwäche oder Angst)

Diese Kriterien erfüllen im lebensgeschichtlichen Erzählen viele Bewertungen eigener Handlungen (als Selbstkreditierung/-diskreditierung), aber auch Handlungen Dritter (als Fremdkreditierung/-diskreditierung). Ebenso können auf der Kommunikationsebene des Interviews verschiedene Formen der interaktionellen Kreditierung unterschieden werden, welche die Reflexion und Bewertung biographischen Materials bis hin zu Neubewertungen vertiefen und den Prozess der Lebensbilanzierung unterstützen. Die interaktive Untersuchungsebene ermöglicht Aussagen zur performativen Funktion der Narrativen Identität (Bamberg, 1997; Lucius-Hoene & Deppermann, 2000). Aus den Relationen von Kreditierungen/Diskreditierungen, Selbst- und Fremdkreditierungen sowie der Inhaltskategorien lassen sich individuelle Kreditierungsmuster formulieren, die in engem Zusammenhang mit den individuellen Möglichkeiten und Bewältigungsstrategien der gestellten Lebensanforderungen stehen.

Durch die Fokussierung auf subjektiv bedeutsame Herausforderungen modelliert das Untersuchungsinstrument, was für einen Interviewpartner im Leben wirklich zählt. Es lässt sich zeigen, dass kreditierende Gesprächsführung vom Interviewpartner aufgenommen und übernommen wird, was als Hinweis auf die Bedeutung von Selbstbewertung und interaktioneller Anerkennung im Lebensrückblick verstanden werden kann. Kreditierungsleistungen können somit retrospektiv und interaktionell einen wichtigen Bestandteil von Life Review, aber auch prospektiv eine Auseinandersetzung mit gegenwärtigen und künftigen Altersveränderungen darstellen.

Marie-Luise Hermann

Alterspsychotherapie

Lebenslauf und Biografie

Die Bedeutung der Biografie für die Psychotherapie Älterer charakterisieren Heuft et al. (2000, S. 31) mit der Frage, ob diese ohne lebensgeschichtliche Betrachtung überhaupt bestehen kann. Psychoanalytische wie verhaltenstherapeutische Verfahren nutzen die biografischen Erfahrungen als Ressource für die therapeutische Arbeit, wenn auch mit unterschiedlichem Fokus. Die Autoren unterscheiden die *äußere* Analyseperspektive des *Lebenslaufs*, die objektive Ereignisse und Entwicklungen in sequenzieller Abfolge, eingebettet in den soziokulturellen und historischen Kontext, umfasst. Dagegen werden in der *subjektorientierten* Analyseperspektive der *Biografie* subjektiv bedeutsame Ereignisse und Entwicklungen geschildert. Einschnitte von persönlich interpretierter Bedeutung werden darin nicht nur als zeitliche Markierungen sichtbar, sondern als *Zeitknoten*, um die sich andere Erfahrungen gruppieren. Im Lebenslauf erscheint die *gemessene Zeit* in gleichmäßigen Einheiten als homogen, während die biografische Vergangenheit als *erlebte Zeit* durch die Knoten heterogen erscheint, kontinuierlich und diskontinuierlich zugleich (S. 91f.).

Life Review und Life Review Therapie

Nach Birren und Deutchman (1991, S. 115) ist zu unterscheiden zwischen *Autobiografie* als persönlichem Bericht einer individuellen Lebensgeschichte, *Reminiscence* als Erinnern vergangener Ereignisse oder Gefühle ohne Ziel und Anspruch auf Vollständigkeit und *Life Review* als bewusster Sammlung von Ereignissen und Gefühlen einer spezifischen Lebensgeschichte. D. h. durch Reminiscence wachgerufene Erinnerungen werden im Life Review Prozess in den Lebenskontext eingeordnet.

Das Konzept Life Review knüpft an Bühlers vier Grundbedürfnisse (1959) als Antrieb der psychologischen Entwicklung an: biologische Bedürfnisbefriedigung, selbstbeschränkende Anpassung, schöpferische Expansion und Aufrechterhaltung der inneren Ordnung. Letzteres ist besonders in der zweiten Lebenshälfte bedeutsam, Lohmann & Heuft betrachten »Ordnung-Schaffen« als Synonym für den Life Review-Prozess (1995, S. 237). Das Konzept steht in Verbindung zu Eriksons achter Entwicklungsaufgabe Ich-Integrität versus Verzweiflung, in der die Integration zurückliegender Erfahrungen in ein realistisches Selbstkonzept für das Stadium der Weisheit zu bewältigen ist, zu dem ein aktives Loslassen gehört (Erikson, Erikson & Kivnick, 1986, S. 51, zit. nach Lohmann & Heuft, 1995, S. 237). Dabei spielt die psychische Verarbeitungsweise und Bewertung früherer Lebensereignisse eine wichtige Rolle für die Fähigkeit im Umgang mit altersbedingten Begrenzungen (Kruse, 1990). Insbesondere bewusste frühere Auseinandersetzung mit Grenzsituationen erleichtert das Akzeptieren der eigenen Endlichkeit (Schmitz-Scherzer et al., 1990).

Ein Hauptwirkfaktor von Life Review ist in der Mobilisierung persönlicher Ressourcen und der damit verbundenen Stärkung interner Kontrollüberzeugungen zu sehen (Lohmann & Heuft, 1995, S. 238). Die Autoren grenzen Life Review klar von Psychotherapie ab, fragen aber pointiert, »ob die Notwendigkeit zu Psychotherapie im Alter das Ergebnis eines ›versäumten‹ Life Review im Lebenslauf sein könnte« (S. 239), da Life Review in der Psychotherapie Älterer eine große Rolle spiele und ungelöste Konflikte oftmals verantwortlich seien für die Affektpathologie (Radebold, 1992).

Die praktische therapeutische Anwendung des Life Review geht auf Butler (1963) zurück. In zahlreichen Untersuchungen kann die bedeutende Rolle des Life Review als adaptivem Prozess für die Einstellung auf das Altern nachgewiesen werden (Haight, 1991). Es kann selbständig oder als geführter Life-Review-Prozess erfolgen, der entweder chronologisch verschiedene Themen aller Lebensphasen anspricht oder themenzentriert Veränderungen eines Bereichs über die Lebensspanne bearbeitet. Diese Techniken können für Gruppen an spezifische Bedürfnisse angepasst werden. In der *geführten Autobiografie* wird die persönliche Sicht des Alternsprozesses und Lebenslaufs schriftlich dargestellt und anschließend in der Gruppe vorgestellt (Birren & Deutchman, 1991). Die *Intensive-Journal-Methode* (Progoff, 1975) für Selbst- oder Gruppenanwendung folgt einem Arbeitsbuch, das nacheinander verschiedene Ebenen der Biografie fokussiert.

Life Review kann so »als eine selbstgesteuerte Hilfe mit dem Ziel einer persönlichen Entwicklung definiert werden. Aktive äußere Teilnahme kann dabei die Integration der Persönlichkeit und ... Stärkung des Selbstgefühls fördern« (Lohmann & Heuft, 1995, S. 240).

Die Datenlage zur Wirksamkeit von Reminiscence und Life Review Therapie wird von Knight (2004) als nicht eindeutig beurteilt, während die Metaanalyse von Bohlmeijer et al. (2003) bei alten Menschen mit depressiver Symptomatik eine große Effektstärke (d = 0.84) von Life Review wie Reminiscence auf die Symptomatik ergibt, bei starken Symptomen sogar noch stärker (d = 1.23).

Knight ergänzt in seiner Life Review Therapie eine strenge Auffassung der Erikson'schen Stufentheorie, nach der ältere Erwachsene noch in ungelösten früheren Entwicklungsaufgaben stecken können, sodass weitere Entwicklungsstufen blockiert sind, mit dem soziologischen Lebenslaufansatz (Bengtson & Allen, 1993), der die Einflüsse der biologischen Uhr, Kohorte, Familienkonstellationen und altersbedingten Rollen auf den Lebenslauf beschreibt. Er setzt Life Review in der Therapie Älterer bei einschneidenden Veränderungen ein, die eine Integration in die Lebensgeschichte erfordern. Dazu gehört auch das Entwickeln von Zukunftsszenarien mit dem Planen unerledigter und unvollendeter Geschäfte. Der Therapeut wird als Herausgeber der Lebensgeschichte verstanden, die der Klient schreibt (Knight, 2004, S. 239).

Psychodynamische Lebensrückblicksinterventionen

Neben der theoretischen Fundierung der Life Review Therapy verweisen Mills & Coleman (2002) in ihrem psychodynamischen Ansatz auf die Narrative Psychologie und die Bindungstheorie (Bowlby, 1969). Diese erweise sich über die gesamte Lebensspanne als hilfreich zum Verständnis von »Lebensbedeutungen über die Generationen hinweg« (Mills & Coleman, 2002, S. 362). Es wird darauf hingewiesen, dass der Lebensrückblick schmerzlich und schwierig sein kann, darum manchmal auch aktiv vermieden wird, dass Erinnerungen konflikthaft-ungelöst oder nie einem Menschen mitgeteilt worden sind. Psychodynamisch interessieren der Einfluss der Vergangenheit auf die Gegenwart, z. B. in Form immer wieder neu zu erzählender schmerzlicher Geschichten, der Einfluss unbewusster Motive, interne Repräsentationen, die stark emotional besetzt und mit Abwehr verbunden sind, oder weit zurückliegende Traumata. Die therapeutische Arbeit mit Älteren wird als komplex angesehen, ihre Themen seien existenziell (S. 365ff.).

Als Intervention, die Erinnerung und Lebensrückblick verwendet, werden folgende auch für Kurztherapien geeignete Schritte genannt: Beschreiben früherer Erfahrungen, Gefühle, Bewertungen; Identifizieren sensibler Bereiche und möglicher Abwehr; Analysieren dieser Bereiche, wenn der Klient einwilligt; einsichtsorientierte Arbeit (v. a. bei Kurztherapien) und Nutzung von Übertragung/Gegenübertragung; bei gefestigter therapeutischer Beziehung In-Frage-Stellen fehlerhafter Bewertungen. Dem Klienten kann damit zu einer neuen, positiveren Fassung seiner Lebensgeschichte und besserem Selbstwertgefühl verholfen werden. Kontraindikationen sind Suchterkrankungen und psychotische Störungen, Vorsicht ist bei möglicher Reaktivierung alter Traumata geboten.

Heuft (1999) formuliert zur Erklärung der Trauma-Reaktivierung im Alter nach jahrzehntelanger Symptomfreiheit eine dreifache Hypothese: 1. das Wegfallen von Druck durch berufliche oder familiäre Anforderungen und damit mehr Zeit für sich selbst, 2. das Spüren einer unerledigten Aufgabe und 3. der Alternsprozess selbst, der durch drohende Abhängigkeit oder Hilflosigkeit ein Trauma reaktivieren kann. Auch aktuelle politische Krisenereignisse oder Kriege können Traumatisierungen aus dem 2. Weltkrieg und Holocaust wieder wachrufen. Bei der therapeutischen Bearbeitung gilt es insbesondere, eine Retraumatisierung durch unzureichenden innerpsychischen Schutz zu verhindern.

Radebolds (2004; 2005) neueste Arbeiten zu Kindheiten im 2. Weltkrieg und den vielfach erst nach 60 Jahren in der Beratung, Psychotherapie oder Pflege alter Menschen artikulierten Spätfolgen der Kriegserfahrungen verdeutlichen die Brisanz dieses Themas. »Das als Folge des Zweiten Weltkriegs und der direkten Nachkriegszeit erlebte Leid ... führte in weit größerem Umfang als bisher angenommen zu bis heute anhaltenden psychischen und psychosozialen individuellen wie auch familiären Folgen« (2005, S. 18), wozu die transgenerationelle Weitergabe gehört. Er plädiert daher zusätzlich zur bio-psycho-sozialen Querschnittssicht und der biografischen Längsschnittsicht für ein zeitgeschichtliches Denken und Mitfühlen.

Lebensrückblicksinterventionen bei Posttraumatischer Belastungsstörung (PTB)

Maercker (2002a) beschreibt eine für Psychotraumapatienten adaptierte, strukturierte Form kognitiv-behavioraler Lebensrückblicksintervention. Unterschieden werden drei lebensspannenbezogene Typen: *chronische PTB*, die auf früheren Traumata beruht, *aktuelle Traumata und PTB*, bei denen zu früheren Traumata ein aktuelles Trauma hinzukommt, und *verzögert auftretende PTB* nach störungsfreien Jahren oder Jahrzehnten. Die Anwendung der Lebensrückblicksintervention für diese Störungsgruppen wird theoretisch detailliert begründet, die Therapieziele leiten sich daraus ab (S. 253 ff.):
- Die *Lebensbilanzannahme* geht davon aus, dass das traumatische Ereignis und dessen Folgen positive Erinnerungen überschatten. In der Konstruktion des persönlichen Narrativs überwiegt häufig die negative Färbung, positive Erlebnisse werden vernachlässigt. Mit gezieltem Verstärken und Fokussieren positiver Erinnerungen durch den Therapeuten und Verarbeitung der negativen Erinnerungen können beide Seiten der Bewertung besser integriert und eine differenziertere Lebensbilanz erreicht werden.

- Nach der *Traumagedächtnisannahme* bei PTB ist das Traumagedächtnis in seiner Struktur zu wenig semantisch ausgearbeitet und in den Kontext anderer Erinnerungen integriert. Durch seine fragmentierte Repräsentation kann es inhaltlich und zeitlich nicht kohärent erzählt werden. Ursache ist das Überwiegen situational zugänglicher Erinnerungen, die nicht willentlich abrufbar sind, gegenüber verbal zugänglichen Erinnerungen. Durch Interventionen ist dieses Ungleichgewicht in der Gedächtnisspeicherung jedoch veränderbar.
- Die *Sinnfindungsannahme* bezeichnet die Tendenz älterer Menschen zu persönlicher Bedeutungszuschreibung und Sinngebung, wird aber auch bei Traumatisierung in anderen Lebensaltern beobachtet. Die Verarbeitung schwerer Lebensereignisse kann in subjektiv positiv erlebten Veränderungen oder Sinnzuschreibungen resultieren und in der Therapie verstärkt werden.

Ein Therapieablauf mit Lebensrückblicksintervention besteht aus 10–15 Sitzungen, in der chronologisch jedes Lebensalter, einschließlich des Traumas, in einer Sitzung besprochen und anschließend das bisherige Leben bewertet wird. Eine Kombination mit verhaltenstherapeutischen Techniken wie Traumakonfrontation in sensu oder Kognitive Umstrukturierung ist möglich. Eine erste Wirksamkeitsstudie an drei Einzelfällen zu Traumatisierung durch Bombenangriffe im 2. Weltkrieg zeigt klinisch bedeutsame Verbesserungen (Maercker, 2002b), sodass der offene Diskurs traumatischer Erinnerungen in einem selbstwertstabilisierenden therapeutischen Rahmen als wertvolles Behandlungsinstrument von PTB bei Älteren gesehen werden kann (Maercker, 2002b, c).

Zusammenfassung Alterspsychotherapie

Lebensgeschichtliches Erzählen, ob in geführten Gruppen oder im therapeutischen Rahmen angeboten, kann als wichtiger gerontologischer Zugang mit verschiedensten Interventionsformen eingesetzt werden. Als Hauptwirkfaktor von Life Review gilt die Stärkung persönlicher Ressourcen und interner Kontrollüberzeugungen, die therapeutische Wirksamkeit ist jedoch erst bei Patientenstichproben mit Depression oder Posttraumatischer Belastungsstörung nachgewiesen. Life Review kann also gerade auch bei schweren Lebensverläufen und Jahrzehnte zurückliegender Traumata eine symptomreduzierende und entlastende Interventionsmöglichkeit darstellen, wenn sie im Schutz eines therapeutischen Rahmens geschieht.

Wie die Längsschnittbefunde von Wink und Schiff (2002) zeigen, hängt es neben Persönlichkeitseigenschaften vor allem von den Lebensumständen ab, ob Lebensrückblick praktiziert wird. Zwei Wege führen zu Akzeptanz im Alter: Mit einem relativ unbelasteten Leben gelingt dies der Hälfte der Befragten ohne Lebensrückblick, bei starken Belastungen kann dieser immerhin bei 18 % zum Akzeptieren der Vergangenheit beitragen, gegenüber 14 %, die eventuell das Stadium der Akzeptanz noch nicht erreicht haben, oder für die Lebensrückblick nicht ausreichend gewesen sein mag. Frauen scheinen, zumindest in dieser Kohorte, dafür aufgeschlossener zu sein. Lebensrückblick kann eine ausreichende, aber nicht hinreichende Bedingung für erfolgreiches Altern darstellen.

Life Review ist mit Psychotherapie nicht gleichzusetzen, diese ist bei älteren Menschen ohne lebensgeschichtliche Perspektive jedoch nicht vorstellbar und kann unter Umständen auch wegen versäumtem Lebensrückblick notwendig werden. Damit kann einem in Laienkreisen durchaus noch häufig anzutreffenden Altersstereotyp, dass es im Alter für psychische Veränderungen zu spät sei, widersprochen werden.

Gerontopsychologische Befunde

Nachfolgend werden ausgewählte Befunde der Gerontopsychologie vorgestellt, die mit ihrer Betonung subjektiver Einschätzungen oder subjektiven Erlebens ergänzend zu den qualitativen Fragestellungen der Narrativen Gerontologie die inneren Seiten des Alterns beleuchten.

Das zentrale Konzept des subjektiven Wohlbefindens (subjective wellbeing, SWB), beinhaltet die Bewertungen des eigenen Lebens, die sowohl das ganze Leben (Lebenszufriedenheit) als auch einzelne Lebensbereiche betreffen (Diener & Suh, 1997). Da die bestehenden Messinstrumente für SWB nur Teilaspekte der komplexen Bewertungsvorgänge und Einflussfaktoren erfassen, versuchen Kim-Prieto et al. (2005) diese in ein umfassendes Zeitsequenz-Rahmenmodell des SWB zu integrieren. Als wichtigstes Korrelat gilt die Persönlichkeit, sie korreliert oft höher mit SWB-Massen als situationale oder demografische Variablen.

In den Bonner und Berliner Altersstudien sowie der Interdisziplinären Längsschnittstudie des Erwachsenenalters (Lehr, 1997) erweist sich der subjektive Gesundheitszustand, unabhängig vom objektiven, als bester Prädiktor für Wohlbefinden. Dass weltweit das höchste Maß des subjektiven Wohlbefindens im Alter angegeben wird, trotz sehr unterschiedlicher Lebensbedingungen, wird von Lehr als »Beweis für die Erhaltung der ›Plastizität‹ menschlichen Erlebens und Verhaltens bis ins hohe Alter« genommen (2003, S. 140). Dieses so genannte »Wohlbefindensparadox« kann in Verbindung gebracht werden zu den Wortanalysen von Pennebaker und Stone (2003), die eine starke Zukunftsorientierung und Zunahme positiver Wörter belegen. Damit werden weitere altersstereotype Annahmen widerlegt.

Ein Kernkonzept des Salutogenese-Modells von Antonovsky (1993), das *Kohärenzgefühl (sense of coherence, SOC)*, wird von Wiesmann et al. (2004) auf das Altern übertragen. Es entsteht aus der Integration ständig auf den Organismus einwirkender Stressoren als akkumulierte Lebenserfahrung und wird definiert als globale Orientierung mit drei Komponenten: Werden Reize als *verstehbar*, Anforderungen als *handhabbar* und das eigene Leben als sinnvoll oder *bedeutsam* erlebt? Durch die Zunahme von Stressoren im höheren Lebensalter erachten die Autoren das Kohärenzgefühl dort für besonders bedeutsam, da es als zentrale Mediatorvariable zwischen Belastungen durch kritische Lebensereignisse und Gesundheit gilt (S. 371). Untersuchungen belegen u. a. Zusammenhänge zwischen hohem SOC und Lebenszufriedenheit, sozialer Unterstützung und subjektiver Gesundheit.

In einer Befragung 65–74-Jähriger zu ihren subjektiven Lebensqualitäts- oder Glückstheorien (Fliege & Filipp, 2000) wird die große Bedeutung persönlicher Einstellungsmuster und guter sozialer Beziehungen bestätigt, jedoch auch von Selbständigkeit und Alleinseinkönnen. Deutlicher als bisher zeigt sich, dass die Vorstellungen von Glück und Lebenszufriedenheit älterer Menschen »nicht nur den bilanzierenden Rückblick, sondern auch den hoffnungsvollen Vorausblick auf das Kommende beinhalten« (S. 311).

Schneider et al. (2003) leiten in einer Untersuchung von 243 über 60-jährigen Patienten nach ihrer Behandlung in einem Akutkrankenhaus aus Maßen des subjektiven Wohlbefindens und ärztlicher Gesundheitseinschätzung fünf Alternsstile ab. Es ergeben sich zwei Cluster positiver oder wünschenswerter Alternsstile: *Positiv* mit wenig altersbedingten Beschwerden und positiver Zukunftseinstellung (31 %) und *resilient* (26 %) mit mittleren Ausprägungen von Beschwerdegrad, Lebenszufriedenheit und Einstellungen. Die *positiven Somatisierer* zeigen die geringsten funktionellen, aber starke subjektive Beschwerden bei positiven Einstellungen (9 %). Die Gruppe *vulnerabel* (12 %) mit großem Gesundheitsrisiko und niedrigem Wohlbefinden gibt wenig subjektive Beschwerden an, die *negativen Somatisierer* (15 %) in ähnlichem Zustand äußern viele subjektive Beschwerden. Die Diskrepanz zwischen subjektiver und medizinischer Gesundheitseinschätzung der Somatisierungsgruppen wird als psychogene Beeinträchtigung eingestuft.

Ebenfalls bei über 60-jährigen Patienten eines internistischen Akutkrankenhauses wird im Rahmen der Eldermen-Studie (Schneider et al., 1999) das Ausmaß psychogener Beeinträchtigung und das Selbstbild im Alter erfasst. Zusätzlich wird nach belastenden und förderlichen Erfahrungen in der Biografie gefragt. Das subjektive Erleben von Belastungen erweist sich für psychogene Beeinträchtigung als wichtiger als objektive Belastungen. Viel Belastung und wenig Förderung führt zur stärksten Beeinträchtigung, dagegen wird die höchste Lebenszufriedenheit nicht von denjenigen angegeben, die nie mehr belastet als gefördert waren, sondern die dies in einer Lebensphase erlebt hatten. Die Autoren vermuten, dass die einmalige Erfahrung, Belastungen überwinden zu können, die Fähigkeiten auch im Umgang mit späteren Belastungen, z.B. durch den Alternsprozess, stärkt und als Ressource genutzt werden kann.

Die Frage, ob die Fähigkeit zu erfolgreichem Coping im Alter zu- oder abnimmt, ist bisher nicht eindeutig zu beantworten, Personen mit guten Copingfähigkeiten scheinen jedoch eine breite Palette von Strategien anzuwenden (Strack & Feifel, 1996, S. 495). Für die Gewichtung verschiedener Copingstrategien können Martin, Kliegel, Rott, Poon und Johnson (zit. nach Martin & Kliegel, 2005, S. 195 f.) bei 60-, 80- und 100-Jährigen eine Abnahme des aktiven problemorientierten Coping im höheren Alter feststellen, bei Stabilität von aktivem emotionsorientiertem Coping und passivem Vermeidungsverhalten. Alle drei Copingstrategien werden in verschiedenen Bereichen differenziell eingesetzt, diese Modulationsfähigkeit bleibt bis ins extrem hohe Alter erhalten.

Schmitt (2004) untersucht den Zusammenhang zwischen Altersstereotypen und subjektiv erlebten Potentialen bzw. Barrieren einer mitverantwortlichen Lebensführung, in Abhängigkeit von Risiken einer solchen Lebensführung. Er folgert, dass ein Potentiale betonendes Altersstereotyp für die Entwicklung von Resilienz besonders bedeutsam sei, da damit subjektive Leistungseinbussen relativiert werden können, während ein Verluste und Defizite betonendes Altersstereotyp, das die Kontinuität der Lebensgeschichte bedroht, eine Vulnerabilitätskonstellation kennzeichne (S. 290).

Perspektiven

Prävention

Bruners (2002) dritte These, dass erfolgreiches Altern eine Form der psychosomatischen Gesundheit und das Unerledigte einer Lebensgeschichte sein möglicher psychischer Anteil sei, deckt sich mit Lohmann und Heufts (1995) Einschätzung, dass die Notwendigkeit zu Psychotherapie im Alter das Resultat eines versäumten Lebensrückblicks in früheren Jahren sein kann. Implizit appellieren beide Thesen an die präventive Chance von Life Review als *Vorbereitung* auf das Altern, nicht nur zu seiner *Bewältigung*. Seine bedeutende Rolle als adaptiver Prozess für die Einstellung auf das Altern wurde mehrfach nachgewiesen (Haight, 1991). Auch die Befunde zur Verarbeitungsweise von früheren Lebensereignissen (Kruse, 1990) und Grenzsituationen (Schmitz-Scherzer et al., 1990) und ihrem Zusammenhang zur Fähigkeit des Umgangs mit altersbedingten Begrenzungen weisen auf das präventive Potential psychischer Verarbeitung für seelische Gesundheit im Alter hin. Dies zeigt sich auch im subjektiven Maß der Lebenszufriedenheit älterer Menschen, das bei denjenigen am höchsten ist, die in ihrem Leben einmalig die Erfahrung großer Belastung und Bewältigung gemacht haben (Schneider et al., 1999).

Somit könnte das Schlagwort *lebenslanges Lernen* als Präventionsformel für erfolgreiches Altern zu *lebenslangem biografischen Lernen* erweitert werden.

Qualitative Forschung

Verschiedenste Untersuchungsmöglichkeiten der überwiegend qualitativen Forschung der Narrativen Gerontologie konnten exemplarisch aufgezeigt werden. Der Heterogenität der Alternsverläufe kann man mit den Differenzierungsmöglichkeiten qualitativer narrativer Zugänge am ehesten gerecht werden. Life Review wird praktiziert und erforscht, die komplexen biografischen und interaktiven Bewertungsleistungen, die dahinterstehen und zu einer erfolgreichen Bewältigung der Entwicklungsaufgabe Alter beitragen, sind jedoch noch kaum untersucht. Ein Zugangsweg über das Konzept der Kreditierung wurde vorgestellt.

Des Weiteren lassen sich aus den im Narrativen Interview geschilderten Umgangsweisen mit Alternsveränderungen direkte Bezüge zu gerontopsychologischen Theorien des erfolgreichen Alterns herstellen. Seien es die älteren Aktivitäts-, Disengagement- oder Kontinuitätstheorien oder die aktuellen Modelle von Selektion-Optimierung-Kompensation (SOK-Modell, Baltes & Freund, 2003), Brandstätters Assimilation, Akkommodation und Immunisierung (AAI-Modell, 1999) oder Copingstile – diese Bewältigungsstrategien können in biografischem Material exploriert werden (Hermann, 2007) und zu einem vertieften Verständnis von Alternsanpassungsleistungen und Alternsstilen führen.

Aus der idiografischen Perspektive wird auch der Gewinn durch ein komplementäres Verständnis dieser lange Zeit als konkurrierend auftretenden Theorieansätze deutlich: Dass die Bevorzugung von Aktivität oder Disengagement abhängig ist von Persönlichkeit, Kompetenzen, Gesundheitssituation und Lebensumständen und auch in verschiedenen Lebensbereichen variieren kann (Lehr & Thomae, 1987), wird an narrativ geschilderten Alternsverläufen nachvollziehbar. Nicht nur die individuellen Bilder des Alters und Alternsprozesses sind bipolar aufgespannt zwischen Wunsch- und Angstszenarien, auch im theoretischen Diskurs bestehen noch Tendenzen zur einseitigen Defizit- oder Ressourcenorientierung. Für die Zukunft wäre eine komplementäre Gesamtschau der Theorieansätze, die jeweils relevante Ausschnitte des Alterns erklären können, wünschenswert. Beispiele sind die aktuellen Modelle der Person-Umwelt-Passung, die Aktivität, Rückzug und Kontinuität als parallel-komplementäre Prinzipien enthalten (Martin & Kliegel, 2005, S. 60) und die Annahme von Multidirektionalität und Multidimensionalität von Alternsveränderungen, die Gewinne, Stabilität und Verluste verschiedener Ressourcen bedeuten (a.a.O, S. 33).

Innovative narrative Methoden erlauben Zugänge zur Innenseite des Alter(n)s, das sich mit der steigenden Lebenserwartung jeder zukünftigen Kohorte weiter verändern und diversifizieren wird. Narrative Gerontologie bietet die Chance, alte Menschen als Experten ihres biografischen Blickwinkels auf die Vergangenheit, Gegenwart und Zukunft ihres Alternsprozesses zu Wort kommen zu lassen und sie mit textnahen Auswertungsmethoden beim Wort zu nehmen. Als teilnehmendem Beobachter und Interaktionspartner der sozialen Konstruktion von Biografie im Narrativen Interview oder Lebensrückblick erwächst ein vertieftes Verständnis der Bildung von Altersidentität und Respekt vor den Bewältigungsleistungen eines langen Lebens.

Literatur

Angus, L. E. & McLeod, J. (Eds.). (2004). The handbook of narrative and psychotherapy. Practice, theory, and research. Thousand Oaks: Sage.
Antonovsky (1993). Complexity, conflict, chaos, coherence, coercion and civility. *Social Science and Medicine, 37,* 969–981.
Aspinwall, L. G. & Staudinger, U. M. (Eds.). (2003). A psychology of human strengths. Fundamental questions and future directions for a positive psychology. Washington: American Psychological Association.
Baltes, P. B. & Freund, A. M. (2003). Human strengths as the orchestration of wisdom and selective optimization with compensation. In L. G. Aspinwall & U. M. Staudinger (Eds.), *A*

psychology of human strengths. Fundamental questions and future directions for a positive psychology, pp. 23–35. Washington: American Psychological Association.
Bamberg, M. (1997). Positioning between structure and performance. *Journal of Narrative and Life History*, 7, 335–342.
Bengtson, V. L. & Allen, K. R. (1993). The life course perspective applied to families over time. In P. G. Boss, W. J. Doverty, R. LaRossa, W. R. Schumm & S. K. Steinmetz (Eds.), *Sourcebook of family theories and methods: A contextual approach* (pp. 469–498). New York: Plenum Press.
Bengtson, V. L. & Schaie, K. W. (Eds.). (1999). *Handbook of theories of aging*. New York: Springer.
Birren, J. E. & Deutchman, D. E. (Eds.). (1991). *Guiding autobiography groups for older adults*. Baltimore: The John Hopkins University Press.
Birren, J. E., Kenyon, G., Ruth, J.-E., Schroots, J. J. F. & Svensson, T. (Eds.). (1996). *Aging and biography: Explorations in Adult Development*. New York: Springer.
Bluck, S. & Alea, N. (2002). Exploring the functions of autobiographical memory: Why do I remember the autumn? In J. D. Webster & B. K. Haight (Eds.), *Critical advances in reminiscence work*. New York: Springer.
Bohlmeijer, E., Smit, F. & Cuijpers, P. (2003). Effects of reminiscence and life review on late-life depression: a meta-analysis. *International Journal of Geriatric Psychiatry*, 18, 1088–1094.
Boothe, B. (2003). Liebesfreuden – Lebensfreuden. Glück und Schmerz im Lebensrückblick. In B. Boothe & B. Ugolini (Hrsg.), *Lebenshorizont Alter*. Zürich: vdf Hochschulverlag.
Boothe, B. (2004). *Der Patient als Erzähler in der Psychotherapie*. Gießen: Psychosozial-Verlag.
Boothe, B., Grimmer, B., Luder, M., Luif, V., Neukom, M. & Spiegel, U. (2002). *Manual der Erzählanalyse JAKOB. Version 10/02* (Berichte aus der Abteilung Klinische Psychologie I, Nr. 51). Zürich: Universität Psychologisches Institut, Abt. Klinische Psychologie.
Boothe, B. & Heigl-Evers, A. (1996). *Psychoanalyse der frühen weiblichen Entwicklung*. München: Reinhardt.
Boothe, B. & Ugolini, B. (Hrsg.). (2003). *Lebenshorizont Alter*. Zürich: vdf Hochschulverlag.
Boss, P. G., Doverty, W. J., LaRossa, R., Schumm, W. R. & Steinmetz, S. K. (Eds.). (1993). *Sourcebook of family theories and methods: A contextual approach*. New York: Plenum Press.
Bowlby, J. (1969). *Attachment and loss, vol. 1: attachment*. London: Hogarth.
Brandstädter, J. (1999). Sources of resilience in the aging self. Toward integrating perspectives. In T. M. Hess & F. Fields (Eds.), *Social cognition and aging*. San Diego: Academic Press.
Brockmeier, J. (2000). Autobiographical time. *Narrative Inquiry*, 10, 1, 51–73.
Brose, R. (1998). Lebenssituation und Sprache. In R. Fiehler & C. Thimm (Hrsg.), *Sprache und Kommunikation im Alter*, S. 214–229. Opladen: Westdeutscher Verlag.
Bruner, J. (1998). Vergangenheit und Gegenwart als narrative Konstruktionen. In J. Straub (Hrsg.), *Erzählung, Identität und historisches Bewusstsein. Die psychologische Konstruktion von Zeit und Geschichte, Bd. 1*. Frankfurt a.M.: Suhrkamp, S. 46–80.
Bruner, J. (1999). Narratives of aging. *Journal of Aging Studies*, 13, 1, 7–9.
Bruner, J. (2002). *Making stories. Law, literature, life*. Cambridge: Harvard University Press.
Bühler, C. (1959). *Der menschliche Lebenslauf als psychologisches Problem* (2. neubearbeitete Aufl.). Göttingen: Verlag für Psychologie.
Butler, R.N. (1963). The life review: an interpretation of reminiscence in the aged. *Psychiatry*, 256, 65–76.
Coupland, N., Coupland, J. & Giles, H. (1991). *Language, society and the elderly: Discourse, identiy and ageing*. Oxford: Blackwell.

Narrative Gerontologie. Ein Literatur- und Forschungsbericht

Diener, E. & Suh, M. E. (1997). Subjective well-being and age: an international analysis. *Annual Review of Gerontology and Geriatrics*, 17, 304–324.

Erikson, E. H., Erikson, J. M. & Kivnick, H. Q. (1986). *Vital involvement in old age*. New York: Norton.

Fiehler, R. (1998). Modelle zur Beschreibung und Erklärung altersspezifischer Sprache und Kommunikation. In R. Fiehler & C. Thimm (Hrsg.), *Sprache und Kommunikation im Alter*. Opladen: Westdeutscher Verlag.

Fiehler, R. (2002). Sprache und Alter. Wie verändert sich das Sprechen, wenn wir älter werden? *Sprachreport*, 2, 21–25.

Fiehler, R. & Thimm, C. (Hrsg.). (1998). *Sprache und Kommunikation im Alter*. Opladen: Westdeutscher Verlag.

Fliege, H. & Filipp, S.-H. (2000). Subjektive Theorien zu Glück und Lebensqualität – Ergebnisse explorativer Interviews mit 65 bis 74jährigen. *Zeitschrift für Gerontologie und Geriatrie*, 33, 307–313.

Gergen, K. J. (1998). Erzählung, moralische Identität und historisches Bewusstsein. In J. Straub, *Erzählung, Identität und historisches Bewusstsein. Die psychologische Konstruktion von Zeit und Geschichte, Bd. 1* (S. 170–202). Frankfurt a.M.: Suhrkamp.

Gergen, K. J. (2002). *Konstruierte Wirklichkeiten*. Stuttgart: Kohlhammer.

Graybeal, A., Sexton, J. D. & Pennebaker, J. W. (2002). The role of story-making in disclosure writing: The psychometrics of narrative. *Psychology and Health*, 17, 5, 571–581.

Grimmer, B. (2006). *Psychotherapeutisches Handeln zwischen Zumuten und Mut machen. Das Beziehungs- und Kommunikationskonzept der Kreditierung*. Stuttgart: Kohlhammer.

Grossmann, K. P. (2003). *Narrative Therapie*. [On-line]. Retrieved April 24, 2006 from http://www.la-sf.at/la-sf/upload/pdf/2003-04-02_Grossmann.pdf

Haight, B. K. (1991). Reminiscing: the state of the art as a basis for practice. *International Journal of Aging and Human Development*, 33, 1–32.

Hermann, M.-L. (2006). Erzählen im Alter. Eine Exploration aktueller Forschung. (Berichte aus der Abteilung Klinische Psychologie Nr. 55). Zürich: Universität Psychologisches Institut, Abt. Klinische Psychologie.

Hermann, M.-L. (2007). Was im Leben zählt. Kreditierung und Selbstkreditierung alter Menschen im lebensgeschichtlichen Interview. Nicht veröffentlichte Lizentiatsarbeit, Universität Zürich.

Hess, T. M. & Fields, F. (1999). (Eds.). *Social cognition and aging*. San Diego: Academic Press.

Heuft, G. (1999). Die Bedeutung der Trauma-Reaktivierung im Alter. *Zeitschrift für Gerontologie und Geriatrie*, 32, 225–230.

Heuft, G., Kruse, A. & Radebold, H. (2000). *Lehrbuch der Gerontopsychosomatik und Alterspsychotherapie*. München: Reinhardt.

Hoshmand, L. T. (2000). Narrative psychology. In A. E. Kazdin, *Encylopedia of psychology*. Washington: American Psychological Association.

Kazdin, A. E. (2000). *Encylopedia of psychology*. Washington: American Psychological Association.

Kenyon, G. M., Ruth, J.-E. & Mader, W. (1999). Elements of a narrative gerontology. In V. L. Bengtson & K. W. Schaie (Eds.), *Handbook of theories of aging* (pp. 40–58). New York: Springer.

Kim-Prieto. C., Diener, E., Tamir, M., Scollon, C. & Diener, M. (2005). Integrating the diverse definitions of happiness. A time-sequential framework of subjective well-being. *Journal of Happiness Studies*, 6, 261–300.

Knight, B. G. (2004). *Psychotherapy with older adults* (3rd ed.). Thousand Oaks: Sage.

Koenig, L. (Ed.). (2004). From child sexual abuse to adult sexual risk. Trauma, revictimization, and intervention. Washington: American Psychological Association.
Kruse, A. (1990) Potentiale im Alter. *Zeitschrift für Gerontologie, 23*, 235–245.
Lehr, U. (1997). Gesundheit und Lebensqualität im Alter. *Zeitschrift für Gerontopsychologie und –psychiatrie, 10*, 277–287.
Lehr, U. (2003). *Psychologie des Alterns* (10. Aufl.). Wiebelsheim: Quelle und Meyer.
Lehr, U. & Thomae, H. (Hrsg.). (1987). Formen seelischen Alterns. Ergebnisse der Bonner gerontologischen Längsschnittstudie. Stuttgart: Enke.
Lohmann, R. & Heuft, G. (1995). Life Review: Förderung der Entwicklungspotentiale im Alter. *Zeitschrift für Gerontologie und Geriatrie, 28*, 236–241.
Luborsky, L. & Crits-Christoph, P. (1990). Understanding transference. The Core Conflictual Relationship Theme method. New York: Basis Books.
Lucius-Hoene, G. (1997). Leben mit einem Hirntrauma. Autobiographische Erzählungen Kriegshirnverletzter und ihrer Ehefrauen. Bern: Huber.
Lucius-Hoene, G. (2000). Konstruktion und Rekonstruktion narrativer Identität [19 Absätze]. *Forum Qualitative Sozialforschung/ Forum: Qualitative Social Research [On-line Journal], 1* (2). Verfügbar unter: http://qualitative-research.net/fqs/fqs-d/2-00inhalt-d.htm [17.04.06].
Lucius-Hoene, G. (2002). Narrative Bewältigung von Krankheit und Coping-Forschung. *Psychotherapie und Sozialwissenschaft, 4, 3*, 166–203.
Lucius-Hoene, G. & Deppermann, A. (2000). Narrative identity empiricized: A dialogical and positioning approach to autobiographical research interviews. *Narrative Inquiry, 10*, 1, 199–222.
Luder, M. (2006). *JAKOB Report 2005: Die Entwicklung der Erzählanalyse JAKOB von 1989 bis 2005* (Berichte aus der Abteilung Klinische Psychologie Nr. 54). Zürich: Universität Psychologisches Institut, Abt. Klinische Psychologie. Verfügbar unter http://www.psychologie.unizh.ch/klipsa/aktuell/klipsa.shtml [28.04.06]
Maercker, A. (Hrsg.). (2002). Alterspsychotherapie und klinische Gerontopsychologie. Berlin: Springer.
Maercker, A. (2002a). Posttraumatische Belastungsstörungen und komplizierte Trauer. Lebensrückblicks- und andere Interventionen. In A. Maercker, *Alterspsychotherapie und klinische Gerontopsychologie*, S. 246–282. Berlin: Springer.
Maercker, A. (2002b). Life-Review technique in the treatment of PTSD in elderly patients: Rationale and three single case studies. *Journal of Clinical Geropsychology, 8, 3*, 239–249.
Maercker, A. (2002c). Life-Review-Therapie als spezifische Form der Behandlung Posttraumatischer Belastungsstörungen im Alter. *Verhaltenstherapie & Verhaltensmedizin, 23*, 213–225.
Martin, M. & Kliegel, M. (2005). *Psychologische Grundlagen der Gerontologie.* Stuttgart: Kohlhammer.
Martin, P., Kliegel, M., Rott, C., Poon, L. W. & Johnson, M. A. (in Revision). Age differences and changes of coping behaviour in three age groups: Finding from the Georgia Centenary Study.
Mills, M. A. & Coleman, P. G. (2002). Lebensrückblicksinterventionen bei älteren Menschen. Ein psychodynamischer Ansatz. In A. Maercker (Hrsg.), *Alterspsychotherapie und klinische Gerontopsychologie*, S. 359–376. Berlin: Springer.
Neisser, U. (1988). Five kinds of self-knowledge. *Philosophical Psychology, 1*, 35–59.
Pennebaker, J. W. & Stone, L. D. (2003). Words of wisdom: Language use over the life span. *Journal of Personality and Social Psychology, 85*, 2, 291–301.

Pennebaker, J. W. & Stone, L. D. (2004). Translating traumatic experience into language: Implications for child abuse and long-term health. In Koenig, L. (Ed.), *From child sexual abuse to adult sexual risk. Trauma, revictimization, and intervention.* Washington DC: American Psychological Association.
Pillemer, D. B. (1992). Remembering personal circumstances: A functional analysis. In E. Winograd & U. Neisser (Eds.), *Affect and accuracy in recall: Studies of »flashbulb« memories* (Emoria symposia in cognition, 4th ed., pp. 236–264). New York: Cambridge University Press.
Polkinghorne, D. E. (1998). Narrative Psychologie und Geschichtsbewusstsein. Beziehungen und Perspektiven. In J. Straub (Hrsg.), *Erzählung, Identität und historisches Bewusstsein. Die psychologische Konstruktion von Zeit und Geschichte, Bd. 1.* Frankfurt a.M.: Suhrkamp., S. 12–45.
Polkinghorne, D. E. (2004). Narrative therapy and postmodernism. In L. E. Angus & J. McLeod (Eds.), *The handbook of narrative and psychotherapy. Practice, theory, and research.* Thousand Oaks: Sage.
Progoff, I. (1975). *At a journal workshop.* New York: Dialogue House Library.
Radebold, H. (1992). Psychodynamik und Psychotherapie Älterer. Berlin: Springer.
Radebold, H. (Hrsg.). (2004). *Kindheiten im II. Weltkrieg und ihre Folgen.* Gießen: Psychosozial-Verlag.
Radebold, H. (2005). Die dunklen Schatten unserer Vergangenheit. Ältere Menschen in Beratung, Psychotherapie, Seelsorge und Pflege. Stuttgart: Klett-Cotta.
Ricoeur, P. (1991). Zeit und Erzählung, Bd. III, Die Erzählte Zeit. München: Fink.
Roesler, C. (2001). Narrative Identitätskonstitution und kollektive Sinnstiftungsmuster. Narrative Identitätskonstitutionen in den Lebensgeschichten chronisch Kranker und Behinderter und die Bedeutung kultureller Sinngebungsangebote. Verfügbar unter http://www.freidok.uni-freiburg.de/volltexte/527/pdf [17.04.06].
Ruth, J.-E., Birren, J. E. & Polkinghorne, D. E. (1996). The projects of life reflected in autobiographies of old age. *Ageing and Society, 16,* 677–699.
Ruth, J.-E. & Kenyon, G.M. (1996). Introduction: Special issue on ageing, biography and practice. *Ageing and Society, 16,* 653–657.
Schmitt, E. (2004). Aktives Altern, Leistungseinbussen, soziale Ungleichheit und Altersbilder – Ein Beitrag zum Verständnis von Resilienz und Vulnerabilität im höheren Erwachsenenalter. *Zeitschrift für Gerontologie und Geriatrie, 37,* 280–292.
Schmitz-Scherzer, R., Kruse, A. & Olbrich, E. (Hrsg.). (1990). *Altern: ein lebenslanger Prozess der sozialen Integration.* Darmstadt: Steinkopff.
Schneider, G., Driesch, G., Kruse, A., Wachter, M., Nehen, H.-G. & Heuft, G. (2003). Ageing styles: Subjective well-being and somatic complaints in inpatients aged ≥ 60 years. *Psychotherapy and Psychosomatics, 72,* 324–332.
Schneider, G., Heuft, G., Lohmann, R., Nehen, H.-G., Kruse, A. & Senf, W. (1999). Psychogene Beeinträchtigung und aktuelle Befindlichkeit im Alter. Welche Chancen eroeffnet die biographische Perspektive? *Psychotherapie, Psychosomatik, Medizinische Psychologie, 49,* 6, 195–201.
Sherman, E. (1991). *Reminiscence and the self in old age.* New York: Springer.
Strack, S. & Feifel, H. (1996). Age differences, coping, and the adult life span. In M. Zeidner & N. S. Endler (Eds.), *Handbook of coping. Theory, research, applications.* New York: Wiley.
Straub, J. (Hrsg.). (1998). Erzählung, Identität und historisches Bewusstsein. Die psychologische Konstruktion von Zeit und Geschichte, Bd. 1. Frankfurt a.M.: Suhrkamp.

Watt, L. M. & Wong, P. (1991). A taxonomy of reminiscence and therapeutic implications. *Journal of Gerontological Social Work, 16,* 37–57.
Webster, J. D. (1993). Construction and validation of the Reminiscence Functions Scale. *Journals of Gerontology: Psychological Science, 48,* 256–262.
Webster, J. D. & Haight, B. K. (Eds.). (2002). *Critical advances in reminiscence work. From theory to application.* New York: Springer.
White, M. & Epston, D. (1990). *Narrative means to therapeutic ends.* New York: Norton.
Wiesmann, U., Rölker, S. & Hannich, H.-J. (2004). Salutogenese im Alter. *Zeitschrift für Gerontologie und Geriatrie, 37,* 366–376.
Wink, P. & Schiff, B. (2002). To review or not to review? The role of personality and life events in life review and adaptation to older age. In J. D. Webster & B. K. Haight (Eds.), *Critical advances in reminiscence work.* New York: Springer.
Winograd, E. & Neisser, U. (Eds.). (1992). *Affect and accuracy in recall: Studies of »flashbulb« memories* (Emoria symposia in cognition, 4th ed., pp. 236–264). New York: Cambridge University Press.
Wong, P. & Watt, L. M. (1991). What types of reminiscence are associated with successful aging? *Psychology and Aging, 2,* 67–79.
Zeidner, M. & Endler, N. S. (Eds.). (1996). *Handbook of coping. Theory, research, applications.* New York: Wiley.

Narrative Gerontologie: Eine Interviewstudie

Katarzyna Swita

Zusammenfassung
Die vorliegende Arbeit befasst sich mit der narrativen Vergegenwärtigung autobiografischer Episoden aus dem Leben älterer Menschen. Erzählen erfüllt verschiedene soziale und psychologische Funktionen und hat als Zugang zum subjektiven Erleben in verschiedenen Disziplinen an Bedeutung gewonnen. Vorgestellt wird eine Interviewstudie im Rahmen des Projekts ›Glücks- und Unglückserfahrungen im Lebensrückblick alter Menschen‹. In der qualitativen Studie wurden 78 Erzählungen aus narrativ-biografischen Interviews mit vier älteren Menschen mittels der von Boothe entwickelten Erzählanalyse JAKOB extrahiert und ausgewertet. Exemplarisch wird an vier Erzählungen aufgezeigt, wie die im Erzählbeginn hergestellte Ausgangslage einen Erwartungshorizont mit einer Dynamik eröffnet, die über eine Entwicklung zu einem Ende führt. Eine Zusammenschau der Befunde rundet diese Arbeit ab und zeigt auf, dass sich anhand der qualitativ untersuchten narrativen Episoden individuell charakteristische narrative Darstellungen für jeden der vier Interviewpartner ermitteln lassen.

Schlüsselwörter
Erzählanalyse, narrativ-biografisches Interview, narrative Dynamik, Lebensrückblick.

Abstract: Narrative Gerontology: An interview study

This paper focuses on the narrative visualization of autobiographical episodes in the life of elderly people. Story-telling fulfills social and psychological functions and has become more important in different disciplines as an approach to subjective experience. An interview study in the context of the project ›experiences of happiness and unhappiness in the life review of elderly people‹ is presented. In the study seventy-eight narratives from narrative-biographical interviews conducted with elderly people were extracted and analyzed with the JAKOB narrative analysis developed by Boothe. How the starting position in the beginning of a narrative opens an expectation with a dynamic, which leads across a development to an end, is illustrated on the example of four narratives. A synopsis of the results completes this

Katarzyna Swita

work and shows, that for each of the four interviewed persons individually characteristic narrative presentations can be investigated based on the qualitative analysis.

Key Words
narrative analysis, narrative-biographical interview, narrative dynamic, life review.

Einführung

Der Anteil älterer Menschen an der Gesamtbevölkerung nimmt seit Mitte des 20. Jahrhunderts kontinuierlich zu, nicht zuletzt durch eine Zunahme der Lebenserwartung (Lehr, 2000; Stähelin, 2003). Hochaltrigkeit und Langlebigkeit schaffen gesellschaftliche und persönliche Herausforderungen. Betagtheit, Altern und lebenslange Entwicklung sind zum multidisziplinären Forschungsfeld geworden. Wissenschaftliche Expertise über Bedingungen und Chancen hoher Lebensqualität und Kompetenz im Alter ist gefragt. Das Alter gilt als potenziell lang dauernde Lebensphase mit charakteristischen Progressionsschritten, Veränderungsprozessen und Bewährungsproben; Wandel und Reifung sind gerade angesichts der Konfrontation mit Verlusten von Partnern und Freunden und angesichts von Einschränkungen körperlicher, kognitiver und sozialer Ressourcen möglich. Die Vergangenheit für die Gegenwart fruchtbar machen, in die Zukunft blicken, ohne sich selbst ins Zentrum zu stellen, sind praktizierte Formen der Selbstvergewisserung und der Selbsttranszendenz, die zum *guten Leben* gehören können.

Gutes Leben als persönliches und individuelles Projekt dessen, was als wünschbar und erfüllend, aversiv und leidvoll gilt, kann hörbar und im Gespräch artikulierbar werden. Der Königsweg dazu ist das Erzählen (Hermann, in diesem Band). Nach einem kurzen Abriss über das Interesse am Erzählen im Alter und dem psychologischen Potential des Erzählens wird die Interviewstudie ›Liebeswahl, Glück der Bewährung, Reisefreuden, Kindesliebe. Eine Anthologie von 78 mündlichen Alltagserzählungen alter Menschen‹ (Swita, 2005) im Rahmen des Forschungsprojekts ›Glücks- und Unglückserfahrungen im Lebensrückblick alter Menschen‹ skizziert. Es handelt sich um eine qualitative, erzählanalytische Studie, in der aus dem Datenmaterial von seinerzeit zunächst vier transkribierten narrativ-biografischen Interviews mit vier Personen in hohem Lebensalter beiderlei Geschlechts narrative Episoden extrahiert und mittels der Erzählanalyse JAKOB (Boothe, Grimmer, Luder, Luif, Neukom & Spiegel, 2002) untersucht wurden. Bei der explorativen narrativen Studie ging es um die anthologische Dokumentation und die regelgeleitete erzählanalytische Auswertung aller aus den lebensgeschichtlichen Interviews extrahierten 78 narrativen Episoden. Jeder Erzähler wurde als unverwechselbar Autor-Persönlichkeit kenntlich, so lag es nahe, auf der Basis seiner Geschichtensequenz ein facettenreiches narratives Porträt zu konstruieren.

Im Folgenden werden Grundmerkmale narrativer Episoden erläutert, sodann wird die interpretative Erschließung der Erzähldynamik narrativer Episoden knapp formuliert. Die exemplarische Illustration der erzählanalytischen Untersuchung an je einer narrativen Episode eines jeden Erzählers bildet den Kern der Darstellung, ergänzt um Besonderheiten der individuellen Erzählungen und biografische Angaben der interviewten Person. In einer abschließenden Zusammenführung werden ausgewählte Befunde der Interviewstudie präsentiert.

Das Interesse am Erzählen im Alter

Die neueren Modelle erfolgreichen Alterns innerhalb der gerontologischen Forschung heben die zunehmende Bedeutung von Anpassungsprozessen im Alter hervor. Das Modell der Selektiven Optimierung und Kompensation (Baltes & Baltes, 1989) zeigt auf, wie durch den Ausbau bestehender Ressourcen Aktivität und Zufriedenheit auch im Alter noch möglich sind. Wohlbefinden und Zufriedenheit im Alter stellen das Ergebnis selbst-regulativer Prozesse dar (Höpflinger, 2003). In der Altersforschung werden in diesem Zusammenhang die individuellen Bewältigungs- und Regulierungsmechanismen relevant (Höpflinger, 2003; vgl. Überblick empirischer Studien zu Prozessen der Selbstregulation im Alter bei Kruse & Wahl, 1999). Damit wird die Aufmerksamkeit auch auf Methoden gelenkt, die einen Aufschluss über die individuellen Prozesse der Verarbeitung, des Umgangs und der Bewältigung altersbedingter Veränderungen ermöglichen.

Der Forschungsansatz der narrativen Gerontologie (Hermann, in diesem Band; Birren & Deutchman, 1996; Kenyon, Ruth & Mader, 1999), ein innovativer Zweig der Narrativen Psychologie (z.B. Polkinghorne, 1998) und der sozialwissenschaftlichen Biografieforschung, stellt innerhalb der Altersforschung die subjektive Perspektive des alternden Menschen und die Bedeutung seiner Lebensgeschichte in den Mittelpunkt. Dabei betont die narrative Gerontologie die Notwendigkeit der Einbettung der individuellen Lebensgeschichte in einen ganzheitlichen historischen, gesellschaftlichen und kulturellen Kontext (Kenyon et al., 1999).

Für das Wohlbefinden im Alter spielt die Biografie eine zentrale Rolle. Autobiografische Erinnerungen negativer oder positiver Art sind Aspekte des Wohlbefindens (Coleman, 2004). Die reflexive wie die genussvolle Auseinandersetzung mit der eigenen Lebensgeschichte stellt speziell im höheren Lebensalter einen bedeutenden Einflussfaktor der Selbstregulation von negativen und positiven Emotionen dar (Hermann, in diesem Band; Höpflinger, 2003).

Der multidisziplinäre Ansatz der narrativen Gerontologie vereint gerontologische Praxis mit biografischer Selbstthematisierung. Subjektives Erleben im Alter wird erfahrbar, individuelle Bewältigungsformen und Anpassungsprozesse mit den altersbedingten Begrenzungen, Einbußen und Verlusten werden erschließbar.

Das Potential des Erzählens

Die kognitive, emotionale und Beziehungsentwicklung des Individuums ist in vieler Hinsicht ein narratives Programm (Straub, 1998; Petzold & Müller, 2004). Kollektives Wissen, kulturelle Werte, Erfahrungen und Traditionen werden narrativ vermittelt. Individuelle Erfahrungen und Anliegen artikulieren sich im narrativen Modus. Rezipienten kollektiver und individueller Erzählungen lassen sich narrativ verwickeln, erhalten, ohne dabei gewesen zu sein, Zugang zur individuellen Mentalität der erzählenden Person. Die erinnernde Rekonstruktion steht im narrativen Prozess in kontinuierlicher Spannung zur Evaluation des Gewesenen im Hier und Jetzt: Im Prozess des erzählenden Erinnerns sind aktuelle Lage und Verfassung, Bedürfnisse und Interpretationen des Erzählers wirkungsmächtige Regisseure bei der narrativen Vergegenwärtigung (Polkinghorne, 1998; Straub, 1998). Erzählen stellt eine Art der adaptiven und kreativen kognitiven Strukturierung dar (Polkinghorne, 1998). Diese nachträgliche narrative Organisation verleiht Ereignissen immer neue Bedeutungsfrische, im doppelten Sinne: Es ist jetzt *wichtig* – es hat jetzt einen bestimmten *Sinn*.

Neben diesem Potential von Bedeutungskonstruktion und Sinnbildung (Brunner, 1998; Polkinghorne, 1998) erfüllt das Erzählen vier zentrale psychologische und kommunikative Funktionen (Boothe, 1994): Im Akt des Erzählens wird eine interaktive Kommunikationssituation hergestellt, die Erfahrungen intersubjektiv verstehbar und reflektierbar macht, und damit der eigenen Geschichte Kontur verleiht und Identität in der sozialen Gemeinschaft herstellt (soziale Integration). Erzählen modelliert korrigierend Vergangenes im Sinne einer Wunscherfüllungstendenz (psychische Restitution) und ermöglicht die nachträgliche Bewältigung psychischer Destabilisierung (psychische Reorganisation). Nicht zuletzt dient das Erzählen der Vergegenwärtigung von gelebten Erfahrungen und stellt damit Verbindung zur gegenwärtigen Situation her (Aktualisierung). Auch die hilfreiche oder heilsame Funktion des Erzählens im Rahmen psychosozialer Belastungen ist hervorzuheben (Lucius-Hoene, 2002; Rosenthal, 2002).

Wenn es um die biografische Selbstthematisierung geht, steht der Sprachmodus des Erzählens im Mittelpunkt (Fischer-Rosenthal & Rosenthal, 1997; Straub, 1998; Boothe, von Wyl & Wepfer 2000; Lucius-Hoene, 2002; Boothe, 2003; Petzold & Müller, 2004). Lebensgeschichtliches Erzählen artikuliert – wie erwähnt – das personale Selbstverständnis, schafft Identitätsbildung und -stabilisierung, Sinnstiftung und damit die Herstellung von Kontinuität (Polkinghorne, 1998; Straub 1998; Kenyon et al., 1999; Lucius-Hoene, 2002; Boothe, 2003; Petzold & Müller, 2004). Diese Leistungen der narrativen Selbstartikulation vermögen aber nicht nur retrospektiv zu wirken, sondern auch prospektiv im Hinblick auf die Konstruktion von Entwürfen künftigen Lebens und Probehandelns (Polkinghorne, 1998; Lucius-Hoene, 2002). Aus psychodynamischer Perspektive wird im autobiografischen Erzählen ein persönlicher Schöpfungsraum mit Wünschen und Ängsten, mit Vorstellungen von Glück und Unglück hergestellt (Boothe, 2003).

Erzähltes Glück und Unglück im Lebensrückblick

Das lebensgeschichtliche Interviewprojekt ›Glücks- und Unglückserfahrungen im Lebensrückblick alter Menschen‹ (Boothe, Universität Zürich; aktuelle Projektleiterin Grimm-Montel) verknüpft psychodynamisch fundierte Textanalyse mit Biografieforschung und der narrativen Thematisierung von Glück und gutem Leben. In dieser qualitativen Untersuchung haben männliche und weibliche Personen (ab etwa 70 Jahren) die Gelegenheit, in narrativen Interviews ihre Lebensgeschichte erinnernd zu vergegenwärtigen. Die Aufmerksamkeit gilt insbesondere Ereignissen, die als glücklich erlebt wurden. Das Erzählen als Regulativ der Befindlichkeit alter Menschen zu erforschen und für die Praxis nutzbar zu machen ist zugleich Interesse und Ziel dieses Forschungsprojekts.

Der geeignete kommunikative Raum zur Thematisierung autobiografischer Erfahrungen ist das narrative Interview (Schütze, 1983). Das narrative Interview ist als offene und nicht direktive Gesprächssituation angelegt, es verhilft dem Erleben, Fühlen und Denken der interviewten Person zum Ausdruck und Gestaltung und regt die Produktion von narrativen Episoden an. Die Aufgabe des Interviewers besteht in der Herstellung und Aufrechterhaltung einer Gesprächssituation, die Selbstmitteilung, Selbstexploration und Relevanzsetzung ermöglicht. Erzählen stellt dabei eine Erlebensgemeinschaft her, in der der Erzähler und der Zuhörer gemeinsam in der Vorstellung am erzählten Geschehen emotional teilnehmen. Die erzählende Darstellung vitalisiert vergangene Episoden und führt den Zuhörer in die individuellen Lebensdramaturgien von Glücks- und Unglücksszenarien des Erzählers ein (Boothe, 2003).

In der hier vorgestellten explorativen Interviewstudie, die zunächst vier mehrstündige Gespräche auswertete, galt die Aufmerksamkeit sämtlichen narrativen Episoden, die aus narrativ-biografischen Interviews mit vier Personen, zwei Frauen und zwei Männer, in hohem Lebensalter (zwischen 77 und 85 Jahren) extrahiert werden konnten. Als Untersuchungsinstrument wurde die dramaturgische Erzählanalyse JAKOB (Boothe et al., 2002) angewendet. Dieses narrative Analyseverfahren ist ein psychodynamisch fundiertes, mehrstufiges, qualitatives Arbeitsinstrument zur Untersuchung szenischer Erzählsequenzen. Eine Erzählung wird als Inszenierung aufgefasst, in der sich ein hinsichtlich Personal, Aktionen, Kulissen und Requisiten umschriebenes dramatisches Geschehen eingebettet in einem raum-zeitlichen Bezugskontext abspielt. Kernstück dieses Verfahrens ist die Untersuchung der Erzähldynamik. Diese beinhaltet die systematische Formulierung des Erzählbeginns, der Ausgangslage einer einzelnen Erzählepisode, und die Rekonstruktion des Erzählverlaufs bis zum Ende, der so genannten Ergebnisformulierung. Die Formulierung der einzelnen Elemente der Erzähldynamik erfolgt durch die Analyse des etablierten Bühnenraums mit Figuren, Aktionen, Kulissen und Requisiten und der Erschließung des dramaturgischen Potentials dieser sprachlichen Setzungen und ihrer Konstellation.

Narrative Episoden als Zugang zum subjektiven Erleben

Narrative Episoden oder Erzählungen im lebensgeschichtlichen Kontext sind ereignisdarstellende Sequenzen, in deren Mittelpunkt ein einzelnes, selbst erlebtes Ereignis aus der Vergangenheit des Erzählers steht (Quasthoff, 1980). Das Erzählen eines vergangenen Ereignisses ist emotional motiviert (Flader & Giesecke 1980; Wiedemann 1986; Boothe et al., 2000; Gülich & Hausendorf, 2000). Erzählt wird, was beglückt, erfreut oder mitgerissen hat, aber auch was Erschütterung, Empörung und Ärger hervorgerufen hat. Aus psychodynamischer Perspektive fließen Überzeugungen, Wünsche und Werte des Erzählers in die narrative Darstellung ein (Bruner, 1998), die als Kompromissbildung des Zusammenspiels von Wunsch, Angst und Abwehr aufgefasst werden kann (Boothe, 1994). Erzählungen weisen den Charakter des Dramatischen auf, sodass sie den Zuhörer in das Geschehen mit einbeziehen und zu emotionaler Teilhabe und Mitvollzug am dramatischen Geschehen auffordern (Wiedemann, 1986; Straub, 1998). Diese emotionale Verstrickung des Zuhörers wird durch Identifikationsangebote mit dem Akteur, durch Dramatisierung des Geschehens, durch Elemente des Unerwarteten oder Plötzlichen und durch die Betonung affektiver Momente realisiert.

Narrative Episoden sind in einen Gesprächs- oder Interaktionskontext eingebettet und lassen sich anhand sprachlicher Einleitungs- und Ausleitungsmarkierungen identifizieren (Wiedemann, 1986; Hanke, 2001). Die aristotelische Dynamik von Anfang über Mitte bis Ende bildet für das hier verbindliche Konzept der narrativen Episode das Grundschema (Liedtke, 1985; Wiedemann, 1986; Weber, 1998; Straub, 1998). Der Anfang der Erzählung öffnet einen Erwartungshorizont und führt über Entwicklungsschritte zu einem Ende (Rehbein, 1984). Die Mitte einer Erzählung exponiert zumeist ein destabilisierendes Moment, eine Komplikation, etwas Unerwartetes oder Unerhörtes im negativen oder positiven Sinne, das eine Veränderungsbewegung zwischen dem Ausgangszustand und dem Endzustand darstellt (Flader & Giesecke, 1980; Rehbein, 1984; Wiedemann, 1986; Straub, 1998).

Bei der Untersuchung aller 78 Erzählungen der Interviewstudie kam eine Kurzform des erzählanalytischen Verfahrens JAKOB zur Anwendung, das im Folgenden nicht erläutert, sondern in der illustrierenden Darstellung ausgewählter Erzählungen anschaulich werden soll. Die extrahierten Erzählungen wurden in Subjekt-Prädikat-Einheiten segmentiert und mit Regieangaben gekennzeichnet. Unter dem Arbeitsschritt der Regie wird die interne sequenzielle Aufgliederung der Szene in spezifisch erzählende und nicht erzählende Passagen verstanden. Die Segmente wurden in Kernsegmente, die Episodisches und das dramatische Geschehen innerhalb der erzählten Welt wiedergeben, und in Rahmensegmente, die Nicht-Episodisches formulieren und außerhalb der dramatischen Abwicklung stehen, unterteilt.

Katarzyna Swita

Individuelles Erleben von Glück, Freude und Tätigsein im Spiegel des Narrativs

Herr Schach: Vaterglück und Bewährungsproben

Der 1922 geborene Herr Schach ist zum interviewten Zeitpunkt seit 50 Jahren verheiratet. Er ist sozial eingebunden und partizipiert am familiären und gesellschaftlichen Leben. Mit den beiden Töchtern, dem Sohn und den Enkeln nimmt er regelmäßig Kontakt auf und trifft sich mit seinen Freunden zum Schachspielen. Beziehungen seien ›ein heikles Thema‹ für ihn, was er auf seine Schwierigkeit zurückführt, persönliche Dinge von sich preiszugeben. Die Ehe zu seiner Frau streift er nur kurz und hält rückblickend fest, dass es eine Beziehung sei, in welcher zusammen Schwierigkeiten gemeistert, aber keine intensiven, höhepunktartigen Ereignisse gemeinsam erlebt worden sind. Herr Schach spielt seit dem 12. Lebensjahr Schach und war viermal Schweizer Meister. Dieses Interesse ist bis zum Interviewzeitpunkt eine seiner liebsten Freizeitbeschäftigungen geblieben. Einblick in diese Leidenschaft gewährt die Erzählung mit dem Titel ›Dann musste ich kämpfen‹:

1. Dann musste ich kämpfen

1	e	ich war in [Felsingen]
2	ne	da war auch wieder das [landesinterne] Schachturnier
3	ne	ich spiele seit manchem Jahr da immer bei den Senioren mit und bin einer der besten dort
4	ne	ich habe ein paar Mal gewonnen
5	ne	aber jetzt reicht es nicht mehr ganz
6	e	und da habe ich mit dem ... hatte eine schwere Partie
7 v 6	ne	der die letzten Jahre immer gewann ...
8 v 7	ne	der ist wesentlich jünger als ich ... ja ist also etwa fünfzehn Jahre jünger
9 v 8	ne	Senioren fangen heute ja mit sechzig an ...
10 v 9	ne	nicht
11	e	erst meinte ich
12 III 11	e	ich stehe besser
13	e	und dann musste ich kämpfen und kämpfen und kämpfen
14	ne	und die ganze Partie hat ... dauerte über sechs Stunden
15 v 14	ne	und das ist außergewöhnlich
16	ne	nicht
17	e	und ich habe mich körperlich nicht sehr wohl gefühlt
18	ne	ja das ist das ist also etwas unglaubliches! bei dem Schachspielen
19	ne	da vergisst da kann man alles vergessen alle Schmerzen
20	e	und es ist mir also gelungen die Partie nicht zu verlieren
21	e	also es ging unentschieden aus
22	ne	und das war schon ein erlösendes ... ein glückliches Gefühl
23 v 22	ne	ich würde sagen
24	ne	also auch die Bestätigung über lange Zeit hinaus doch noch so viele Kräfte aufzubringen

Die Identifikation dieser narrativen Episode fällt leicht. Herr Schach situiert das vergangene Ereignis örtlich ([Felsingen], S1) und positioniert sich selbst als erzähltes Ich sowie eine weitere männliche Figur mitten in ein Spiel (S6). Mit diesen beiden Kernsegmenten führt Herr Schach in die erzählte Welt ein. Weitere Segmente nehmen Bezug auf das, was sich innerhalb der erzählten Welt abspielen wird, und präzisieren die Ausgangslage der Geschichte. Herr Schach etabliert einen öffentlichen Bühnenraum zum sozialen Anlass eines Schachturniers, einer landesinternen Meisterschaft (S2). Das Turnier als sprachliche Setzung verweist auf das Aufeinandertreffen der besten Schachspieler. Herr Schach positioniert das erzählte Ich als einen im Ruhestand stehenden, älteren Mann, der mit Herren seines Alters (›Senioren‹, S3) zum Wettkampf um Sieg und Niederlage antritt. Mit dieser Information ordnet er das Ereignis zeitlich ein. Herr Schach lässt die Ich-Figur in dieser Altersgruppe dadurch hervortreten, dass sie im Laufe der Jahre durch ihre guten Spielleistungen einige Siege errungen (S4) und sich als ›einer der besten dort‹ (S3) qualifiziert hat. Das Interesse von Herrn Schach an der Teilnahme an Schachturnieren seit Jugendzeit verweist auf Kompetenzerprobung im Zweikampf in Anwesenheit eines Publikums und auf Schachspielen als genussvolle Tätigkeit. Die Handlung beginnt, als das erzählte Ich sich in [Felsingen] (S1) mit einem Gegner in einer harten Spielpartie befindet (S6). Herr Schach führt den Antagonisten als qualifizierten und mit mehreren Siegen ausgezeichneten Spieler ein (S7) und betont dessen jüngeres Alter (S8). Damit positioniert er das erzählte Ich in eine Schachpartie, dieses Ich tritt gegen einen um Jahre jüngeren, anspruchsvollen Konkurrenten an. Die Ausgangslage mit eröffnetem Erwartungshorizont lässt sich folgendermaßen formulieren: Zwei im Schach leistungsstarke ältere Männer wetteifern in einem anspruchsvollen Spiel vor sachverständigem Publikum um den Sieg (Dynamik der Konkurrenz). Die Ausgangslage birgt ein Spannungspotential, ist konflikthaft angelegt und zielorientiert. Wie geht die Geschichte weiter? Der zum Handlungsbeginn etablierte Zweikampf im Schach entwickelt sich dahingehend, dass die Ich-Figur sich zum Spielbeginn im Vorteil glaubt (S11, S12). Das erzählte Ich hat gute Leistungen erbracht, sich gegenüber seinem Konkurrenten behauptet und schaut einem Sieg zuversichtlich entgegen. Die Darstellung des weiteren Erzählverlaufs birgt aber eine Komplikation in sich. Denn der als dynamische Konstellation in Aussicht gestellte Sieg der Ich-Figur gerät ins Schwanken. Der Spielverlauf entwickelt sich dergestalt, dass das erzählte Ich durch den starken Gegner zum harten Kampf (S13) herausgefordert wird und sich dabei noch körperlich unwohl fühlt (S17). Die Dauer von ›sechs Stunden‹ (S14) unterstreicht das Aufeinandertreffen zweier leistungsstarker Schachspieler in einem herausfordernden Zweikampf. Welcher der beiden Konkurrenten wird sich gegenüber dem anderen behaupten und den Sieg erringen? Der von der Ich-Figur bis zu diesem Höhepunkt dieser Erzählung erbrachte Kampfgeist birgt bereits Anerkennungscharakter durch die erwähnte Beeinträchtigung der körperlichen Integrität der Ich-Figur (S17). Wie endet dieses dramatisch inszenierte Geschehen? Zu welchem Ergebnis führt der im Erzählbeginn eröffnete Erwartungshorizont? Die Ergebnisformulierung lässt sich wie folgt beschreiben: Dem erzählten Ich gelingt es nicht, den Konkurrenten auszuschlagen (S20) (Dynamik der Konkurrenz), ihn in seiner Fertigkeit zu übertreffen und als Sieger aus dem Zweikampf hervorzugehen. Das Spiel geht unentschieden aus. Doch Herr Schach blickt nicht missmutig auf dieses Ereignis zurück, sondern verknüpft den erkämpften Spielausgang des Gleichstands unter körperlichem Unbehagen in der aktualisierenden Retrospektive mit einem glücklichen Gefühl (S22). Mit Stolz könnte Herr Schach verkünden: ›Bis zum Schluss habe ich trotz körperlicher Schmerzen gekämpft, vorzügliche Spielleistung vollbracht und das Spiel nicht verloren.‹

Das Altern ist unweigerlich mit körperlichen Einschränkungen und Beeinträchtigungen verknüpft. Herr Schach leidet an einer Polyarthritis. Nebst dem Schachspielen hat er früher viele Bergtouren unternommen. Doch wegen der durch diese rheumatische Erkrankung bedingten Schmerzen und der dadurch eingeschränkten Bewegungsfreiheit muss Herr Schach im hohen Alter auf das Wandern – an Klettern und Skifahren gar nicht erst zu denken – verzichten. Auf den ›sich verändernden eigenen Köper‹ (1992, S. 68) zu reagieren stellt nach Radebold (1992) eine der insgesamt acht Aufgaben dar, die ältere Menschen zu bewältigen haben. Sich dieser körperlichen Veränderung, wie auch den anderen dem Alternsprozess inhärenten Aufgaben, zu stellen, bedeutet aus selbstpsychologischer Sicht, mit einer narzisstischen Kränkung konfrontiert zu werden (Kutter, 1997). Bezogen auf die oben dargestellte Erzählung könnte man sagen, dass Herr Schach trotz seiner körperlichen Einbußen in seinem Glückserleben nicht beeinträchtigt ist.

Das narrativ evozierte Szenario eines Schachturniers findet sich in einer weiteren der insgesamt fünf Erzählungen von Herrn Schach. In der Erzählung ›Der tröstende Junggeselle‹ hat Herr Schach ein Schachturnier vergegenwärtigt, an dem er als Jugendlicher teilgenommen und eine Niederlage erlitten hatte. Aus dem etablierten Ausgangsgeschehen dieser narrativen Episode wurde ebenfalls der Erwartungshorizont mit der Dynamik der Konkurrenz erschlossen.

Zum Zeitpunkt des Interviews ist Herr Schach nicht mehr im beruflichen Feld engagiert. Im Großen und Ganzen scheint er mit seiner Vergangenheit versöhnt zu sein. Jedoch wird zum Ende des Interviews die Sehnsucht nach einem richtigen Freund deutlich: Ein freundschaftliches Männerverhältnis, ›wo man eine Welt für sich hat‹. Charakteristische Themen, die Herr Schach von sich aus angesprochen und ausführlich behandelt hat, sind die gemeisterten Herausforderungen im Berufsleben, die erbrachten Leistungen beim Schachspielen und Bergsteigen sowie eine versöhnende Annäherung an den Sohn nach langjährigem, distanziertem Verhältnis. Mit diesen Themen hat Herr Schach im Lebensrückblick explizit glückliche Momente in Verbindung gebracht. Das zuletzt genannte Thema greift er in der Erzählung ›Die Vater-Sohn-Versöhnung‹ auf, die eine über Jahre andauernde Beziehungsentwicklung zwischen Vater und Sohn darstellt, was sich im Erzählverlauf anhand mehrerer zeitlicher Brüche und unterschiedlicher räumlicher Situierungen manifestiert. Als Ausgangsszenario wird der bevorstehende Umzug der Ich-Figur mit ihrer Familie aufgrund einer beruflichen Neuorientierung etabliert. Der Sohn der Ich-Figur, seine eigenen Interessen verfolgend, bleibt am alten Wohnort zurück, um dort seinen Schulabschluss zum machen. Konstelliert wird eine Vater-Sohn-Beziehung, die durch räumliche Trennung einen Bruch erleidet und auf die Probe gestellt wird. Als Erwartungshorizont wurden die Bindungsdynamik und die Dynamik der Selbst- und Fremdbestimmung erschlossen. Die weitere Handlungsentwicklung ist gekennzeichnet durch eine allmähliche Entfremdung, die das Verhältnis zwischen Vater und Sohn trübt. Der finale Wendepunkt innerhalb der Vater-Sohn-Beziehung ist erst nach der Hochzeit des Sohnes gegeben, an der eine aussöhnende Wiederannäherung zwischen der väterlichen Ich-Figur und dem Sohn möglich wird.

Herr Wahl: Liebeswahl, Eheglück und Verbundenheit

Der seinerzeit 85-jährige Herr Wahl erlebt die Ehe zu seiner Frau als ›das größte Glück‹. Er ist zum Zeitpunkt des Interviews seit 52 Jahren glücklich verheiratet. Die Beziehung zu seiner Frau zeichnet er als harmonisches und kommunikatives Miteinander und beständige Liebe aus: ›Wir sind heute noch ineinander verliebt‹. Bei seiner Frau fühle er sich geborgen. Ein Leben ohne sie könne er sich nicht mehr vorstellen: Er wäre ›aufgeschmissen ohne sie‹. Diese eheliche Verbundenheit und Verliebtheit bringt Herr Wahl deutlich in seinen Erzählungen zum Ausdruck. In sieben seiner insgesamt acht Erzählungen hat er das erzählte Ich gemeinsam mit seiner Ehefrau innerhalb der erzählten Welt auftreten lassen. So erstaunt nicht, dass in den narrativen Episoden am häufigsten ein Erwartungshorizont der Dynamik der Bindung auffällt. Herr Wahl hat als emotional zentrale Ereignisse das Kennenlernen der Ehefrau, den an sie gerichteten Heiratsantrag, die erste Verabredung und andere gemeinsame Unternehmungen mit der Ehefrau erzählend vergegenwärtigt. In vier dieser sieben Erzählungen hat sich Herr Wahl mit seiner Frau praktisch durch das ganze Handlungsgeschehen innerhalb der erzählten Welt als intim-vertraute Liebesgemeinschaft positioniert. Eine davon, ›Die goldene Hochzeit und das Bäumchen von damals‹, soll hier vorgestellt werden:

2. Die goldene Hochzeit und das Bäumchen von damals

1	ne	am Hochzeit hatten wir das Zvieri in der [Herzogenburg]
2	e	und jetzt am goldigen Hochzeit hatten wir das Mittagessen in der [Herzogenburg]
3	e	und dann gingen wir auch wieder ins [Herzogenburg]denkmal
4	e	und dann sahen wir dort
5 III 4	e	wie das wie wie das Bäumchen ... dass dass das jetzt so groß ist
6 v 5	ne	das vorher so klein war
7	ne	es ist es ist also immer wieder ein Erlebnis

Diese Erzählung weist deutliche Unterschiede zur vorher illustrierten narrativen Episode von Herrn Schach auf. Sie ist wesentlich kürzer, besteht hauptsächlich aus Kernsegmenten und wirkt leicht resümierend. Mit Segment 2 führt Herr Wahl in die erzählte Welt ein und evoziert im Hier-und-Jetzt ein besonderes Ereignis seiner Lebensgeschichte, die goldene Hochzeit (S2), das er räumlich und zeitlich situiert. Die Feierlichkeit verweist auf die intim-vertraute Gemeinschaft eines Ehepaares, das erzählte Ich und seine Frau, das zum Bestehen seiner langjährigen Ehe ein Fest feiert. Den 50. Jahrestag der Hochzeit zelebriert das Ehepaar bei einem Mittagessen ›in der [Herzogenburg]‹ (S2). Das narrativ inszenierte feierliche Ereignis verlockt dazu, weitere Figuren als geladene Gäste zu vermuten. Herr Wahl aber positioniert in dieser Episode einzig sich selbst und seine Frau als Akteure, die eingebunden in einem ›Wir‹ im Hinblick auf alle Aktionen parallelisiert sind. Der Ort des Festes ist nicht irgendeiner, sondern derjenige, an welchem die Eheleute bereits an ihrer Hochzeit den ›Zvieri‹ (S1) eingenommen haben. Viele Jahre sind seit dem damaligen Ausflug vergangen (Dynamik der Verwandlung). Zur aktuellen Feier der goldenen Hochzeit wählt das Ehepaar den gleichen Ort wie bei der Hochzeit aus. Wie gestaltet Herr Wahl den weiteren Verlauf der im

Ausgangsgeschehen etablierten dynamischen Konstellation? Wie bei der damaligen Feier, der Hochzeit, bricht das erzählte Ich in gemeinsamer Aktivität mit seiner ihm angetrauten Frau zum Denkmal auf – dieses Mal jedoch zum Anlass der goldenen Hochzeit (Dynamik der Verwandlung). Wie endet das Ganze? Beim Denkmal sieht das Ehepaar, wie ein Bäumchen seit damals gewachsen ist. Durch das Wachstum ist das Bäumchen größer und stärker (Verwurzelung im Boden) und zum stattlichen Baum geworden. Die goldene Hochzeit des Ehepaares entpuppt sich nicht bloß als Aktualisierung der Hochzeitsfeier, sondern als neuartiges Erlebnis mit Rückblick auf Wachstum und damit Veränderung (Dynamik der Verwandlung). Diese Erzählung kann als narrative Darstellung einer sich über Jahre intensivierenden Ehe, als sprachlich inszeniertes Erleben von Verbundenheit, Übereinstimmung, Angenommensein und Geliebtwerden innerhalb der Beziehung verstanden werden, wie es Herr Wahl in seinen Aussagen im Rahmen des Interviews konstituiert hat. Ähnliche symbolische Bedeutung, wie dem Bäumchen, kann den Briefen in der Erzählung ›Die aufbewahrten Briefe‹ und den Fotos in der Erzählung ›Die Fotos vom ersten Rendezvous‹ zugeschrieben werden. Die narrative Episode ›Die Fotos vom ersten Rendezvous‹ handelt von der ersten gemeinsamen Verabredung mit seiner künftigen Frau, während der die beiden Fotos gemacht hatten, die das Ehepaar bis zum Zeitpunkt des Interviews aufbewahrt hat. In der Erzählung ›Die aufbewahrten Briefe‹ stößt die Ehefrau auf alte Briefe des lange zurückliegenden Briefwechsels zu Beginn der Beziehung. In diesen drei Erzählungen wird die Vergangenheit mit der Gegenwart in Verbindung gebracht und eine Beziehungsentwicklung zwischen diesen zwei Zeiten angesprochen, die eine Steigerung und Festigung der Paarbeziehung präsentiert. Die Fotos von der ersten Verabredung und die Briefe aus der Initialphase der Beziehung als Erinnerungs- und Vergegenwärtigungsstücke sowie das herangewachsene Bäumchen können symbolisch für die langjährige Beständigkeit der Beziehung, deren Wandlungsfähigkeit und die Verbundenheit des Paares betrachtet werden.

Ähnlich wie Herr Schach hat Herr Wahl viele Bergtouren mit der Familie oder in Begleitung von Freunden unternommen. Diese Freizeitbeschäftigung kann er wegen einer Herzrhythmusstörung nicht mehr ausüben. Herr Wahl geht zum Interviewzeitpunkt noch täglich mehrere Stunden freiwillig und mit Freude zur Arbeit. Mit seinen Töchtern und Enkeln hat er regen Kontakt und pflegt Freundschaften zu früheren Dienstkollegen. Dem Leben sei er von klein auf mit Optimismus begegnet und habe versucht, schwierige Situationen mit Leichtigkeit anzugehen. Herr Wahl betrachtet sich selbst als ›Glückskind‹ und blickt dankbar auf ein erfülltes Leben zurück.

Katarzyna Swita

Frau Frei: Beziehungsglück, Mut zum Aufbruch, Durchsetzung und Selbstprofilierung

Zum befragten Zeitpunkt ist Frau Frei 82 Jahre alt und lebt bereits seit 20 Jahren als allein stehende Witwe von vier Kindern, drei Söhnen und einer Tochter, und mehreren Enkeln und Urenkeln. Trotz gut funktionierender, loyaler und lange anhaltender Ehe vermisst Frau Frei zum Gesprächszeitpunkt rückblickend einen lebendigen, kommunikativen Austausch innerhalb ihrer Beziehung zum Ehemann und bedauert das Fehlen gemeinsamer Interessen, ohne aber ihre Ehejahre ins Schlechte ziehen zu wollen. Den Tod ihres Mannes hat Frau Frei im Rahmen des Interviews in fünf aufeinander folgenden Erzählungen thematisiert, beginnend mit dem Herzinfarkt des Mannes bis zur Erzählung, in welcher er stirbt. Frau Frei hat einige vergangene Erlebnisse aktualisiert, in denen sie sich nach dem Tod ihres Mannes als allein stehende Witwe für ihre Interessen einsetzen musste. Im Mittelpunkt dieser Erzählungen stehen Selbstbehauptung, Durchsetzungskraft und Selbstprofilierung. In der Episode ›Glimmschäden‹ meldet die Ich-Figur in der Ausgangssituation ein Schadensereignis bei der Versicherung, das sich beim Bügeln ereignet hat. Dieses konstellierte Bedingungsgefüge weckt die Erwartung, dass die Ich-Figur Ressourcen mobilisieren wird, um für ihr Recht einzustehen (Dynamik der Selbstbehauptung) und darüber hinaus eine Rückerstattung des Schadens zu erhalten. Im weiteren Handlungsverlauf setzt sich die Ich-Figur gegenüber dem Versicherungsangestellten erfolgreich für ihre Interessen ein und erhält eine finanzielle Rückerstattung. Ihr Engagement im Dienste ihrer eigenen Ziele führt zum gewünschten Ergebnis.

Nach dem Tod ihres Mannes verspürte Frau Frei das Bedürfnis, Neues zu erleben und an fremde Orte zu reisen, worauf sie zahlreiche Europa- und Fernreisen unternommen hat; zum Teil alleine, aber auch in Begleitung einer Freundin. Frau Frei hat als Schneiderin und lange Zeit als Bibliothekarin gearbeitet und zuletzt an öffentlichen Ausstellungen mitgeholfen. Die Arbeit mit Büchern und den zwischenmenschlichen Kontakt in der Bibliothek bezeichnet Frau Frei als die neun ›schönsten und glücklichsten Jahre‹ ihres Beruflebens. Zum Zeitpunkt des Interviews ist Frau Frei nicht mehr berufstätig. Sie unternimmt immer noch gelegentlich kürzere Nahreisen, obwohl sie zunehmend in ihrer Bewegungsfreiheit eingeschränkt ist. In einigen Erzählungen hat Frau Frei ihre Reiseerlebnisse evoziert. Ihre Unternehmungslust zeigt sich auch in der Episode ›Der Ausflug im Frühling‹:

3. Der Ausflug im Frühling

1	e	ich ging einmal nach [Bern]
2	e	und dann nahm ich den Zug nach [Fribourg]
3	ne	das war im Frühling
4	ne	da war so ein Vierercoupé mit Tischen
5	e	und dann dachte ich
6 III 5	e	wenn die! raus gehen und [Fribourg]
7 III 5	e	dann sitze ich dort hin und gehe ins [Wallis]
8	e	und das machte ich
9	e	und im [Tessin] unten ging ich einfach durchs [Beauville] nach Hause

Die Identifikation dieser Sequenz als Erzählung ist im Vergleich zu den bisherigen zwei Erzählungen deutlich schwieriger und problematischer. Ähnlich wie die Episode ›Die goldene Hochzeit und das Bäumchen von damals‹ von Herrn Wahl präsentiert Frau Frei ein vergangenes Ereignis in gedrängter, summarischer Form. Die Darstellung wirkt wie eine Aufzählung von Handlungen mit berichtendem Charakter. Anfang und Ende der Sequenz sind aber kenntlich und bilden einen zeitlich-örtlich bestimmten Handlungsablauf. Eine dramatische Akzentuierung wie in der Erzählung von Herrn Schach fehlt aber in dieser Ausgangssituation. Diese Sequenz wurde dennoch als narrative Episode bestimmt. Denn sie liest sich als narratives (Neu-)Erleben und Verdeutlichen des Gefühls von Autonomie und Selbstbestimmung.

Mit Segment 1 führt Frau Frei direkt in die erzählte Welt ein. Sie positioniert sich selbst als Akteurin einer zielgerichteten Handlung, die sich in Richtung auf einen bestimmten Ort hinbewegt. ›Einmal‹ verweist auf einen singulären Zeitpunkt in der Vergangenheit. Das erzählte Ich geht im Frühling nach [Bern] (S1) und nimmt den Zug zur Weiterfahrt in eine andere Stadt (S2). In dieser Ausgangssituation gibt es keine weiteren Figuren. Frau Frei positioniert die Ich-Figur außerhalb ihrer intim-vertrauten Häuslichkeit als autonome Akteurin einer alleine ausgeführten Unternehmung. Der Grund dieser Aktivität bleibt unerwähnt. Fokussiert wird einzig die Eigenaktivität der Ich-Figur (Dynamik der Eigen- und Fremdinitiative). Sie bricht auf (Dynamik des Aufbruchs) und bestimmt, wohin die Reise geht (Dynamik der Selbst- und Fremdbestimmung), und macht sich auf dem Weg ein öffentliches Verkehrsmittel zunutze. Die betonte Aktivität der Ich-Figur geht im weiteren Handlungsverlauf in einen Ruhezustand über. Die Ich-Figur befindet sich im Zug nach [Fribourg] und beschließt (S5), ihren Sitzplatz zugunsten eines geräumigen Vierercoupés mit Tischen zu wechseln (Dynamik der Eigen- und Fremdinitiative), sofern die dort sitzende Gruppe anonymer, fremder Personen tatsächlich den von der Ich-Figur angestrebten Sitzplatz verlässt (S6). Um den Platz im Abteil für vier Personen alleine einzunehmen, beabsichtigt das erzählte Ich sogar, seinen intendierten Zielort zu verwerfen (S7) und im Zug sitzen zu bleiben (Dynamik des Aufbruchs). Die Ich-Figur gestaltet ihre Reise nach Lust und Laune (Dynamik der Selbst- und Fremdbestimmung). Sie entwickelt spontan ein Vorhaben und bleibt dabei auf sich selbst gestellt. Die Abschlusssequenz stellt die Realisierung des Vorhabens der Ich-Figur dar (Dynamik der Eigen- und Fremdinitiative). Die anonyme Gruppe hat das Vierercoupé verlassen, woraufhin die Ich-Figur deren Platz einnimmt und ins [Wallis] fährt (S8). Sie verschafft sich Raum im begehrten Viererabteil und verfügt frei über ihre Weiterfahrt (Dynamik der Selbst- und Fremdbestimmung). Unabhängig und selbstbestimmt, kommunikations- und interaktionslos, legt sie eine weite Strecke zurück, die sie über verschiedene Ortschaften führt, und kehrt nach dieser Erlebnisfahrt in ihre intim-vertraute Umgebung zurück (Dynamik des Aufbruchs).

Auch Reiseerlebnisse an fremde, neue Orte gemeinsam mit dem Ehemann hat Frau Frei aktualisiert, die sie explizit als schöne und glückliche Erlebnisse in ihrer Erinnerung festhält, wie etwa in der Erzählung ›Chateaubriand‹. Diese Geschichte handelt von einem gemeinsamen Ausflug der Ich-Figur und ihrem Mann, während welchem das Ehepaar eine Art zweite Hochzeit durchlebt. Über den gesamten Handlungsverlauf hat Frau Frei die Ich-Figur und ihren Mann gemeinsam, eingebunden in einem ›Wir‹, als intim-vertraute Liebeseinheit auftreten lassen. Aufgrund der zentralen Positionierung der Ich-Figur und ihrem Mann als verbundene Liebesgemeinschaft wurde der Erwartungshorizont der Bindungsdynamik erschlossen. Zusätzlich wurde die Ausgangssituation dieser Erzählung durch die Dynamik des Genießens charakterisiert.

Trotz regem familiärem Austausch sowie freundschaftlichen Kontakten leidet Frau Frei unter dem Alleinsein: Sie vermisst jemanden zum Reden. Unter allen Interviewten ist sie die Einzige, die rückblickend festhält, dass sie ›mehr [aus ihrem Leben] machen hätte können‹.

Frau Stark: Mütterliches Gebrauchtwerden, Kindesliebe und berufliche Auszeichnung

Zum Zeitpunkt des Interviews ist Frau Stark eine 77-jährige, zum zweiten Mal geschiedene Frau. Aus der ersten Ehe gehen drei Söhne hervor. Frau Stark bezeichnet sich selbst als überwiegend negativ denkenden Menschen;

traurige Erinnerungen seien im Lebensrückblick übervertreten. In beiden Ehen hat Frau Stark viele Schmerzen und Enttäuschungen durch die Untreue ihrer ehemaligen Partner erfahren. Seit ihrer letzten Trennung sind erst drei Jahre vergangen. Besonders deprimierend empfindet Frau Stark zum Interviewzeitpunkt den fehlenden kommunikativen Austausch und die kühle Distanz innerhalb der Beziehung zum zweiten Mann. Diese letzte Trennung hat sie noch nicht überwunden. Sie leidet darunter, nicht mehr von ihrem ehemaligen Mann gebraucht zu werden. Die Sehnsucht gebraucht zu werden, fließt als Thema in Erzählungen ein, in denen Frau Stark vergangene Ereignisse mit ihren Söhnen aktualisiert hat, wie etwa in der Episode ›Der Sohn wird umgetauft‹:

4. Der Sohn wird umgetauft

1	ne	ich war ja katholisch
2	ne	und mein Exmann, also mein erster Mann war russisch-orthodox
3	ne	und die Kinder wurden entsprechend getauft
4	e	und dann ist mein ältester Sohn gekommen und hat gesagt
5 III 4	e, sz	du Mami
6 III 4	e, sz	mich plagt etwas
7 III 4	e, sz	ich bin nicht normal
8	e	habe ich gesagt
9 III 8	e, sz	ja was heißt das
10 III 9	e, sz	ich bin nicht normal
11	e	da hat er zu mir gesagt
12 III 11	e, sz	ja weißt du, Mami
13 III 12	e, sz	andere Kinder sind katholisch oder reformiert
14 III 12	e, sz	und ich bin weder noch.
15	e	und dann habe ich mit meinem Exmann darüber gesprochen
16	e	und dann gingen wir zum Pfarrer und ließen den Knaben reformiert umtaufen

In der Ausgangslage dieser Episode führt die Erzählerin die Ich-Figur zusammen mit ihrem ›ältesten Sohn‹ (S4) ein, den sie initial in die Rolle des Handlungsträgers auf die Bühne des Geschehens setzt. Durch diese Setzung wird ein intim-vertrauter, familiärer Bezugskontext für den Handlungsbeginn etabliert: Eine Mutter-Sohn-Interaktion. In den Rahmensegmenten 1 bis 3 werden weitere Kinder der Erzählerin und deren männlicher Expartner sowie die unterschiedliche Glaubenszugehörigkeit der Ehepartner erwähnt. Letzteres ist insofern relevant, als dass die Kinder entsprechend dem Glauben ihres leiblichen Vaters (S3) ›russisch-orthodox‹ (S2) getauft worden sind. Die Handlung beginnt mit der aktiven Zuwendung des Sohnes zur Mutter mit der Mitteilung seiner Besorgnis (›du Mami‹, S5, ›mich plagt etwas‹, S6). Der Sohn ist gedanklich von etwas eingenommen, das ihn quält.

Er teilt seinen erregten Zustand vertrauensvoll dem erzählten Ich mit. Den Grund dafür nennt er aber nicht, sondern nur die damit verbundene, schlussfolgernde Selbstbewertung ›ich bin nicht normal‹ (S10). Mit dieser Aussage gibt er der Ich-Figur zu verstehen, dass er durch einen Vergleichsprozess mit einer Gruppe von Gleichaltrigen bemerkt hat, dass er ein bestimmtes Zugehörigkeitskriterium nicht erfüllt und sich somit von dieser Gruppe abhebt. Diese Unähnlichkeit wertet er negativ im Sinne einer eigenen Abnormität und fühlt sich dadurch von dieser Gruppe ausgeschlossen (Dynamik der Integration und Ausgrenzung). Als Ansprechperson für seinen Kummer wählt der Sohn die Mutter, die als Autoritätsfigur wirkungsmächtig eingreifen kann (Dynamik der Macht und Ohnmacht). Wie entwickelt sich das dramatisch und konfliktär angelegte Ausgangsgeschehen? Das erzählte Ich nimmt sich der Besorgnis des Sohnes an, indem es erfahren will (S9), was genau der Sohn mit ›ich bin nicht normal‹ (S10) meine. Der Sohn ergreift erneut mit ›ja weißt du, Mami‹ (S12), ›andere Kinder sind katholisch oder reformiert‹ (S13) das Wort und nennt der Ich-Figur den Grund seines Kummers (S14). Durch den Vergleich mit den Peers fühlt er sich wegen seiner russisch-orthodoxen Taufe nirgends zugehörig (Dynamik der Integration und Ausgrenzung). Die mit dem Problem des Sohnes konfrontierte Ich-Figur zieht eine Drittperson, den Exmann und Vater des Jungen, heran und bespricht sich mit diesem (S15), um gemeinsam mit ihm eine Lösung zu finden (Dynamik der Macht und Ohnmacht). Zum Abschluss der Erzählung findet das Elternpaar eine Lösung für den Kummer des Sohnes. Für deren Realisierung benötigen sie aber die Hilfe einer weiteren Figur, eines ›Pfarrers‹ (S16), der als Geistlicher in seinen Handlungsmöglichkeiten den Eltern überlegen ist; er verfügt über die Macht, die Glaubenszugehörigkeit des Sohnes zu verändern (Dynamik der Macht und Ohnmacht). Das Elternpaar macht sich gemeinsam mit dem Sohn auf den Weg zum Pfarrer, von welchem es den Sohn umtaufen lässt und ihn dadurch gleich seinen Peers in die Normalität zurückholt (Dynamik der Integration und Ausgrenzung). Frau Stark lässt ihrem Sohn mütterliche Zuwendung und Unterstützung zukommen.

Frau Stark steht in lebendigem Austausch mit ihrer Familie und hält freundschaftliche Beziehungen aufrecht. Zeitlebens war Frau Stark ohne Unterbruch arbeitstätig. Im Laufe erfolgreicher Berufsjahre konnte sie einen Posten an höchster Stelle als Direktorin übernehmen. Zum Befragungszeitpunkt ist Frau Stark nach wie vor in höherer Position beruflich integriert und geht täglich zwei Stunden arbeiten. Von der beruflichen Auszeichnung und Wertschätzung, die ihr am Arbeitsplatz auch im hohen Alter entgegengebracht wird, zeugt die Episode ›Ein Tram nur für mich‹, in der Frau Stark als Ereignis eine von ihren Chefs organisierte Überraschungsfeier mit einem exklusiv für sie gemieteten Tram aktualisiert hat. In der Ausgangslage dieser Erzählung wird die Ich-Figur am Arbeitsplatz von ihrem Chef zum gemeinsamen Aperitiftrinken am Bahnhof aufgefordert. Diese Ausgangssituation eröffnet eine bevorstehende Feierlichkeit, erschlossen als Dynamik des Genießens, die von den beiden Arbeitgebern ausgeht und als anerkennender Akt bestimmt werden kann (Dynamik der Anerkennung). Diese zum Handlungsbeginn angelegte Unternehmung zum Bahnhof entwickelt sich für die Ich-Figur zu einer erlebnisreichen Feier, indem eigens ein für sie gemietetes Tram die feiernde Gesellschaft in ein Restaurant fährt, wo ihr zu Ehren ein Nachtessen mit Abendunterhaltung serviert wird. Der Ich-Figur werden Anerkennung und Lob entgegengebracht (Dynamik der Anerkennung). Zugleich werden ihre Bedürfnisse auf mehrfache Weise befriedigt: Sie erhält Speis und Trank, aber auch Spiel und Spaß (Dynamik des Genießens).

Exemplarische Befunde der explorativen Studie

In der Interviewstudie wurden narrative Episoden aus vier transkribierten narrativ-biografischen Interviews mit der leitenden Frage untersucht, welche persönlichen Erlebnismuster von lebensgeschichtlichen Erfahrungen eines jeden Erzählers anhand der erzählanalytischen Auswertung aller 78 Erzählsequenzen manifest werden. Auf der Ebene der Erzählstruktur wurde die Erzähldynamik aller narrativen Episoden methodisch qualitativ erschlossen. Jede narrative Episode wurde darauf hin untersucht, welche dynamische Konstellation in der jeweiligen Ausgangslage mit einem relativ umschriebenen Erwartungshorizont eröffnet wird, und wie die dem Erzählbeginn inhärente Dynamik im Erzählverlauf weiterentwickelt und zu einem Abschluss gebracht wird. In der Tat zeigen die Befunde individuell charakteristische narrative Zugänge zu Erfahrungen von Freude und Leid. Die methodisch qualitativ rekonstruierten und interpretativ erschlossenen Erzählverläufe lassen vier Persönlichkeiten plastisch werden.

Herr Schach hat fünf, Herr Wahl acht, Frau Frei 49 und Frau Stark 16 narrative Episoden erzählt. Die differente Häufigkeit ist charakteristisch: Frauen sind generell erzählfreudiger. Bei allen Erzählenden stehen in den erzählten Episoden Erlebnisse aus dem Erwachsenenalter und hohem Lebensalter im Vordergrund. Während die Männer zum distanzierten, überblicksartigen Erzählen neigten, leben die Frauen engagiert in der erzählten Welt.

Bei den Erzählerinnen ist das Ausmaß an Detailliertheit und Ausführlichkeit einer erzählten Episode tendenziell größer. Dies gilt sowohl für die jeweils etablierte Ausgangssituation einer Erzählung als auch für den weiteren Erzählverlauf bis hin zum Erzählabschluss. Herr Wahl und Frau Stark positionieren in ihren Erzählungen die Ich-Figur überwiegend mit gegengeschlechtlichen Liebesobjekten, ihren Intimpartnern. Am auffälligsten ist das Figurenrepertoire von Herrn Wahl, der das erzählte Ich praktisch in allen Erzählungen gemeinsam mit der Ehefrau auftreten lässt. In den meisten dieser Erzählungen platziert er das erzählte Ich mit seiner Frau praktisch durch das ganze Handlungsgeschehen als intim-vertraute Liebesgemeinschaft, eingebunden in einem ›Wir‹. Herr Wahl präsentiert in den Erzählungen eine verbundene, zugewandte Partnerin und gestaltet damit Eheglück als Ort der Verbundenheit und des Angenommenseins. Wenn andere Figuren in den Erzählungen des Herrn Wahl auftreten – was aber kaum vorkommt – so bleiben sie Hintergrundfiguren. Demgegenüber dominieren in den Erzählungen von Herrn Schach männliche Figuren. Herr Schach hat in seinen Episoden die Ich-Figur fast nur männlichen Figuren gegenübertreten lassen und damit die Ich-Figur zumeist in ein (väterlich-) männliches Bezugssystem positioniert. Weibliche Figuren hat er nur selten eingeführt. Treten sie in der erzählten Welt auf, so sind sie zumeist mit einer marginalen Präsenz ausgestattet. Was bei den Frauen im Vergleich zu den Männern auffällt, ist das im Allgemeinen breitere Spektrum an Figuren in ihren Episoden. Die Erzählerinnen haben tendenziell mehr Figuren eingeführt, auch wenn sie diese inaktiv und stumm positioniert oder auf diese lediglich verwiesen haben. Frau Stark hat zumeist mehrere Figuren in einer Erzählung eingeführt und neben der Ich-Figur hauptsächlich männliche Liebesobjekte in Akteurposition auftreten lassen. Die eingeführten männlichen Figuren sind ehemalige Intimpartner von Frau Stark. Trotzdem ist das Figurenrepertoire von Frau Stark nicht nur auf männliche Liebespartner eingeschränkt. In ihren Erzählungen finden sich familiär-vertraute Figuren (z. B. Sohn, Vater, Enkelin), männliche Hilfsfiguren in kompetenter Rolle (z. B. Anwälte, kirchliche Oberhäupter) oder männliche Autoritätsfiguren mit Anerkennungs- und Auszeichnungsmacht (Chefs). Deutlich weniger häufig treten weibliche Figuren als Hauptakteurinnen innerhalb ihrer narrativen Episoden auf. Auch in den Erzählungen von Frau Frei ist die erzählte Welt im Allgemeinen gleich durch mehrere und unterschiedlich ausstaffierte Figuren belebt. Das von ihr eingesetzte Figurenrepertoire enthält männliche und weibliche, junge und alte, familiär-vertraute, aber auch sozial-fremde Figuren in unterschiedlichen Rollen. Sich selbst, als Ich-Figur, gestaltet Frau Frei innerhalb ihrer Episoden zumeist als aktiv-handelnde, initiative Figur und kontaktfreudige Interaktionspartnerin.

In der Interviewstudie konnten bei der Untersuchung der Erzähldynamik aller Erzählungen insgesamt 36 Dynamiken aus den Ausgangsbedingungen der 78 Erzählungen erschlossen werden. Die Darstellung der Befunde auf der Basis der erschlossenen Dynamiken kann hier nur am Beispiel der Bindungsdynamik gestreift werden. Die Bindungsdynamik stellt die am häufigsten eröffnete Dynamik des Erwartungshorizonts einer Erzählung dar. Dieser Befund wird besonders bei den Erzählungen von Herrn Wahl, Frau Frei und Frau Stark deutlich. In den Erzählungen von Herrn Schach hingegen ist diese weniger gewichtig als bei den anderen Erzählern. Denn fast gleich häufig wie die Bindungsdynamik konnte aus den narrativen Episoden von Herrn Schach die Dynamik der Konkurrenz erschlossen werden, die Bewährungs- und Leistungserprobungen mittels eigenem kompetentem Handeln gegenüber männlichen Konkurrenten fokussiert. Bei Herrn Wahl ließ sich die Bindungsdynamik aus praktisch allen Ausgangssituationen seiner Erzählungen erschließen. Das von ihm inszenierte beziehungs- und kontaktgerichtete Handeln der Ich-Figur, das Herstellen von Verbindung und Nähe, tritt dabei immer in Zusammenhang mit der Positionierung der Ehefrau auf und bringt Verbundenheit, Angenommenwerden, Willkommensein und Liebesglück innerhalb der ehelichen Beziehung zum Ausdruck. Bei Herrn Schach hingegen ist diese Dynamik vorwiegend durch etablierte Beziehungen zwischen väterlichen Figuren und Sohnfiguren angelegt, wo es um zugewandtes Interesse, väterliches Handeln der Ich-Figur gegenüber jungen, männlichen Figuren geht und dafür liebevolle Gesten im Gegenzug geerntet werden. Bei Frau Frei charakterisiert die Bindungsdynamik Episoden, in denen die Ich-Figur auf familiär-vertraute Figuren bezogen ist und diesen Personen gegenüber in unterstützender und umsorgender Absicht handelt. In den Erzählungen von Frau Stark wird durch die Bindungsdynamik in Zusammenhang mit ihren Intimpartnern jeweils das Beziehungsverhältnis der Ich-Figur zu ihrem Partner konstelliert. Frau Stark schildert eine durch Illoyalität und Untreue des Ehemannes geprägte Paarbeziehung, innerhalb welcher die Ich-Figur neben einer Geliebten bestehen und sich, wenn ein unausgewogenes triadisches Verhältnis in der Ausgangslage einer Erzählung etabliert wird, abgrenzen muss, aber auch Glück und Zufriedenheit im Rahmen gemeinsamer Genusserlebnisse, eingebunden in der intim-vertrauten Liebesgemeinschaft, erfährt. In Zusammenhang mit den Kindern bringt die erschlossene Bindungsdynamik in den Erzählungen von Frau Stark mütterliches Pflegen, Sorgen und Schützen zum Ausdruck.

Bei allen interviewten Personen ist in den erzählten Episoden eigenes Handeln und Wirksamsein, sei es aus eigener Motivation oder mit Hilfe anerbotener Möglichkeiten, von Bedeutung. Doch auch Wirksamwerden aus der Schöpfung persönlicher Ressourcen und dabei anerkannt und ausgezeichnet zu werden, war für alle vier Erzähler bedeutend. In diesem Zusammenhang stehen in den Erzählungen von Frau Stark Selbstbehauptung, Durchsetzungskraft und effektvolles Handeln und Tätigsein zum Zwecke der Erreichung persönlich bedeutender Anliegen und Ziele im Vordergrund, während in den Erzählungen von Herrn Wahl das Tätigsein sich auf der Ebene des beziehungs- und kontaktgerichteten Handelns innerhalb der Beziehung manifestiert. In den Erzählungen von Herrn Schach steht in diesem Zusammenhang vor allem Engagement und Handeln als kompetentes Wirksamwerden innerhalb der Paarbeziehung und sportlicher Betätigung im Vordergrund, während bei Frau Frei freiwilliges Tätigsein für sich selbst und andere, selbstständiges und durchsetzendes Wirken in eigenen Anliegen, praktische Anwendung eigener Fertigkeiten und Motivation zum Handeln im Hinblick auf Veränderung deutlich wird.

Die erzählanalytischen Befunde der Interviewstudie zeigen, dass sich für jeden der vier Erzähler individuell charakteristische narrative Darstellungen von Freuden und Schmerz, Erfüllung und Mangel herauskristallisieren. Anhand der systematischen methodischen Auswertung der Erzählungen werden vier persönliche Zugänge zu Freude und Leid, vier narrative Modellierungen von Glück sichtbar: Die beiden Frauen präsentierten Glück als Erleben von Autonomie und Selbstbewährung, während bei den beiden Männern als Stätte des Glücks eher die Erfahrung des konfliktlos-harmonischen Angenommen- und Verbundenseins narrativ zur Darstellung kam. Bei Frau Frei und Frau Stark ist Glück narrativ als Spannung zwischen Erfüllung in der Selbstbehauptung und Selbstprofilierung und Erfüllung in der Liebe angelegt. Beide Frauen haben einen hohen Grad an Verselbständigung und Autonomie erreicht. In der Liebe sind sie herausgefordert, den Verlust von Intimität und Verbundenheit mit einem männlichen Partner und das Alleinsein zu ertragen und produktiv zu gestalten. Das hat sich bei den Frauen als zentrales Thema erwiesen. Bei den Männern, die beide in Liebesbeziehungen mit einer festen Partnerin sind, geht das Beziehungs- und Bindungsthema in eine andere Richtung. Bei Herrn Wahl wird die Sehnsucht nach Angenommensein und Verbundenheit innerhalb eines mütterlich-familiären Bezugskontexts deutlich. Herr Schach hingegen vermisst Nähe, Verbundenheit und Geborgenheit in einem väterlich-männlichen Bezugssystem. Trotz dieser individuenspezifischen Befunde zeigte sich bei allen vier Interviewpartnern, dass Engagement für sich selbst und andere, initiatives und selbstbestimmtes Tätigsein und die Nutzung und Mobilisierung vorhandener Ressourcen und eigener Kräfte in der Vergangenheit wie auch in der aktuellen Lebenssituation als eine Quelle von Glück und Zufriedenheit erlebt und erfahren wurde.

Legende für die segmentierten Erzählungen

Die Extraktion der Erzählungen erfolgt auf der Basis von Verbatimtranskripten nach dem Transkriptionssystem der Ulmer Textbank. Die Sequenzierung wird nach Subjekt-Prädikat-Einheiten vorgenommen. Imperative, Appellative, Ellipsen, Interjektionen werden als eigene Segmente behandelt. e = episodische Segmente (Handlungs- und Geschehensformulierungen), sz = szenische Segmente (direkte und indirekte Rede), ne = nicht-episodische Segmente (deskriptive, kommentierende, interaktive Passagen). III = Nebensätze, die Satzteile des Hauptsatzes repräsentieren. v = Nebensätze und Satzpartien, die im Original in den gesamten Satzzusammenhang eingebettet sind, bei der Subjekt-Prädikat-Sequenzierung aber als eigenständige Segmente herausgelöst und selbständig gezählt werden müssen.

Literatur

Baltes, P. B. & Baltes, M. M. (1989). Optimierung durch Selektion und Kompensation. Ein psychologisches Modell erfolgreichen Alterns. *Zeitschrift für Pädagogik, 35*, 85–105.
Birren, J. E. & Deutchman, D. E. (Eds.). (1996). *Guiding autobiography groups for elder adults.* Baltimore: The John Hopkins University Press.
Boothe, B. (1994). *Der Patient als Erzähler in der Psychotherapie.* Göttingen: Vandenhoeck und Ruprecht.
Boothe, B., von Wyl, A. & Wepfer, R. (2000). Erzähldynamik und Psychodynamik. In M. Neumann (Hrsg.), *Erzählte Identitäten. Ein interdisziplinäres Symposion* (S. 59–76). München: Wilhelm Fink Verlag.
Boothe, B., Grimmer, B., Luder, M., Luif, V., Neukom, M. & Spiegel, U. (2002). *Manual der Erzählanalyse JAKOB.* Version 10/02 (Berichte aus der Abteilung Klinische Psychologie, Nr. 51). Universität Zürich: Psychologisches Institut, Abt. Klinische Psychologie.
Boothe, B. (2003). Liebesfreuden – Lebensfreuden. Glück und Schmerz im Lebensrückblick. In B. Boothe & B. Ugolini (Hrsg.), *Lebenshorizont Alter* (S. 189–217). Zürich: vdf Hochschulverlag AG an der ETH Zürich.
Bruner, J. S. (1998). Vergangenheit und Gegenwart als narrative Konstruktion. In J. Straub (Hrsg.), *Erzählung, Identität und historisches Bewusstsein. Die psychologische Konstruktion von Zeit und Geschichte* (S. 46–80). Frankfurt a. M.: Suhrkamp.

Coleman, P. G. (2004). Zur therapeutischen Bedeutung von Erinnern und Lebensrückschau – ein kritischer Überblick. *Psychotherapie im Alter, 1* (4), 9–24.
Flader, D. & Giesecke, M. (1980). Erzählen im psychoanalytischen Erstinterview. In K. Ehlich (Hrsg.), *Erzählen im Alltag* (S. 209–262). Frankfurt a. M.: Suhrkamp.
Fischer-Rosenthal, W. & Rosenthal, G. (1997). Narrationsanalyse biographischer Selbstpräsentation. In R. Hitzler & A. Honer (Hrsg.), *Sozialwissenschaftliche Hermeneutik. Eine Einführung* (S. 133–164). Opladen: Leske und Budrich.
Gülich, E. & Hausendorf, H. (2000). Vertextungsmuster Narration. In K. Brinker, G. Antos, W. Heinemann & S. F. Sager (Hrsg.), *Text- und Gesprächslinguistik. Ein internationales Handbuch zeitgenössischer Forschung* (S. 369–385). Berlin: Walter de Gruyter.
Hanke, M. (2001). *Kommunikation und Erzählung. Zur narrativen Vergemeinschaftungspraxis am Beispiel konversationellen Traumerzählens*. Würzburg: Königshausen & Neumann.
Höpflinger, F. (2003). Lebenszufriedenheit und Wohlbefinden im höheren Lebensalter. In B. Boothe & B. Ugolini (Hrsg.), *Lebenshorizont Alter* (S. 69–88). Zürich: vdf Hochschulverlag AG an der ETH Zürich.
Kenyon, G. M., Ruth, J.-E. & Mader, W. (1999). Elements of a Narrative Gerontology. In V. L. Bengtson & K. W. Schaie (Eds.), *Handbook of theories of aging* (pp. 40–58). New York: Springer.
Kruse, A. & Wahl, H. W. (1999). II. Persönlichkeitsentwicklung im Alter. *Zeitschrift für Gerontologie und Geriatrie, 32,* 279–293.
Kutter, P. (1997). Altern in selbstpsychologischer Sicht. In H. Radebold (Hrsg.), *Altern und Psychoanalyse* (S. 54–67). Göttingen: Vandenhoeck & Ruprecht.
Lehr, U. (2000). *Psychologie des Alterns*. Wiebelsheim: Quelle & Meyer Verlag.
Liedtke, J. (1985). Zur Struktur narrativer Texte. Methodensynopse und Aspekte einer Analyse der Narrationsdynamik. *Papiere zur Linguistik, 33* (2), 45–98.
Lucius-Hoene, G. (2002). Narrative Bewältigung von Krankheit und Coping-Forschung. *Psychotherapie und Sozialwissenschaft, 4* (3), 166–203.
Petzold, H. & Müller, L. (2004). Biographiearbeit mit alten Menschen: Erarbeiten und Teilen biographischer Erfahrung. *Psychotherapie im Alter, 1* (4), 25–34.
Polkinghorne, D. E. (1998). Narrative Psychologie und Geschichtsbewusstsein. Beziehungen und Perspektive. In J. Straub (Hrsg.), *Erzählung, Identität und historisches Bewusstsein. Die psychologische Konstruktion von Zeit und Geschichte* (S. 12–45). Frankfurt a. M.: Suhrkamp.
Quasthoff, U. M. (1980). *Erzählen in Gesprächen. Linguistische Untersuchungen zu Strukturen und Funktionen am Beispiel einer Kommunikationsform des Alltags*. Tübingen: Niemeyer.
Radebold, H. (1992). *Psychodynamik und Psychotherapie Älterer*. Berlin: Springer.
Rehbein, J. (1984). Beschreiben, Berichten, Erzählen. In K. Ehlich (Hrsg.), *Erzählen in der Schule* (S. 67–124). Tübingen: Gunter Narr Verlag.
Rosenthal, G. (2002). Biographisch-narrative Gesprächsführung: Zu den Bedingungen heilsamen Erzählens im Forschungs- und Beratungskontext. *Psychotherapie und Sozialwissenschaft, 4* (3), 204–227.
Schütze, F. (1983). Biographieforschung und narratives Interview. *Neue Praxis,* 283–293.
Stähelin, H. B. (2003). Alter und Altersforschung heute. In B. Boothe & B. Ugolini (Hrsg.), *Lebenshorizont Alter* (S. 15–34). Zürich: vdf Hochschulverlag AG an der ETH Zürich.
Straub, J. (1998). Geschichten erzählen, Geschichten bilden. Grundzüge einer narrativen Psychologie historischer Sinnbildung. In J. Straub (Hrsg.), *Erzählung, Identität und his*

torisches Bewusstsein. Die psychologische Konstruktion von Zeit und Geschichte (S. 81–169). Frankfurt a. M.: Suhrkamp.
Swita, K. (2005). *Liebeswahl, Glück der Bewährung, Reisefreuden, Kindesliebe. Eine Anthologie von 78 mündlichen Alltagserzählungen alter Menschen*. Unveröffentlichte Lizentiatsarbeit, Universität Zürich, Psychologisches Institut, Klinische Psychologie, Psychotherapie und Psychoanalyse.
Weber, D. (1998). *Erzählliteratur. Schriftwerk, Kunstwerk, Erzählwerk*. Göttingen: Vandenhoeck & Ruprecht.
Wiedemann, P. M. (1986). *Erzählte Wirklichkeit. Zur Theorie und Auswertung narrativer Interviews*. Weinheim: Psychologie Verlags Union.

Anzeige

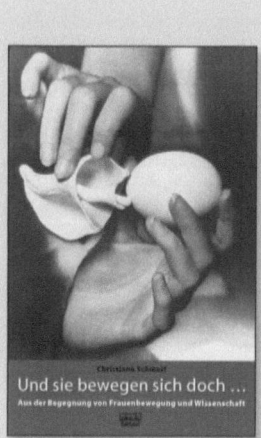

2006, 372 Seiten
fest gebunden, EUR 28,–
ISBN 978-3-87159-062-7

Christiane Schmerl
Und sie bewegen sich doch ...
Aus der Begegnung von Frauenbewegung
Und Wissenschaft

Die Frauenbewegung der letzten 40 Jahre hat die Kulturen der westlichen Welt nachhaltiger verändert als viele andere sozialen Kräfte. Sie wird aber in ihren sozialen Erfolgen und in ihren wissenschaftlichen Leistungen und Denkanstößen bei weitem unterschätzt. Neben politischen wie rechtlichen Veränderungen hat das in nur einer Generation erarbeitete Wissen im Bereich der Humanwissenschaften (Psychologie, Soziologie, Pädagogik, Medizin, Sexualwissenschaft, Geschichte, Jura, Medienwissenschaften etc.) einen radikaleren Perspektivwechsel auf alle sozialen, wirtschaftlichen und kulturellen Einrichtungen ermöglicht, als er je zuvor in den abendländischen Zivilisationen stattgefunden hat.

2006, 308 Seiten
fest gebunden, EUR 29,80
ISBN 978-3-87159-100-6

Tomi Ungerer & Burkhard Hoellen
Don't hope, cope! –
Mut zum Leben

Sie befinden sich in einem tiefen Loch – und auch die größte Schaufel kann Sie nicht zurück ins Leben befördern? Ängste, Enttäuschungen oder Krankheit lasten schwer auf Ihrer Seele?

Holen Sie sich doch einfach das richtige Werkzeug! Dieses Buch liefert Bewältigungsstrategien, mit denen es gelingen kann, mit sich selbst zufriedener zu werden, egal welche Lebensumstände einen niederdrücken. Dabei wird der Schwerpunkt auf solche Möglichkeiten gelegt, mit deren Hilfe man aus eigener Kraft konstruktive Veränderungen bewirken kann – die Methoden und Strategien hierzu werden detailliert vorgestellt.

dgvt-Verlag • Hechinger Straße 203 • 72072 Tübingen
Tel.: 0 70 71 - 79 28 50 • Fax: 0 70 71 - 79 28 51
E-Mail: dgvt-Verlag@dgvt.de • Internet: www.dgvt-Verlag.de

»Volle Palette in Flammen«.
Zur Orientierung an vorgeformten Strukturen beim Reden über Angst[1]

Elisabeth Gülich

> und w=WIR patienten <<all> sag ich jetz mal ich a=verallgemeiner das jetz mal> wir schleppen ja so unser päckchen mit REIN . in DIEse ganze geschichte- das: =ich gehe davon AUS dass äh die psyche so verrückt SPIELT; (.) heißt ja wir TRAGen irgendwie n päckchen (das/was) zu groß geworden is- irgndWAS, KEIne ahnung; es wird IRgendwie ganz viele bausteine .hh geben wo äh wo wir eben halt so unsere probLEMe mit rumtragen. (.) (...)
> =ich möchte ja hier nich .h n ganzes JAHR _sein; (.) um dann meine ganzen pakete <<leicht lachend> abzuarbeiten;> und äh mit nem leeren beutl sozusagen wieder RAUSgehen.

(aus einem Gespräch mit einer Angstpatientin)

Zusammenfassung

Theoretische Grundlage ist ein Konzept von Vorgeformtheit, das in gemeinsamen Arbeiten mit Ulrich Dausendschön-Gay und Ulrich Krafft entwickelt wurde. Demzufolge wird der Rekurs auf (mehr oder weniger komplexe) vorgeformte Strukturen bei der Lösung konversationeller Formulierungsaufgaben als Orientierung an ›Modellen‹ aufgefasst. Dazu gehören sowohl konventionalisierte Formen (z. B. Redewendungen) als auch individuelle Routinen, die Sprecher angesichts rekurrenter Interaktionsaufgaben herausbilden. Vorgeformtes als Formulierungsressource zu nutzen, bedeutet nicht reines Reproduzieren oder Übernehmen von Fertigteilen; vielmehr werden die vorgeformten Elemente von den Interaktionsteilnehmern bearbeitet und in den jeweiligen situativen Kontext eingepasst. Insofern ist der Rekurs auf Vorgeformtes durchaus als Formulierungsleistung zu verstehen und lässt sich als Formulierungsverfahren beschreiben.

Wie die Orientierung an Modellen im Formulierungsprozess vor sich geht, wird exemplarisch an Daten aus einem interdisziplinären Forschungsprojekt über »Kommunikative Darstellung und klinische Repräsentation

---

[1] Für eine kritische Lektüre, Anregungen und Kommentare danke ich herzlich Susanne Günthner, Heike Knerich, Ulrich Krafft und Martin Schöndienst.

von Angst« herausgearbeitet. In Gesprächen mit ärztlichen Interviewern sind die Patienten, die – z. T. im Zusammenhang mit einer Anfallserkrankung – an Ängsten leiden, mit der Aufgabe konfrontiert, dem Gesprächspartner höchst subjektive Empfindungen und Wahrnehmungen zu vermitteln. In vier Fallanalysen wird gezeigt, dass sie dabei in verschiedener Weise und in unterschiedlichem Ausmaß auf vorgeformte Strukturen zurückgreifen. Setzt man diese Beobachtungen in Beziehung zu Ergebnissen früherer Untersuchungen, so werden Unterschiede zwischen Patienten mit Panikattacken und solchen mit epileptischen Angstauren deutlich. Sollten weitere Forschungen dies bestätigen, so könnte der Rekurs auf Vorgeformtes auch als differenzialdiagnostisches Kriterium genutzt werden.

Schlüsselwörter
Vorgeformtheit/Formelhaftigkeit – Formulierungsverfahren – Gesprächsanalyse – Arzt-Patient-Kommunikation – Angst/Panik

Abstract: ›Full plate catching fire‹. Orientation on preformed structures by talking about fear and panic.

The theoretical basis is a concept of preformation developed in corporate work with Ulrich Dausendschön-Gay and Ulrich Krafft. Hence the reference to (more or less complex) preformed structures (prefabs) to perform conversational tasks of formulation is understood as an orientation on »models«. These are as well conventional forms (e.g. phrases) as individual routines narrators create for referenced interaction tasks. To use preformed formulations as a resource does not mean pure reproduction or adopting prefabricated elements; in fact the prefabricated elements are reprocessed and fitted in the situational context. Referring to preformed structures can be understood as an effort of formulation and describes a process of formulation.

How the orientation on models occurs during the process of formulation is shown exemplarily with data from an interdisciplinary research project about »Communicative description and clinical representation of anxiety and fear«. In interviews with medical interrogators patients suffering from anxieties – some of them in conjunction with seizures – are asked to communicate most subjective sensations and apperceptions. The four presented case studies show that patients use preformed structures in different ways and to a variable extent. Comparing these observations with results of earlier studies we can evaluate differences between patients with panic attacks and patients with epileptic fear.

If further research will support these findings, referring to preformed structures could be used as a differential diagnosis criterion too.

Keywords
Prepatterned speech/ formulaicity – prefabs – phrasing-process – narrative analysis – doctor-patient-communication – anxiety/panic

Vorgeformtheit als Untersuchungsgegenstand

Von der Allgegenwärtigkeit des Vorgeformten zu sprechen, ist fast schon ein Gemeinplatz. Ich will mich daher hier nicht damit aufhalten darzulegen, dass Vorgeformtes uns überall begegnet, in mündlicher wie in schriftlicher Kommunikation, im Alltag wie in professionellen und institutionellen Kontexten. Eine Untersuchung an englischen Daten (Erman & Warren, 2000), in der große Corpora unter diesem Aspekt quantitativ ausgewertet wurden (das London-Lund-Corpus für gesprochene und das Lancaster-Oslo-Bergen-Corpus für geschriebene Sprache), hat ergeben, dass durchschnittlich 55 % der Texte, die wir produzieren, vorgeformt sind, genauer gesagt: Bei den Wahlmöglichkeiten, die beim Produzieren eines Texts bestehen und die Autorinnen ausgezählt haben, fällt in über der Hälfte der Fälle die Entscheidung nach dem ›idiom principle‹ und nicht nach dem ›open choice principle‹. Dieses Ergebnis wird erzielt auf der Grundlage eines relativ weiten und zugleich präzisen Begriffs von vorgeformten Strukturen (»prefabs«), durch den diese im Text eindeutig identifizierbar und zählbar sind. Dazu gehören auch viele unauffällige sprachliche Phänomene wie z. B. übliche Kollokationen, die schon immer – und in den letzten Jahren wieder in zunehmendem Maße – das Interesse von Grammatikern und Lexikologen auf sich gezogen haben (vgl. Steyer, 2004). Würde man auch komplexere Strukturen und Muster in Texten und Gesprächen einbeziehen, was Erman und Warren nicht getan haben, käme man vermutlich auf einen noch höheren Prozentsatz an Vorgeformtem. Ich werde hier für einen solchen erweiterten Begriff von Vorgeformtheit plädieren; dabei wird mein Interesse sich jedoch nicht auf quantitative, sondern auf qualitative Aspekte richten: auf die Rolle vorgeformter Strukturen im Formulierungsprozess, auf ihre Funktionen im Gespräch und auf Möglichkeiten einer Auswertung solcher Gesprächsanalysen in einem interdisziplinären Forschungskontext.

Vorgeformtheit zum Gegenstand der Gesprächsforschung zu machen, ist noch weitgehend ein Novum; zumindest gehört dieses Phänomen nicht zu

Elisabeth Gülich

den häufig bearbeiteten Themen. Auch wenn einige sehr anregende Arbeiten aus dem Bereich der Konversationsanalyse vorliegen (vgl. vor allem Quasthoff, 1981; 1993; Drew & Holt, 1988; 1998; Kallmeyer & Keim, 1986; 1994; Ayaß, 1996), steht die gesprächsanalytische Untersuchung des Vorgeformten noch in den Anfängen. Hingegen gibt es eine lange und reichhaltige Tradition der Beschäftigung mit vorgeformten Ausdrücken in der Phraseologie, die allerdings nur eine relativ begrenzte Auswahl an Typen von Phraseologismen betrifft. Zwar ist der Gegenstandsbereich in den letzten Jahren schon erheblich ausgeweitet worden; das zeigt z.B. das neue Handbuch von Burger et al., 2007. Eine wichtige Rolle in dieser Forschungsentwicklung spielen die Arbeiten von Stein, 1995 und Feilke, 1996 (vgl. dazu auch die neueren Darstellungen in Stein, 2004 und Feilke, 2004). Ein gesprächsanalytischer Ansatz bedeutet jedoch auch eine methodologische Umorientierung in der Beschäftigung mit Vorgeformtheit. Sowohl die Erweiterung des Gegenstandsbereichs als auch die methodologische Umorientierung sind aus meiner Sicht wichtige Voraussetzungen dafür, einen Beitrag zur Analyse vorgeformter Strukturen in anderen als phraseologischen oder linguistischen Kontexten und auch in anderen Disziplinen zu leisten. Solche Kontexte sind überraschend zahlreich und vielfältig, sodass auch von daher die Arbeit an einem Konzept von Vorgeformtheit lohnend und viel versprechend erscheint.

Ein Konzept von Vorgeformtheit

Theoretische Grundlage der folgenden Überlegungen und Analysen ist ein Konzept von Vorgeformtheit, das in gemeinsamen Arbeiten mit Ulrich Dausendschön-Gay und Ulrich Krafft entwickelt und in verschiedenen Veröffentlichungen bereits vorgestellt wurde (vgl. z.B. Gülich & Krafft, 1998, Dausendschön-Gay, Gülich & Krafft, 2006; 2007; in diesen Arbeiten finden sich auch Hinweise auf Anregungen oder Parallelen aus anderen Forschungen).
Ich fasse die wichtigsten Punkte unseres Konzepts für das in der vorliegenden Arbeit behandelte Thema kurz zusammen:
– Das Rekurrieren auf vorgeformte Strukturen ist aus unserer Sicht ein Verfahren oder eine ›Methode‹ (im konversationsanalytischen Sinne) zur Lösung konversationeller Formulierungs- und Verständigungsaufgaben, und zwar ein Verfahren unter anderen, das in den verschiedensten Kontexten gewählt werden kann, aber nicht muss.
– Vorgeformte Strukturen können mehr oder weniger komplex sein: von

Wortverbindungen bis zu ›kommunikativen Gattungen‹ (im Sinne von Bergmann & Luckmann, 1995).
- Vorgeformte Strukturen können in unauffälliger Weise verwendet oder aber durch spezielle Markierungstechniken auffällig gemacht werden, z. B. durch metadiskursive Kommentare (vgl. schon Quasthoff, 1981), durch prosodische Mittel und sicher auch durch Mimik und/oder Gestik – diese Mittel sind jedoch bislang noch kaum untersucht worden.
- Vorgeformtheit wird allgemein als ein graduelles Phänomen angesehen, d. h. Äußerungen sind nicht entweder vorgeformt oder frei, sondern mehr oder weniger vorgeformt. Wir würden also nicht wie Erman und Warren (2000) das ›idiom principle‹ dem ›open choice principle‹ gegenüberstellen, sondern die Wahlmöglichkeiten als mehr oder weniger offen oder begrenzt ansehen.
- Wir verstehen unter dem Begriff ›Vorgeformtheit‹ sowohl konventionalisierte, sozial geteilte Formen als auch individuelle Routinen, die einzelne Sprecher angesichts von Interaktionsaufgaben herausbilden, mit denen sie wiederholt konfrontiert werden. Die Grenzen zwischen diesen beiden Typen von Vorgeformtheit sind fließend, sofern man die Formulierungsaktivitäten beschreibt: Für den Rekurs auf Vorgeformtes bei der Lösung von Formulierungsaufgaben macht es keinen Unterschied, ob es sich um konventionelle oder individuelle Vorgeformtheit handelt. Für den Verständigungsprozess hingegen ist es eine wichtige Voraussetzung, dass vorgeformte Strukturen sozial geteilt und somit für beide Partner als solche erkennbar sind.
- Wir betrachten vorgeformte Strukturen nicht einfach als »Fertigteile«, die ›reproduziert‹ und im Formulierungsprozess in »frei formulierten« Text eingesetzt werden, sondern wir gehen davon aus, dass auch Vorgeformtes im Formulierungsprozess produziert und interaktiv bearbeitet wird.
- Um deutlich zu machen, dass es gerade *nicht* darum geht, ein konventionelles Muster wörtlich oder strukturidentisch zu reproduzieren, sondern dass der Rekurs auf vorgeformte Strukturen durchaus eine Formulierungs- und Verstehens*leistung* darstellt, beschreiben wir den Rekurs der Interaktionsteilnehmer auf solche Strukturen als ›Orientierung am Modell‹ und unterscheiden dabei konventionalisierte und individuelle Modelle.
- Solche Modelle haben im Gespräch eine unterschiedliche Reichweite. Diese hängt weniger von Eigenschaften der vorgeformten Ausdrücke selbst ab (auch wenn diese möglicherweise unterschiedliche Potenziale aufweisen) als von der Art und Weise, wie sie von den Gesprächsteilnehmern genutzt werden.

Elisabeth Gülich

Exemplarische Analyse von Gesprächsausschnitten

Wie die Orientierung an Modellen im Formulierungsprozess konkret vor sich geht, soll exemplarisch an Daten aus einem interdisziplinären Forschungsprojekt gezeigt werden, das unter dem Titel »Kommunikative Darstellung und klinische Repräsentation von Angst. Exemplarische Untersuchungen zur Bedeutung von Affekten bei Patienten mit Anfallskrankheiten und/oder Angsterkrankungen« als Kooperationsgruppe am Zentrum für interdisziplinäre Forschung der Universität Bielefeld gefördert wurde (Nähere Informationen unter: www.uni-bielefeld.de/ZIF/KG/2004Angst/ index.html).

Im Rahmen dieses Projekts führten ÄrztInnen ausführliche Leitfaden-Interviews mit PatientInnen, die sich entweder in einer psychiatrischen Klinik oder in einer Epilepsie-Klinik in stationärer Behandlung befanden. Die im Folgenden analysierten Gesprächsausschnitte stammen – mit Ausnahme von Beispiel 1 – aus diesem Corpus.

In diesen Gesprächen sind die Patienten, die an verschiedenen Arten von Ängsten leiden, mit der Aufgabe konfrontiert, höchst subjektive Empfindungen und Wahrnehmungen zu verbalisieren und dem Gesprächspartner zu vermitteln. Da es sich in der Regel um chronisch Kranke handelt, die ihre Beschwerden im Laufe der Behandlung immer wieder beschreiben müssen, sind Formulierungsroutinen erwartbar. Es stellt sich also die Frage, ob und an welchen Stellen im Gesprächsverlauf auf vorgeformte Strukturen zurückgegriffen wird, wie sie sequenziell eingeführt und interaktiv bearbeitet werden. Dabei richte ich meine Aufmerksamkeit vor allem auf diejenigen Gesprächssequenzen, die mit der Erkrankung zu tun haben, also mit Angst, mit Panikanfällen und allgemein mit der Darstellung emotionaler Beteiligung.

Beispiel 1: Frau Bäcker

Das Gespräch, aus dem dieser Ausschnitt stammt, gehört zum Corpus des Forschungsprojekts »Linguistische Differenzialtypologie epileptischer und anderer anfallsartiger Störungen – diagnostische und therapeutische Aspekte« (von 1999 bis 2001 von der DFG gefördert; nähere Informationen unter http://www.uni-bielefeld.de/lili/projekte/epiling). Anlage, Methode und Ergebnisse dieses Projekts waren maßgebend für die Konzeption der ZiF-Kooperationsgruppe zur Angst-Thematik.

Frau Bäcker, die in einer Epilepsie-Klinik behandelt wird, schildert in der Gesprächsphase, die dem zitierten Ausschnitt vorangeht, ihre Anfälle in der

»Volle Palette in Flammen«

Kindheit und Jugend, berichtet auch von niedrigem Blutdruck und Migräne und von Ohnmachtsanfällen mit Blackout. Auf Nachfragen des Arztes zu den Anfällen, der Familie, Beobachtungen anderer zu den Anfällen, führt sie von sich aus das Thema Angst ein. Als der Arzt sie daraufhin fragt, wie die Anfälle beginnen, zählt sie zunächst Symptome wie Sehstörungen, Migräne, ein taubes Gefühl um den Mund auf und kommt dann erneut auf Angst zu sprechen:

1	B:	*und äh: (-) ich kAnn mich auch erinnern dass ich ein:*
2		*(-) fürchterliches pA:nik oder Angstgefühl habe. (-) ich weiß*
3		*zwar nich wovOr aber (5 sec) is so:*
4	Arzt:	*mh. mh, (6 sec)*
5	B:	*ich kann das nich anders AUsdrücken. also dass ich*
6		*Irgendwie Angst hab. wovOr, (-) warUm wiesO, (-) ich weiß*
7		*es nich (13 sec)*

Hier macht die Sprecherin zum einen deutlich, dass sie vor einer schwierigen Formulierungsaufgabe steht (Z. 5), zum anderen führt sie ein wichtiges Charakteristikum ihrer Angst an, nämlich dass es sich um eine unbestimmte, nicht objektbezogene Angst handelt. Eine Reihe weiterer Nachfragen, die der Arzt nach einer relativ langen Pause von 13 Sekunden (s. Z. 7) stellt, beantwortet Frau Bäcker ebenfalls mit »ich weiß es nicht«. Daraufhin versucht er erneut, sie zur Beschreibung ihres Gefühlserlebens anzuregen:

8	Arzt:	*(...) aber wenn ich sie jetzt frAg ob sie sich dann*
9		*anders fÜHlen oder die umgebung sich anders Anfühlt, (-)*
10		*dann sagen sie das wEIß ich nicht.(-)*
11	B:	*das wEIß ich auch nicht. (..) ich hAb, (-) mAnchmal so äh:*
12		*(-) eine erinnerung. aber ich (-) ich kann es nicht, (-) mit*
13		*gewißheit sagen. (-) als (.) als ob so, (-) die decke*
14		*runterkommt. dass es plötzlich schwA:rz um mich wird. dass:*
15		*das irgendwie:, (-)*
16	Arzt:	*mh.mh, (-)*
17	B:	*aber das wei das kann ich nicht äh (-) mit bestimmtheit*
18		*sa:gen. s=is geNAU wie dieses PA:nikgefühl äh: (-) das*
19		*wird (-) irgendwie plötzlich als ob ne dEcke runterfällt.*
20		*irgendwie so=ne (-) äh schwarze decke über mich fällt und*
21		*dann äh bin ich WEG, (-) das is (-) gAnz plÖtzlich. (...)*

Im Bemühen, die vom Arzt gestellte Formulierungsaufgabe zu lösen, rekurriert Frau Bäcker nunmehr auf Metaphern. Zwei konventionalisierte vorgeformte Ausdrücke dienen ihr als ›Modelle‹ , an denen sie sich orientiert: »mir fällt die Decke auf den Kopf« und »mir wird schwarz vor Augen«. Aber sie verwendet diese Ausdrücke nicht genau in der konventionellen Form, sondern bearbeitet sie und verbindet sie miteinander. Nach einem metadiskursiven Kommentar (»ich kann es nicht, (-) mit gewißheit sagen«) setzt sie in Zeile 13 mit Verzögerungen (Wiederholung, Pausen) zu einem Vergleich an (»als ob so, (-) die decke runterkommt«). Sie reformuliert diesen durch »dass es plötzlich schwA:rz um mich wird«, setzt zu einer weiteren Reformulierung an, die sie jedoch abbricht (14: »dass: das irgendwie: «). Nach einem Rezeptionssignal des Arztes nimmt sie sowohl den metadiskursiven Kommentar wieder auf (17) als auch die beiden Metaphern, die ausdrücklich noch einmal auf das Panikgefühl bezogen werden. Sie reformuliert die erste durch »das wird (-) irgendwie plötzlich als ob ne dEcke runterfällt« (19). In der erneuten Reformulierung dieses Ausdrucks verbindet sie nun das Bild der runterfallenden Decke mit dem Ausdruck »dass es plötzlich schwA:rz um mich wird« aus Zeile 14 zu »irgendwie so=ne schwarze decke über mich fällt« und formuliert die Wirkung mit dem ebenfalls vorgeformten Ausdruck »und dann bin ich WEG« (21). Dabei verschiebt sich die Bedeutung von »Decke« von der Zimmerdecke, die runterkommt (mit dem bestimmten Artikel als »die Decke« bezeichnet) zu einer Decke, von der man bedeckt oder zugedeckt wird (mit dem unbestimmten Artikel als »ne dEcke« bezeichnet); und das Adjektiv »schwarz« wird nun auf diese Decke bezogen. Gemeinsam ist beiden Bildern, dass die Decke ein von Außen kommendes Objekt ist, das den körperlichen Zustand der Sprecherin beeinflusst. Die Parallelität der Eindrücke wird auch durch die Wiederholung von »irgendwie« unterstrichen (Z. 15, 19).

Es handelt sich hier also nicht um die wörtliche Reproduktion vorgeformter Ausdrücke, sondern durch die Orientierung an den vorgeformten Ausdrücken entsteht im konversationellen Formulierungsprozess in mehreren Schritten die Metapher »als ob (…) irgendwie so=ne schwarze decke über mich fällt«. Dabei spielt von Anfang an die Plötzlichkeit der Empfindung eine zentrale Rolle: »dass es plötzlich schwA:rz um mich wird« (14), »das wird (-) irgendwie plötzlich als ob ne dEcke runterfällt« (19); dieser Aspekt wird abschließend noch einmal unterstrichen: »das is (-) gAnz plÖtzlich«.

Frau Bäcker löst also die Schwierigkeit, dem Arzt ihre Empfindungen beim

»Volle Palette in Flammen«

Beginn ihrer Anfälle zu vermitteln, dadurch, dass sie sich an konventionalisierten Modellen zur Beschreibung körperlicher Empfindungen orientiert, und sie weist durch die metadiskursiven Kommentare die vorgeformten Strukturen als Verfahren zur Lösung einer Formulierungsaufgabe aus.

Im nächsten Beispiel funktioniert die Orientierung an Vorgeformtem ähnlich, aber der Fall ist wesentlich komplexer:

Beispiel 2: Frau Spree (Corpus der ZiF-Kooperationsgruppe Angst)

Am Gesprächsanfang stellt die Interviewerin eine offene Frage, auf die Frau Spree mit der Schilderung der nächtlichen Panikattacken antwortet, deretwegen sie in die Klinik gekommen ist.

1	S:	*ähm und in dieser LETZten nacht bevor ich dann hierhin*
2		*gekomm bin hatt ich einlich die ganze nacht durchgehend*
3		*ne attacke, (-) die einlich äh' die ja: (--) wo ich dann*
4		*auch zwischndurch aufgestanden bin, (und s dann bisschn)*
5		*NACHließ; und wenn ich mich dann wieder hingelegt habe*
6		*dann gings halt wieder von VORne los. (---)*
7		*und es war halt irjentwie die ganze paLETte dabei;*
8		*von: (-) herzrasen:; .hh äh=froren hab=ich ganz*
9		*SCHRECKlich <<all> also sobald ich irjendwie mich nur*
10		*n ZENtimeter aus=m bett bewegte,> dann (.) <<lachend>*
11		*hab=ich gefroren wie=n SCHNEIder .hh> ähm (---) ÜBELkeit;*
12		*schwindlich war mir,*

Nachdem Frau Spree zunächst die Dauer ihrer Panikattacke und den Wechsel zwischen Nachlassen und Wiederbeginnen der Beschwerden charakterisiert hat (Z. 2–6), leitet sie die Aufzählung der Symptome mit dem vorgeformten Ausdruck »die ganze paLETte« (Z. 7) ein, der Herzrasen, Frieren, Übelkeit und Schwindel umfasst (Z. 8–11), wobei das Frieren durch die Reformulierung und den Phraseologismus »gefroren wie=n SCHNEIder« besonders hervorgehoben wird.

Etwas später kommt sie auf den (in Z. 4–6 beschriebenen) wiederholten Wechsel ihrer Empfindungen zurück:

13	S:	*(--) ähm aber immer wenn ich mich wieder hingelegt habe*
14		*dann (-) ging die welle sozusagn wieder HOCH.=also, (.)*
15		*ich weiß gar nich mehr genau was ich gedacht habe-*

16	zwischendurch- aber, (.) s führte dazu dass es dann
17	wirklich sofort wieder . h anSCHRAUBte. (--) mit dieser
18	(mh') attacke. (---) und dass ich da irgendwie, (--)
19	JA. (1.75) das is TOdesangst würd ich ( )/(mich) würd
20	ich (da/das)= =würd ich das nenn. ähm einfach (.) k=KAUM
21	AUSzuhaltn;

Hier benutzt sie zunächst die Metapher der Welle, die ›immer wieder hochgeht‹ (Z. 14), und reformuliert sie dann durch eine andere Metapher: »dass es dann wirklich sofort wieder h anSCHRAUBte« (Z. 16/17). Da der Interviewer in dieser Anfangsphase des Gesprächs keine Fragen stellt, sondern lediglich sein Zuhören signalisiert, kommt die Patientin dann von sich aus auf Panikattacken zu sprechen, die der zunächst geschilderten vorausgegangen waren:

22	S:	<<p> ja.> und in den nächtn daVOR, (.) <<all> (da war
23		das so)> um das zu beschreibn; ähm ((schmatzt)) hab ich
24		(.) n paar stunden geSCHLAFen zwischndurch, und dann hatt
25		ich das so dass das=dass ich ebn aufgeschreckt bin.
26	I:	mhm\/
27	S:	also ich hab geSCHLAFen, dann bin ich mit ner volln
28		panikattacke AUFgeschreckt,
29	I:	mhm\/
30	S:	also wirklich v=volle palette,
31		wirklich in FLAMM=n sozu↑ [sagen,
32	I:	[mhm\/
33	S:	<<all> so (nenn) ich das immer,>

Hier wird ebenfalls der schon beschriebene Wechsel thematisiert, und zwar als plötzliches Aufschrecken aus dem Schlaf (Z. 24/25). Nach der Ratifizierung durch den Interviewer folgt eine Reformulierung, die diesen Wechsel in doppelter Weise verstärkt: einmal durch den Ausdruck »mit ner volln panikattacke AUFgeschreckt« (27) und dann durch die Bekräftigung »also wirklich v=volle palette« (30). Der einleitende vorgeformte Ausdruck »die ganze paLETte« (aus Z. 7) wird also über die Zwischenstufe »mit ner volln panikattacke« zu einem neuen, ebenfalls vorgeformten Ausdruck: »v=volle palette«. Dieser wird dann noch einmal reformuliert unter Rekurs auf eine im Gespräch bisher nicht verwendete Metapher: »wirklich in FLAMM=n sozu↑sagen« (31), die dann mit einem metadiskursiven Kommentar versehen wird: »<<all> so (nenn) ich das immer,> «; dadurch werden (wie zuvor bei Frau Bäcker) die vorstehenden Ausdrücke als Mittel zur Lösung einer Formulierungsaufgabe ausgewiesen.

Im Anschluss daran kommt Frau Spree erneut auf den Wechsel zwischen Schlafen und Aufschrecken zu sprechen:

```
34  S:   und ähm (.) dann hab ich das auch ( )=zwischndurch
35       auch noch geSCHAFFT dass es dann wieder weg↑ging,
36       also so ABglitt; und ich dann auch wieder EINschlief,
37       <<all> aber dann=das war dann so dass ich immer
38       s gefühl hatte ich hab nur f=hab nur fünf
39       minuten oder eine miNUte übahaupt so mal geSCHLAFen.>
40
41  I:   [mhm\/]
42  S:   [bin] dann immer wieder HOCHgeschreckt;
43
44  S:   also das .hh ich KAM gar nicht mehr richtich zum schlafen.
45       (-) immer so weggenickt; und dann z(a)ck
46       war ich dann irgendwie mit voller welle wieder DA.
47  I:   mhm\/
```

Hier taucht wieder eine neue Metapher für die Ruhephase auf: »dass es dann wieder weg↑ging« wird reformuliert durch »also so ABglitt« (Z. 36). Damit kontrastiert »bin dann immer wieder HOCHgeschreckt« (42); im Folgenden nimmt die Sprecherin nun das Bild der Welle und zugleich auch eine weitere vorher schon verwendete Struktur wieder auf: »und dann z(a)ck war ich dann irgendwie mit voller welle wieder DA« (s.o. Z. 27/28: »mit ner volln panikattacke AUFgeschreckt«). Das Bild der Welle und Wendungen wie »volle welle« werden auch im weiteren Verlauf des Gesprächs noch in verschiedenen Variationen verwendet.

Bei der Darstellung ihrer Panikattacken orientiert Frau Spree sich also ganz deutlich an Modellen; speziell zur Charakterisierung des Aufschreckens nach einer Ruhephase bildet sich im Laufe des Formulierungsprozesses eine vorgeformte Struktur mit konstanten und variablen Elementen heraus. Die zu Beginn verwendeten Ausdrücke (»die ganze paLETte«, »mit ner volln panikattacke«, »wirklich v=volle palette«) haben offensichtlich eine größere Reichweite; sie durchziehen weite Teile des Gesprächs, während beispielsweise der Phraseologismus »hab=ichgefroren wie=n SCHNEIder« nur eine geringe Reichweite hat. Die Grenze zwischen konventionalisierten Modellen (»die ganze paLETte«, »v=volle palette«) und individuellen (»mit voller welle«) ist für die Orientierung am Modell im Formulierungsprozess nicht relevant. Auffällig ist – wie schon bei Frau Bäcker in Beispiel 1 – die Metaphernmischung. Gemeinsam ist beiden Darstellungen auch, dass das plötzliche Auftreten der Panik betont wird (bei Frau Bäcker durch explizite Thematisierung, bei Frau Spree durch Ausdrücke wie ›aufschrecken‹ oder ›hochschrecken‹). In beiden Fällen tragen die vorgeformten Strukturen zur auch durch andere Mittel realisierten Relevanzhochstufung der Panik bei. Schließlich geben beide Patientinnen mit Hilfe metadiskursiver Kommentare einen ›account‹ dafür, dass sie zur Lösung einer schwierigen Formulierungsaufgabe auf Vorgeformtes rekurrieren.

Im Unterschied zu den beiden bisher besprochenen Fällen schildert die Patientin, von der das nächste Beispiel stammt, keine einzelnen Panikepisoden, sondern sie beschreibt ihre Angst vorwiegend in verallgemeinerter Form. Narrative Rekonstruktionen finden sich im Gespräch mit ihr nur in Bezug auf einen Anfall, der sie mit dem Verdacht auf Epilepsie (der sich nicht bestätigt hat) in die Klinik geführt hat; da ist aber nicht von Panik die Rede. Außerdem erzählt die Patientin einige Episoden von angstbesetzten Erlebnissen, die sie aber auch nicht als Panikattacken darstellt.

Der Rekurs auf vorgeformte Strukturen durchzieht das ganze Gespräch; in manchen Gesprächssequenzen treten sie gehäuft auf, z.B. in der folgenden:

Beispiel 3: Frau Kenton (Corpus der ZiF-Kooperationsgruppe Angst)

Frau Kenton, die eine Ausbildung als Pilotin absolviert, äußert sich besorgt darüber, ob sie wegen ihrer Anfallserkrankung bei einer bevorstehenden Untersuchung noch die »Fliegertauglichkeit« zuerkannt bekommt.

```
1    I:     <<pp> hmhm\/> (--) .hh da hängt äso sehr viel für sie von
2
3    I:     [AB;
4    K:     [JA. (1.3) auf alle FÄLle; .hh ((räuspert sich))

5    K:     TSCHULdigung,=aber [ich kann nix daFÜR, ((lacht kurz auf))
6    I:                        [<<pp> hmhm\/>
7
8    K:     (---) ja; (---) <<f> SEHR viel sogar; (-) weil ich hab viel
9           GELD investiert;=ne?> (.) für die AUSbildung, (.) um die
10          überhaupt MAchen zu können, (--) JO; (1.6) Aber- (-)
```

11	.hh s=leben geht WEIter, u:nd ich denke man kann auch mal
12	ANdre sachen machen,=ich bin- (.)
13	ich hab schon ne ausbildung HINter mir sozusagen, (-) dass ich dann ent- (---)
14	entweder in DIEsen beruf wieder (-) REINhüpfe, (---)
15	oder ebend (--) im fliegerbereich BLEIbe,=weiß ich nich
16	als FLUGlotse (...)
17	<<p> aber ich möcht erstmal wissen was nun IS,=un- (--)
18	was später is da mach ich mir eigentlich jetz noch keine
19	geDANken;>
20	(1.4)

Der Interviewer verbalisiert hier die Konsequenzen der Erkrankung für den Beruf (»da hängt äso sehr viel für sie von AB«). Frau Kenton bestätigt (»auf alle FÄLle«); dabei treten Stimmprobleme auf, die sie kommentiert (Z. 5). Die Erwähnung des finanziellen Aufwands für die Ausbildung unterstreicht zunächst die Bedeutung der Konsequenzen, die dann aber nicht weiter ausgeführt wird; vielmehr erfolgt mit Hilfe von Pausen und Verzögerungselementen ein Umschalten auf Gemeinplätze: »(--) JO; (1.6) Aber- (-) .hh s=leben geht WEIter, u:nd ich denke man kann auch mal ANdre sachen machen« (11/12). Im Anschluss an diese Äußerung wird der relativ lange Redebeitrag über die mögliche berufliche Orientierung fortgesetzt (13–18) und dann abgeschlossen mit der Bemerkung »was später is da mach ich mir eigentlich jetz noch keine geDANken« (18/19).

Eine auffällige Häufung von Vorgeformtem findet sich auch im folgenden Gesprächsabschnitt, der durch die Frage des Interviewers nach Frau Kentons eigener Einschätzung ihrer Erkrankung (Epilepsie oder etwas anderes) ausgelöst wird:

21	I:	.hh ham sie denn SELber ne idee? hh <<all> äso wenns so
22		darum GEHT> .h is das ne epilepSIE, (-) is das was
23		ANderes,=
24	K:	=<<gequält> ich WEIß es nich;> (--) ich sag mal SO
25		ich hab viel DURCHgemacht in mein=m leben (mit so);=ne? (-)
26		(...)
27		
28	K:	[(---) u:nd noch einige SAchen (-) JA KLAR die
29	I:	[<<pp> hmhm\>
30		
31	K:	mich: (--) teilweise auch beWEgen;=ne? (-) a:ba:-

32	*ich bin so der typ=ich möchte- (.) ich verGESse das,*
33	*(--) so;=ne? was SCHLIMM war verGESS ich, und ich lebe*
34	*einfach JETZ;=ne? (-) so bin ICH der typ;=ne? (-)*
35	*ich möcht*
36	
37 K:	*nicht darüber REden so unbedingt; [=ne?=und- (1.0)*
38 I:	*[<<pp> hmhm\/>*
39	
40 K:	*ja;=un=ich leb einfach JETZ=un- (---) un jetz machts mir*
41	*↑SPAß,=ja jetz MACHTS mir spaß=und=dann HAB ich*
42	*das;=ne? (-) weil ich hab mir nie geDANken jetz weiter*
43	*gemacht;=ne?*

Frau Kenton antwortet mit eher unspezifischen Hinweisen auf belastende lebensgeschichtliche Ereignisse: »ich sag mal SO ich hab viel DURCHgemacht in mein=m leben, (...) u:nd noch einige Sachen (-) JA KLAR die mich: (--) teilweise auch beWEgen« (24–31). Sie schwenkt dann wieder mit einem »a:ba: « um und nimmt mit einer Serie vorgeformter Strukturen eine Rückstufung vor: »a:ba: ich bin so der typ=ich möchte- (.) ich verGESse das, (--) so; =ne? was SCHLIMM war verGESS ich, und ich lebe einfach JETZ; =ne? (-) so bin ICH der typ; =ne? (-)« (32–34). Nach einer kurzen Ratifizierung durch den Interviewer nimmt sie sowohl den Gemeinplatz als auch die Reflexionsabwehr wieder auf: »ja; =un=ich leb einfach JETZ« und kurz darauf: »weil ich hab mir nie geDANken jetz weitergemacht; =ne? « (40–43).

›Sich keine Gedanken machen‹ passt zur Hochstufung der ›Ablenkung‹, die gleich zu Beginn des Gesprächs erfolgt war, als der Interviewer sie auf die Theatergruppe ansprach, von der sie gerade kam: »Ja=d=bin ich tierisch Abgelenkt (...) MAN is auch (.) eigentlich abgelenkt von sein=n EIgenen (.) proBLEMN oder so was: (.) ein=n jetz zur zeit vielleicht so beWEGT; =ne? «

In dem zitierten Gesprächsausschnitt kommt ein großer Teil der für Frau Kenton charakteristischen vorgeformten Strukturen vor; in der folgenden Übersicht habe ich sie aus dem gesamten Gespräch zusammengestellt und nach Typen geordnet:

(1) Gemeinplätze und Redewendungen
s=leben geht WEIter u:nd ich denke man kann auch mal ANdre sachen machen
was SCHLIMM war verGESS ich, und ich lebe einfach JETZ; =ne?

*ja; =un=ich leb einfach JETZ
es is mein LEben
es hätte schlimmer ausgehn KÖNN=n
an SICH=f (--) war ich FIT; (---) fit wie so=n TURNschuh
JA war nich GRAD so prickelnd; =ne?* (auf die Frage »wie fühlt sich DAS an«)
Un=dann hatt ich ebend (1.9) kein=n (.) BOCK (.) NOCHmal auf das ding DRAUFzusteigen (in der Erzählung von einem Sturz mit dem Motorrad)

(2) Rekurrente Formulierungen im Gesprächsverlauf
Selbstkategorisierungen (vgl. dazu Birkner 2006):
*ich bin so der typ=ich möchte- (.) ich verGESse das
so bin ICH der typ; =ne?
ich bin so der typ der lieber HINten sitzt
da bin ich so der typ der nich SO: weit raus schwimmen MÖCHte
un=dann bin ich auch so der typ dass ich jetz (.) abends auch (1.5) (ja=einfach nich mehr) RAUS geh alLEIne; =ne?
ich bin der typ der nicht immer gleich eine tablette nehmen will sondern aushalten will bis es nicht mehr geht*
Abwehr (negativer) Gefühle oder Reflexionen:
was später is da mach ich mir eigentlich jetz noch keine geDANken; (betr. Konsequenzen der Erkrankung für die Zukunft)
ich hab mir nie geDANken jetz weiter gemacht;=ne? (betr. die »Fliegerei«)
ich hab mir darüber nie geDANken gemacht (betr. die »Attacken«)
un=dass ich mir nie geDANken drüber geMACHT habe (betr. die Erkrankung)
aber ich hab mir darüber nie so direkt die gedanken geMACHT (betr. das Gefühl, gleich umzukippen)
weil sonst hab ich mir nie darüber gedanken geMACHT (betr. die Anfälle)
weil ich (...) mir nie darüber irgendwie- (betr. die Krankheit; nach Abbruch: Neuansatz mit »ich mein ich WAR kerngeSUND«)
aber ich versuch da einfach nicht drüber nachz. (.) DENken; oder ich verGESS es einfach (am Ende der narrativen Rekonstruktion einer traumatischen Episode mit drei Türken)

Diese Auflistung macht die Rekurrenz vorgeformter Strukturen im Gespräch deutlich. Dabei verwendet Frau Kenton sowohl konventionalisierte, sozial geteilte vorgeformte Ausdrücke wie z.B. Gemeinplätze und Redewendungen als auch individuelle Vor-Formulierungen, wobei sich auch hier beide Arten nicht scharf voneinander trennen lassen. Im Unterschied zu Frau Bäcker und Frau Spree rekurriert Frau Kenton nicht auf auffällige Metaphern. Überhaupt werden die vorgeformten Strukturen nicht markiert, sondern eher unauffällig gebraucht; Frau Kenton macht keine Kommentare zur schweren Beschreibbarkeit. Hier ist es die Rekurrenz der vorgeformten Strukturen im Gesprächsverlauf, die die Orientierung an konventionalisierten und individuellen Modellen erkennbar macht.

Ein sehr deutliches Beispiel dafür, wie Frau Kenton vorgeformte Ausdrücke einsetzt, findet sich in einer Gesprächssequenz, in der der Interviewer sie ausführlich und sehr differenziert (unter Nennung mehrerer Beispiele) darauf anspricht, dass sie die wesentlichen Entscheidungen in ihrem Leben gegen die Einwände von wichtigen Bezugspersonen durchsetzen musste; er stellt dann eine Frage, die ausdrücklich die Gefühlsqualität dieser Erfahrung betrifft: »wie fühlt sich DAS an, (-) so gegen den (--) WUNSCH von (--) WICHtigen bezugspersonen«. Frau Kenton antwortet mit einer Aneinanderreihung vorgeformter Ausdrücke: »JA war nich GRAD so prickelnd; =ne? aber (1.3) ich hab mir nur gedacht es is mein Leben <<dim>> un=ich MACH das einfach; =ne? «. Ähnlich reagiert sie nach der Erzählung einer für sie traumatischen Episode, nämlich einer Situation, in der sie von drei Türken belästigt wurde. Als sie die Erzählung unvermittelt beendet (»das WARS eigentlich soweit«), thematisiert der Interviewer ausdrücklich die Gefühlsqualität des Ereignisses; er benennt die von der Erzählerin an keiner Stelle thematisierte Emotion und bestätigt deren Normalität: ».hh aber das: (1.2) h is ja etwas was einem zu recht angst MACHT«. Nach einer Pause und einer Verzögerung mit einer Selbstkorrektur reagiert Frau Kenton mit der häufig verwendeten vorgeformten Selbstkategorisierung: »<<p>> ja (un=deshalb bin) > ja! Un=dann bin ich auch so der typ dass ich jetz (.) abends auch (1.5) (ja=einfach nich mehr) RAUS geh alLEIne=ne?«. Im weiteren Verlauf, der dadurch gekennzeichnet ist, dass der Interviewer versucht, bei dem Thema zu bleiben, und u.a. nochmals die Gefühlsqualität evaluiert (»wirklich erschreckendes (-) erLEBnis«), rekurriert Frau Kenton wieder im Wesentlichen auf vorgeformte Strukturen: »aber ich versuch da einfach nicht drüber nachz. (.) DENken; oder ich verGESS es einfach; weil ich meine (1.2) es war ein=für mich WAR=s schlimm geWEsen, (--) a=ich hab: mich damit Abgefunden soweit;=ne? .hh aber es hätte schlimmer ausgehn KÖNN=n«. Der Gemeinplatz steht in deutlichem Kontrast zu den Relevanzhochstufungen, die der Interviewer vornimmt, er passt aber zu dem vorangegangenen Abbruch der narrativen Rekonstruktion.

Als Fazit ist für diese Patientin festzuhalten: Der Rekurs auf Vorgeformtes dient bei ihr durchgängig als Antwort auf Aufforderungen zur Emotionsthematisierung. Frau Kenton vermeidet spezifischere oder konkretere Formulierungen und Thematisierungen. ›Sich ablenken‹ und ›sich keine Gedanken machen‹ stellt sie als durchgehende Lösungsmuster für ›Probleme‹ bzw. ›das, was sie bewegt‹ dar. Vorgeformte Selbstkategorisierungen (›ich bin so der Typ der...‹) bieten die Möglichkeit zu ›accountings‹ für Verhaltensweisen, ohne diese näher zu reflektieren oder auch zur Reflexion darüber einzuladen. Auch – oder gerade – dann, wenn der Gesprächspartner die Thematisierung von Gefühlen und die Reflexion über die Erkrankung und ihre Konsequenzen fokussiert, übernimmt die Patientin diesen Fokus in der Regel nicht. Selbst wenn die Probleme, die sie zur Sprache bringt, schwerwiegend sind, tendiert sie zu einer Relevanzrückstufung; sie tut das auch dann, wenn der Interviewer darauf einzugehen versucht. Sie überlässt es ihm, die emotionalen Aspekte ihrer Schilderungen zu thematisieren. Dazu passen Beobachtungen zu anderen Aspekten ihrer Angst, die sich aus der Analyse des gesamten Gesprächs ergeben:

- Frau Kenton beschreibt ausschließlich Ängste, die ein konkretes Bezugsobjekt haben; dabei thematisiert sie eher situative als emotionale Komponenten. Darin unterscheidet sie sich von Frau Bäcker und Frau Spree, bei denen sich die vorgeformten Strukturen gerade auf die Panikempfindungen beziehen und die Angst kein konkretes Bezugsobjekt hat (Frau Bäcker sagt das ausdrücklich: »also dass ich Irgendwie Angst hab. wovOr, (-) warUm wiesO, (-) ich weiß es nich (13 sec) «).
- Frau Kenton legt großen Wert auf die Normalisierung und die Erklärbarkeit ihrer Ängste, während andere Patienten die Nicht-Erklärbarkeit hervorheben.
- Bei Frau Kenton ist ein Wechsel zwischen Hoch- und Rückstufung zu beobachten, mit dem sie zunächst eingeführte Differenzierungen wieder verwischt. Bei Frau Bäcker und Frau Spree wird hingegen die Panik konsequent hochgestuft, nicht zuletzt durch die vorgeformten Ausdrücke.

Als letztes Beispiel möchte ich eine Patientin vorstellen, deren Darstellung der Angst Parallelen sowohl zu Frau Bäcker und Frau Spree als auch zu Frau Kenton aufweist:

Elisabeth Gülich

Beispiel 4: Frau Wiesinger (Corpus der ZiF-Kooperationsgruppe Angst)

In der Einleitungsphase des Gesprächs blickt die Patientin auf ihren Zustand zu Beginn ihres nun zu Ende gehenden Klinikaufenthalts zurück:

```
1    W:    ja; doch wenn ich so: äh:: .hhh (.) zuRÜCK
2          denke, hh . wie ich angekommen bin- (.) äh
3          (1.4) DAS hab ich also ga=nich für MÖGlich
4          gehalten; (0.6) dass=es mir (heut/mal) wieder so gehen
5          wird.
6          (0.8)
7    I:    ((schnalzt)) schön.
8          (0.4)
9    W:    mh=ja; (--)(mh ja) und von DAher bin ich ganz
10         zufrieden, u:nd ich HOFfe natürlich auch dass es
11         lange früchte trägt. ne,
12         (0.8) ((Schniefen))
13         das muss man, (.) wird sich ZEIgen;
14         (0.8) ((Schniefen))
15         <<p> aber ich HOFF=es;>(2.5)<<p> weil das war>
16         jetzt SO massiv, äh wie=ich=s (also wirklich) noch
17         nich geHABT habe; u:nd äh:: (--) .hhh mit
18         todesANGST, und (1.5) h <<p> ja> .hhh (.)
19         ich konnte nich mehr LAUfen- ich konnte nich mehr
20         ESSen; (1.5) es ging aso (ne) weile <<f> GAR>
21         nix mehr; <<p> ne> (0.9) und es funktioNIERT alles
22         wieder;
23         (8.2)
```

Noch bevor Frau Wiesinger die Symptome ihrer Angst oder Panik, die sie zunächst nicht benennt, sondern nur mit »das« (Z. 15) bezeichnet, aufzählt, bewertet sie sie als »SO massiv, äh wie=ich=s (also wirklich) noch nich geHABT habe« (Z. 16/17); diese Hochstufung wird noch gesteigert durch die Bezeichnung »mit todesANGST«. Dann folgt eine Liste von Symptomen, die aus drei Elementen besteht. Die beiden ersten beziehen sich auf konkrete Einzelheiten: »ich konnte nich mehr LAUfen- ich konnte nich mehr ESSen«, während das dritte davon abstrahiert, die Handlungsunfähigkeit verallgemeinert und dadurch die Dramatik des damaligen Zustands verstärkt: »es ging aso (ne) weile <<f> GAR> nix mehr«. Auffällig ist nun im weiteren Verlauf des Gesprächs, dass Frau Wiesinger diese Wendung immer wieder gebraucht, wenn es um bestimmte Situationen geht, die mit Angst und Panik zu tun haben und die auch – wie in den Darstellungen von Frau Bäcker und Frau Spree – hochgestuft werden, meist durch Ausdrücke wie ›massiv‹ oder ›wahnsinnig‹. Als sie z. B. an einer späteren Stelle im Gespräch noch einmal die Angstzustände schildert, die zu dem Klinikaufenthalt geführt haben, benutzt sie eine ähnliche Listenstruktur wie oben:

ich konnte mich nich mehr konzenTRIEr=n, es, .hh <<dim> ich konnte meinen HAUShalt nich mehr machen, ich bin nich mehr aus=m HAUS gegangen, ich hab nur noch geLEgen,> .hh es ging GAR nichts mehr;

Diese Liste ist länger als die vorherige; das letzte Element lautet wiederum »es ging GAR nichts mehr«. Ähnlich wie bei Frau Kenton und auch bei Frau Spree konstituiert sich bei Frau Wiesinger im Gesprächsverlauf eine vorgeformte Struktur, auf die sie immer wieder zurückgreift. Diese Struktur wird nicht jedes Mal in einer identischen Formulierung realisiert, sondern mit leichten Abwandlungen; der Akzent liegt in den meisten Fällen auf »gar«. Die Struktur dient als Modell, an dem sich die Sprecherin orientiert. Wichtig ist nun, bei der Analyse genau hinzusehen bzw. hinzuhören, an welchen Stellen sie auf dieses Modell rekurriert.

Einen besonders interessanten Fall bietet der folgende Ausschnitt aus einer späteren Phase des Gesprächs, etwa 25 Minuten nach Gesprächsbeginn, als der Interviewer Frau Wiesinger auf »normale« Ängste anspricht, die »das Leben so mit sich bringt«, die nichts mit seelischen Belastungen zu tun haben. Daraufhin antwortet sie wiederum mit einer Aufzählung, die Angst vor bestimmten Menschen, Angst vor schlimmeren Erkrankungen, Angst vor Fahrstuhl- und Rolltreppefahren und Angst, allein zu sein, beinhaltet. Sie erzählt dann eine kurze Episode, als sie auf ihren Mann wartete, der mit dem Auto unterwegs war:

1	W:	*das:: war auch vor:: vor einigen: äh: monaten,*
2		*(Aufziehen)) mh:::*
3		*(da wußt=ich) er kam aus der schweiz zurück, und ich*
4		*saß:: am küchentisch und hatte:: nachrichten an, (--)*
5		*im radio, und ich wusste dann und dann, (--) musste er*
6		*ungefähr da sein? (--) und dann (gab=m wa') gabm se=n*
7		*SCHWEren verkehrsunfall durch;*

8	*un da hab ich sofort Angerufen im auto*
9	*(-)hm er GING nicht dran;*
10	*(2.1) ((schnalzt))<<p> (hat er/dachte irgendwie äh>*
11	*NA ja; da=nn hab=ich mich*
12	*ERST noch versucht zu beruhigen, k=kann ja auch nen*
13	*KAffee getrunken (sein), <<p> war in der*
14	*nachmittagszeit;>*
15	*<<f>(de) MUSS aber in fünf minuten*
16	*länger dauert das nich;> hab auch auf*
17	*seine MAILbox (.) gesprochen, und dann ruft er*
18	*normalerweise sofort AN- und es TAT sich nichts. (.)*
19	*<<pp> ja und dann> (--) <<p> dann ging GAR nichts mehr>*
20	*<pp> bei mir>; (1.3) also dann gerat ich in (.) PAnik*
21 W:	*ohne ende; [(1.2) <<pp> wie=ich>(weil ich dann) es*
22 I:	*[mh; ja das is schon auch::*
23 W:	*is:: so, jetz is was passIERT und das .h↓warn TOdesfälle dabei, (...)*

In dieser Erzählung, die ein Beispiel für eine ›normale‹ Angst geben soll, rekonstruiert Frau Wiesinger narrativ die Situation des Wartens mit ihren einzelnen Handlungsschritten (Z. 3–9) und Interpretationsversuchen (Z. 10–16). Sie kontrastiert das Verhalten des Ehemanns in der Situation mit dem ›Normalfall‹ (Z. 17–18). Angst wird in dieser Sequenz nicht benannt, sie wird aber durch die Nennung der kontrastierenden Emotion ›sich beruhigen‹ und durch die detaillierte Rekonstruktion, die z. T. auch in Form einer Auflistung erfolgt, kommunikativ dargestellt. Eine genaue Analyse der prosodischen und stimmlichen Mittel könnte die Darstellung der Angst hier noch vertiefen, sie kann aber in diesem Rahmen nicht geleistet werden (ein Beispiel dafür findet sich in Gülich & Couper-Kuhlen, 2007). In Zeile 18 wird die Rekonstruktion der konkreten Einzelheiten abgebrochen; es folgt eine Reihe von vorgeformten Ausdrücken, deren erster »und es TAT sich nichts« sich noch unmittelbar auf die erzählte Situation (das vergebliche Warten auf einen Rückruf des Ehemanns) bezieht, während der zweite in der schon mehrfach verwendeten vorgeformten Struktur besteht: »<<pp> ja und dann> (--) <<p> dann ging GAR nichts mehr> <<pp> bei mir>; (1.3)«. An dieser Stelle ist ein Wechsel in der Lautstärke zu beobachten, der für Frau Wiesinger charakteristisch ist: An den entscheidenden, angstbesetzten Stellen spricht sie in der Regel leiser. Eingeleitet wird der vorgeformte Ausdruck durch das typisch narrative Verknüpfungselement »und dann«, das durch die Einleitung »ja« und das leisere Sprechen auf einen Höhepunkt hindeutet. Der aber besteht nicht in der Rekonstruktion eines konkreten narrativen Ereignisses, sondern in dem verallgemeinernden »dann ging GAR nichts mehr«. Darauf folgt eine Pause, und dann wird die Panik explizit benannt: »also dann gerat ich in (.) PAnik ohne ende« (Z. 20–21). Dabei tritt die Erzählerin mit dem Tempuswechsel ins Präsens aus dem Muster der narrativen Rekonstruktion heraus und gibt der Äußerung über das Panikgefühl, die auch wieder einen vorgeformten Ausdruck (»ohne ende«) enthält, verallgemeinernden Charakter. Bemerkenswert ist nun nicht nur, dass sich an dieser Stelle der Erzählung die vorgeformten Ausdrücke häufen, sondern vor allem, dass hier in einer Beispielerzählung für ›normale‹ Angst die für *Panik* typische vorgeformte Struktur verwendet wird und die explizite Benennung als ›Panik‹ vorbereitet. Danach kehrt die Erzählerin wieder zur narrativen Rekonstruktion zurück: »das .h ↓warn Todesfälle dabei« (Z. 24).

Kurz darauf, nach mehrfachen, insistierenden Nachfragen des Interviewers, erzählt Frau Wiesinger eine weitere Episode als Beispiel für ›normale‹ Angst, nämlich einen Autounfall, bei dem ihr drei Kinder ins Auto gelaufen sind. Dabei verwendet sie dieselben Verfahren: Nach einer – in diesem Fall eher zusammenfassenden – Rekonstruktion des Unfalls wechselt sie ins Präsens und thematisiert die Konsequenzen der damaligen Erfahrung: »und seitdem FAHR ich auch kein auto mehr«. Nach einer Ratifizierung durch den Interviewer folgt dann – wiederum mit leiserer Stimme – die Verallgemeinerung: »sobald was von RECHTS kommt, äh (--) <<p> geht bei mir NICHTS mehr;> «.

Die Fortdauer der Angst über dieses (lange zurückliegende) Erlebnis selbst hinaus wird in dieser Gesprächssequenz von den Gesprächspartnern ausdrücklich thematisiert; dabei kommt es zu einem Missverständnis:

1	W:	*(2.3) und das verges-*
2	W:	*ich KANN das nich vergessen*
3	I:	*<<p>ne:>;*
4	W:	*dieses erLEBnis;*
5		*(3.6)*
6	W:	*hmhm\\/*
7		*(9.6)*
8	W:	*<<p> ja (ich hatte da so) angst,*
9		*jetz GEHt=s wieder, aber> angst über die*

10		STRA::ße zu gehen; ne? (1.5) s war ganz SCHLIMM die
11		die ersten (--) ersten WOCHen; ne? (-) i=ich wusste
12		nich wie ich über de STRAsse kommen sollte;
13	I:	nach diesem::[(a::)
14	W:	[ja, jetzt seitDEM ich HIER bin, ne?
15		(---)
16	I:	ach so; ich dachte DAmals seit diesem unfall; mit den
17	I:	drei [kindern;
18	W:	[<<f> DAS war auch erst, aber JETZ auch jetz die
19	W:	letzte ZEIT,> .hh äh ich konnt- ich wußt NICH wie
20		(man über die) straße gehen sollte;

Mit »dieses erLEBnis« (Z. 4) verweist Frau Wiesinger eindeutig auf den vorher erzählten Unfall. Als sie dann nach einer längeren Pause (Z. 5–7) von ihrer Angst spricht und den aktuellen Zeitpunkt (»JETZ«, Z. 9) einem früheren, nämlich den »ersten WOCHen« (11), gegenüber stellt, setzt der Interviewer zu einer Präzisierung an (Z. 13 »nach diesem::), die sich offenbar auf den zuletzt genannten Zeitraum bezieht. Die Patientin bestätigt mit »ja«, aber der Zusatz »jetzt seitDEM ich HIER bin, ne?« zeigt, dass sie von einer ganz anderen Zeit, nämlich dem Beginn ihres Klinikaufenthalts vor einigen Wochen spricht. Mit seinem nächsten Redebeitrag klärt der Interviewer das Missverständnis auf: »ach so; ich dachte DAmals seit diesem unfall« (Z. 16), woraufhin Frau Wiesinger die Parallelen zwischen den beiden Situationen (»erst« und »JETZ«) feststellt (Z. 18–20); die Zeit nach dem Unfall, die Jahre zurückliegt, und »jetz die letzte zeit«, d.h. vor einigen Wochen, wurden offenbar so ähnlich erlebt, dass sie in der Darstellung – zumindest für den Rezipienten – miteinander verschmelzen.

Fazit: In Frau Wiesingers Darstellung ist in beiden Beispielen ein stufenloser Übergang zwischen Panik und »normaler« Angst und zu beobachten, der erkennbar ist an dem Tempuswechsel ins Präsens und der Verallgemeinerung mit Hilfe vorgeformter Strukturen. Offenbar orientiert sie sich bei der Darstellung ›normaler‹ Angst an demselben Modell wie bei der Darstellung ihrer Panikattacken. Normale Angst und Panik scheinen ineinander überzugehen; Angstzustände aus verschiedenen Lebensphasen vermischen sich in der narrativen Rekonstruktion. Eine konkrete, in einer bestimmten Situation lokalisierte Angst wird vom ursprünglichen Erlebnis abgelöst und verselbstständigt sich. Dies führt u.U. zu immer größeren Einschränkungen im täglichen Leben (z.B. nicht mehr Auto zu fahren). Dieser Prozess lässt sich

»Volle Palette in Flammen«

durch die Analyse des Gesprächstranskripts auch linguistisch rekonstruieren; die sprachliche bzw. kommunikative Darstellung lässt eine ›Generalisierung‹ normaler Angst erkennen, die sich als Angststörung manifestiert.

Auswertung

Die vier Fallanalysen und der Vergleich zwischen den vorgestellten Patientinnen haben schon einige Hinweise auf Auswertungsmöglichkeiten der Analysen gegeben. Ich möchte aber einen Schritt weiter gehen und noch einige allgemeinere Perspektiven andeuten, und zwar unter einer doppelten Fragestellung. Im Kontext der Untersuchungen zur Vorgeformtheit lautet meine Frage: Worin liegt der Gewinn der Analyse von Gesprächen aus solchen Corpora, wie ich sie hier genutzt habe, für das Konzept der Vorgeformtheit oder für unser Wissen über den Rekurs auf Vorgeformtes im Gespräch? Im Kontext der Angstforschung und/oder der Behandlung von Angsterkrankungen ist zu fragen, ob die Analyse der Gespräche unter dem Aspekt der Vorgeformtheit geeignet ist, das Wissen über Angst und Angstkrankheiten zu erweitern und einen Beitrag zur Diagnose und Therapie dieser Erkrankungen zu leisten.

Zur Frage der Weiterentwicklung des Konzepts der Vorgeformtheit und der ›Orientierung am Modell‹ ist vorab zu sagen, dass diese Konzepte wie auch die Einbeziehung individueller Modelle in die Untersuchung bereits aus Corpusanalysen entwickelt worden sind. Sie können wohl auch nur aus der Analyse natürlicher Daten gewonnen werden (vgl. z. B. auch Quasthoff, 1993 zu ›Vielfalt‹ und ›Konstanz‹). Deutlich wird in den Analysen der Gespräche auch, dass die ›Modelle‹ sich in ihrer Reichweite für die Lösung von Formulierungsaufgaben unterscheiden. Das Bild einer schwarzen Decke, die auf die Patientin herunterfällt, bei Frau Bäcker hat eine geringere Reichweite, das Bild der Welle, das im Zusammenhang mit ›volle palette‹ von Frau Spree entwickelt wird, eine größere. Von der Reichweite zu unterscheiden ist die Rekurrenz bestimmter Strukturen, von denen manche sich erst durch die wiederholte Verwendung im Gesprächsprozess als vorgeformt konstituieren, wie vor allem bei Frau Kenton und Frau Wiesinger gut zu beobachten ist.

Der wichtigste Erkenntnisgewinn für das Konzept ›Vorgeformtheit‹ aus der Arbeit an Corpora aus natürlichen Interaktionen liegt also m. E. weniger darin zu ermitteln, welche vorgeformten Strukturen vorkommen und wie hoch ihr Anteil im Gesamtgespräch ist, als darin, zu beobachten und zu beschreiben, *wie* auf sie rekurriert wird, an welchen Stellen im Gespräch sie eingesetzt werden, wie sie interaktiv konstituiert, entwickelt und bearbeitet werden. In dieser Hinsicht zeigten sich deutliche Unterschiede zwischen Frau Bäcker und Frau Spree einerseits und Frau Kenton und Frau Wiesinger andererseits.

Um die Funktionen, die vorgeformte Strukturen erfüllen, herauszuarbeiten, stellt die Analyse konversationeller Materialien ebenfalls eine grundlegende Voraussetzung dar, denn Funktionen sind in erster Linie situiert und kontextgebunden; insofern können sie hier nur exemplarisch herausgearbeitet werden. Allerdings haben verschiedene Typen vorgeformter Ausdrücke ebenso wie verschiedene Verwendungsweisen unterschiedliche Funktionspotenziale, d. h. Gemeinplätze z. B. eignen sich von ihrer Form her für andere Funktionen als etwa bildliche Redewendungen oder Konstruktionen wie »ich bin der Typ, der...« Um solche Funktionspotenziale herauszuarbeiten, sind differenzierte Einzelanalysen erforderlich (wie z. B. die von Birkner 2006 zu »ich bin n=mensch der...«). Möglicherweise lassen sich auf dieser Grundlage dann auch allgemeine, kontextunabhängige Funktionen zuschreiben.

Die Frage nach dem Gewinn der Analysen für die Angstforschung und/oder die Behandlung von Angsterkrankungen lässt sich nur im Kontext interdisziplinärer Forschung sinnvoll stellen; hier kann nur angedeutet werden, in welche Richtung die bisherigen Ergebnisse weisen.

Dazu ist ein kurzer Rückblick erforderlich: In dem früheren Forschungsprojekt »Linguistische Differenzialtypologie epileptischer und anderer anfallsartiger Störungen – diagnostische und therapeutische Aspekte« wurden bereits vereinzelt Beobachtungen zum Rekurs auf Vorgeformtes bei bestimmten Anfallspatienten gemacht (vgl. Gülich & Schöndienst. 1999). Da aber zunächst keine Systematik zu erkennen war, wurde dieser Aspekt nicht konsequent weiterverfolgt als mögliches differenzialdiagnostisches Kriterium; es wurden lediglich Beobachtungen zu einzelnen PatientInnen festgehalten.

In der Arbeit der ZiF-Kooperationsgruppe »Kommunikative Darstellung und klinische Repräsentation von Angst. Exemplarische Untersuchungen zur Bedeutung von Affekten bei Patienten mit Anfallskrankheiten und/oder Angsterkrankungen« sind wir dann wieder auf den – in einigen Gesprächen sehr auffälligen – Rekurs auf Vorgeformtes gestoßen.

Den im vorliegenden Beitrag referierten Beobachtungen liegen insgesamt 10 Gespräche mit PatientInnen aus beiden Projektcorpora zugrunde (von denen ich 4 hier vorgestellt habe). Bemerkenswert ist nun, dass alle diese

PatientInnen zu ein und derselben Gruppe gehören, nämlich zu den PatientInnen mit nicht-epileptischen und/oder Angstanfällen (auch wenn sie – wie z. B. Frau Kenton – zunächst als epileptisch diagnostiziert waren). Ihnen gegenüber steht eine andere Gruppe, die sich – linguistisch gesehen – durch Verfahren auszeichnet, welche in deutlichem Gegensatz zum Rekurs auf Vorgeformtheit stehen, nämlich die Darstellung intensiver Formulierungsarbeit z. B. durch Reformulierungen (vgl. Gülich & Schöndienst, 1999), durch Verwendung von Metaphern (vgl. Surmann, 2005) und durch metadiskursive Kommentare in Verbindung mit der Inszenierung von Formulierungsschwierigkeiten, mit denen die Unbeschreibbarkeit der Angst- oder Anfallsempfindungen geltend gemacht wird (vgl. dazu Gülich & Furchner, 2002; Gülich, 2005; Gülich & Couper-Kuhlen, 2007). Diese Gruppe leidet an epileptischen Anfällen, die sich in vielen Fällen durch eine bestimmte Art von Vorgefühlen, sog. Angst-Auren, ankündigen. Manchmal stufen allerdings auch Panikpatienten ihre Attacken als schwer beschreibbar ein (vgl. Günthner, 2006, die diese Kommentare als charakteristisch für Extremerfahrungen beschreibt), aber die für Epilepsiepatienten typische Arbeit an der Formulierung ist bei ihnen nicht zu finden. Zwar liegen noch keine Auswertungen einer größeren Zahl von Gesprächen vor, aber unsere bisherigen Untersuchungen zeigen, dass die Schilderungen der Angst in den beiden Gruppen deutliche Unterschiede aufweisen. Sollten sich die Ergebnisse bestätigen, könnte auch der Rekurs auf Vorgeformtes – ebenso wie Reformulierungen, Metaphern, die Inszenierung von Unbeschreibbarkeit u. a. – als differenzialdiagnostisches Kriterium genutzt werden (vgl. die Übersicht über die bisher gefundenen differenzialdiagnostisch relevanten Merkmale bei Surmann, 2005, S. 169; die Grundgedanken dieses Ansatzes skizziert Schöndienst, 2002).

Immerhin kann auch jetzt schon die Frage gestellt werden, inwieweit der Rekurs auf Vorgeformtes bzw. die Orientierung an Modellen zu anderen Beobachtungen zu derselben Patientengruppe und darüber hinaus auch zum Krankheitsbild passt. Bei Patienten mit nicht-epileptischen Anfällen – häufig handelt es sich dabei um Angstanfälle – haben wir beobachtet, dass sie nur geringe Formulierungsarbeit leisten. Sie rephrasieren eher, als dass sie reformulieren; wenn sie reformulieren, dann tun sie es eher variationsarm, d. h. sie arbeiten nicht oder nur wenig an der Formulierung. Sie listen eher Symptome auf, als dass sie sie differenziert zu beschreiben versuchen. Sie haben eine Tendenz zu verallgemeinernden Darstellungen (häufig »man«). Die Untersuchungen von Surmann (2005) zur Metaphorik haben gezeigt, dass der Metapherngebrauch bei dieser Gruppe inkonsistent ist und

Elisabeth Gülich

dass sie vielfach verhüllende Metaphern gebrauchen. Diese Beobachtungen scheinen zumindest auf den ersten Blick zum Rekurs auf Vorgeformtes zu passen.

Nun hat sich in den vorstehenden Beispielanalysen gezeigt, dass von vorgeformten Strukturen in durchaus unterschiedlicher Weise Gebrauch gemacht wird:
- Frau Bäcker, Frau Spree und Frau Wiesinger verwenden sie vorwiegend bei der Schilderung der Panikattacken selbst, Frau Kenton vorwiegend in Situationen, in denen Gefühle thematisiert werden könnten oder sollten. Dazu gibt es auch bei Frau Wiesinger einige Beispiele: Als der Interviewer an einer Stelle ihre Darstellungsweise als »so strahlend« kommentiert, sagt sie: »<<f> das WAR nicht strah>lend, aber ich will GAR nich mehr weinen; (--) (...) überhaupt nich mehr; (...) <<pp> ich hab geNUCH geweint> (1.1) ((Schniefen)) (3.3) DAS war schlimm (-) (wirklich) also ich möchte das NICH noch mal mitmachen, in meinem Leben; (2.8) ((Schnalzlaut)) aber es wird immer höhen und tiefen GEben, und .hhh äh= (man/ich) muss einfach LERnen auch (.) damit umzugehen; ne«.
- Frau Bäcker, Frau Spree und Frau Wiesinger nutzen vorgeformte Strukturen zur Relevanzhochstufung, für Frau Kenton ist ein Wechsel zwischen Hoch- und Rückstufung charakteristisch;
- Frau Bäcker und Frau Spree orientieren sich hauptsächlich an konventionalisierten Modellen, Frau Kenton und Frau Wiesinger eher an individuellen. Da die Grenzen zwischen konventionalisierten und individuellen Modellen fließend sind, ist die Relevanz dieser Unterscheidung allerdings zurzeit noch nicht abzusehen.

Aus gesprächsanalytischer Sicht lassen sich also möglicherweise noch Untergruppen bei den Angst-PatientInnen (mit nicht-epileptischer Angst) unterscheiden: PatientInnen mit Panikattacken (Bäcker, Spree, Wiesinger) gegenüber solchen mit anderen Angststörungen oder auch mit nicht-epileptischen Anfällen, bei denen auch Angst eine Rolle spielt (Kenton). Um dazu Genaueres sagen zu können, sind jedoch weitere Untersuchungen erforderlich.

Man kann aber bereits festhalten, dass die Art und Weise, wie Frau Kenton vorgeformte Strukturen einsetzt, zum Krankheitsbild von Patienten mit dissoziativen Anfällen passt. Schöndienst (2001, S. 82) beschreibt bei einer anderen Patientin mit dieser Erkrankung »eine komplette Abdankung reflexions- und handlungsfähiger Ich-Anteile« sowie die »Delegation fast jeglicher Differenzierungsarbeit ans Gegenüber«. Dadurch stellt die betreffende Patientin eine »Verschiebung selbstreflexiver Funktionen in den (Gesprächs)Partner im Sinne einer für solche Personen habituellen Abwehrform her und bildet sie zugleich ab«. PatientInnen wie Frau Kenton machen durch den Rekurs auf Vorgeformtes ein anderes Interaktionsangebot als diejenigen, die ihre Panikattacken durch vielfältige kommunikative Mittel hochstufen. Damit lässt sich neben der differenzialdiagnostischen auch die Möglichkeit einer differenzialtherapeutischen Nutzung solcher Analysen ins Auge fassen, d. h. die Möglichkeit, aus der Beschreibung des Kommunikationsverhaltens psychotherapeutische Interventionen zu entwickeln.

Die Frage der Einordnung gesprächsanalytischer Beobachtungen in das über die betreffenden Störungen bereits vorhandene Wissen wäre also zu ergänzen um die Frage, welche neuen Erkenntnisse über die einzelnen Patienten ebenso wie über die Erkrankung man ggf. durch solche Analysen gewinnt und in welcher Weise die Analyse der Gespräche das vorhandene Wissen ergänzt, manchmal vielleicht auch korrigiert.

Es gibt eine ausgefeilte Angstdiagnostik mit einer großen Zahl von Kategorien, denen die Störungen der PatientInnen auf der Grundlage der verschiedensten diagnostischen Verfahren zugeordnet werden können. Nicht berücksichtigt wird dabei, wie die Patienten über ihre Angst reden, wie sie ihre subjektiven Empfindungen dem Gesprächspartner kommunikativ vermitteln, wie sie Angsterfahrungen und -erlebnisse erzählen. Erste gesprächsanalytische Untersuchungen (wie z.B. Capps & Ochs, 1995; Egbert & Bergmann, 2004; Deppermann & Lucius-Hoene, 2005; Streeck, 2006; Gülich & Couper-Kuhlen, 2007) zeigen, dass Patienten über ein höchst differenziertes Instrumentarium verfügen, dessen Beschreibung auch im klinischen Kontext von Interesse sein dürfte. Angesichts der großen und ständig wachsenden Zahl von Angsterkrankten sollte daher die Möglichkeit, auch die Verfahren der kommunikativen Darstellung in die oft schwierige und langwierige Differenzialdiagnostik einzubeziehen, nicht ungenutzt bleiben.

Literatur

Ayaß, R. (1996). »Wer das verschweigt, handelt eigentlich in böser Absicht«. Zu Form und Funktion kategorischer Formulierungen. *Linguistische Berichte 162*, 137–160.

Bergmann, J. & Luckmann, T. (1995). Reconstructive genres of everyday communication. In: Quasthoff, U.M. (Hrsg.), *Aspects of Oral Communication* (S. 289–304). Berlin: de Gruyter.

Birkner, K. (2006). (Relativ-)Konstruktionen zur Personenattribuierung: »ich bin n=mensch der...«. In: Günthner, S. & Imo, W. (Hrsg.), *Konstruktionen in der Interaktion* (S. 205–237). Berlin: de Gruyter.

Burger, H., Dobrovol'skij, D., Kühn, P. & Norrick, N.R. (Hrsg.) (2006). *Phraseologie. Ein internationales Handbuch zeitgenössischer Forschung. 1. Halbband*. New York: de Gruyter.

Capps, L. & Ochs, E. (1995). *Constructing Panic: The Discourse of Agoraphobia*. Cambridge, MA.

Dausendschön-Gay, U., Gülich, E. & Krafft, U. (2007). Vorgeformtheit als Ressource im konversationellen Formulierungs- und Verständigungsprozess. In: Hausendorf, H. (Hrsg.), *Gespräch als Prozess. Linguistische Aspekte der Zeitlichkeit verbaler Interaktion* (S. 81–219). Tübingen: Narr.

Dausendschön-Gay, U., Gülich, E. & Krafft, U. (2006). Phraseologische/formelhafte Texte. In: Burger, Dobrovol'skij, Kühn & Norrick (Hrsg.), *Phraseologie. Ein internationales Handbuch zeitgenössischer Forschung* (S. 468–481). New York: de Gruyter.

Deppermann, A. & Lucius-Hoene, G. (2005). Trauma erzählen – kommunikative, sprachliche und stimmliche Verfahren der Darstellung traumatischer Erlebnisse. *Psychotherapie und Sozialwissenschaft 7*, 1, 35–73.

Drew, P. & Holt, E. (1988). Complainable Matters: The Use of Idiomatic Expressions in Making Complaints. *Social Problems 35*, 398–417.

Drew, P. & Holt, E. (1998). Figures of Speech: Figurative expressions and the management of topic transition in conversation. *Language in Society 27*, 495–522.

Egbert, M. & Bergmann, J. R. (2004). Angst – Von der Phänomenologie zur Interaktion. *Psychotherapie und Sozialwissenschaft 4*, 11–23.

Erman, B. & Warren, B. (2000). The idiom principle and the open choice principle. *Text 20* (1), 29–62.

Feilke, H. (1996). *Sprache als soziale Gestalt. Ausdruck, Prägung und die Ordnung der sprachlichen Typik*. Frankfurt a. M.: Suhrkamp.

Feilke, H. (2004): Kontext – Zeichen – Kompetenz. Wortverbindungen unter sprachtheoretischem Aspekt. In: Steyer, S. 41–64.

Gülich, E. (2005). Unbeschreibbarkeit: Rhetorischer Topos – Gattungsmerkmal – Formulierungsressource. *Gesprächsforschung – Online-Zeitschrift zur verbalen Interaktion*. Ausgabe 6, 222–244. [Online]. Available http://www.gespraechsforschung-ozs.de

Gülich, E. & Couper-Kuhlen, E. (2007). Zur Entwicklung einer Differenzierung von Angstformen im Interaktionsverlauf: Verfahren der szenischen Darstellung. In: Schmitt, R. (Hrsg.), *Koordination. Analysen zur multimodalen Interaktion* (S. 293–337). Tübingen: Narr.

Gülich, E. & Furchner, I. (2002). Die Beschreibung von Unbeschreibbarem. Eine konversationsanalytische Annäherung an Gespräche mit Anfallskranken. In: Keim, I. & Schütte, W. (Hrsg.), *Soziale Welten und kommunikative Stile. Festschrift für Werner Kallmeyer zum 60. Geburtstag* (S. 161–186). Tübingen: Narr.

Gülich, E. & Krafft, U. (1998). Zur Rolle des Vorgeformten in Textproduktionsprozessen. In: Wirrer, J. (Hrsg.), *Phraseologismen in Text und Kontext* (S. 11–38). Bielefeld: Aisthesis.

Gülich, E. & Schöndienst, M. (1999). »Das ist unheimlich schwer zu beschreiben«. Formulierungsmuster in Krankheitsbeschreibungen anfallskranker Patienten: differentialdiagnostische und therapeutische Aspekte. *Psychotherapie und Sozialwissenschaft 1*, 199–227.

Günthner, S. (2006). Rhetorische Verfahren bei der Vermittlung von Panikattacken. Zur Kommunikation von Angst in informellen Gesprächskontexten. *Gesprächsforschung – Online-Zeitschrift zur verbalen Interaktion*. Ausgabe 7, 124–151. [Online]. Available http://www.gespraechsforschung-ozs.de

Kallmeyer, W. & Keim, I. (1986). Formulierungsweise, Kontextualisierung und soziale Identität. Dargestellt am Beispiel des formelhaften Sprechens. *Zeitschrift für Literaturwissenschaft und Linguistik, 64,* Sprache und Wissen, 98–126.

Kallmeyer, W. & Keim, I. (1994). Formelhaftes Sprechen in der Filsbachwelt. In: Kallmeyer, W. (Hrsg.), *Kommunikation in der Stadt. Exemplarische Analysen des Sprachverhaltens in Mannheim* (S. 250–317). Berlin, New York: de Gruyter.

Quasthoff, U. (1981). Formelhafte Wendungen im Deutschen: zu ihrer Funktion in dialogischer Kommunikation. In: Sandig, B. (Hrsg.), *Stilistik II: Gesprächsstile* (= Germanistische Linguistik 5–6) (S. 5–24).

Quasthoff, U. (1993). Vielfalt oder Konstanz in den sprachlichen Formen des Kindes. Linguistische, entwicklungstheoretische und didaktische Aspekte. *Der Deutschunterricht* VI (S. 44–56).

Schöndienst, M. (2001). Konversationsanalytische Zugänge zu Gesprächen über Anfälle. In: Jacobi, R.-M.E., Claussen, P.C. & Wolf, P. (Hrsg.), *Die Wahrheit der Begegnung. Anthropologische Perspektiven der Neurologie* (S. 73–84). Festschrift für Dieter Janz. Würzburg: Königshausen & Neumann.

Schöndienst, M. (2002). Von einer sprachtheoretischen Idee zu einer klinischen Methode. *Psychotherapie und Sozialwissenschaft 4,* 4, 253–269.

Stein, S. (1995). *Formelhafte Sprache. Untersuchungen zu ihren pragmatischen und kognitiven Funktionen im gegenwärtigen Deutsch.* Frankfurt a. M..: Lang.

Stein, S. (2004). Formelhaftigkeit und Routinen in mündlicher Kommunikation. In: Steyer, S. S. 262–288. Steyer, K. (Hrsg.). (2004). *Wortverbindungen – mehr oder weniger fest.* Berlin: de Gruyter.

Streeck, J. (2006). Interaction order and anxiety disorder. Excursion into the micro-ecology of character. Erscheint in: Prevignano, C. & Thibault, P. (Hrsg.), Interaction analysis and language: The state of the art. Amsterdam: John Benjamins Publishing Company.

Surmann, V. (2005). *Anfallsbilder. Metaphorische Konzepte im Sprechen anfallskranker Menschen.* Würzburg: Königshausen & Neumann.

Anzeige

2005 · 804 Seiten · gebunden
EUR (D) 69,90 · SFr 118,–
ISBN 3-89806-929-X

2004 · 175 Seiten · Broschur
EUR (D) 19,90 · SFr 34,90
ISBN 3-89806-937-0

Diese umfassende Darstellung der deutsch-jüdischen Problematik mit ihren historischen, ideologischen und christlichen Wurzeln und den Auswirkungen der Shoah auf die verschiedenen gesellschaftlichen Bereiche bis zur Gegenwart ist ein einmaliges Standardwerk, welches nicht nur die Vergangenheit zusammenfasst, sondern auch den wieder stärker aufkommenden Antisemitismus im Blick hat.

Ingrid Peisker rückt die teils verleugnete, teils verharmloste und »normalisierte« (deutsch-jüdische) NS-Geschichte anhand zahlreicher Beispiele zurecht. Sie stellt die unterschiedlichen Debatten zu diesem Thema und die verschiedenenen Phasen der Verarbeitung des Nationalsozialismus dar und untersucht die dahinter verborgenen Abwehrmuster.

Kerstin Muth widmet sich dem Schicksal jüdischer Kinderr, die den Holocaust im Versteck überlebten. Im Vordergrund stehen dabei nicht die großen historischen Zusammenhänge, sondern das individuelle Schicksal, gezeigt an neun Biografien von »Hidden Children« aus verschiedenen europäischen Ländern. Sie vermitteln ein differenziertes, menschliches Bild von Kindern, die durch die Verfolgung vielfachen traumatischen Situationen ausgesetzt waren und trotzdem den Mut nicht verloren haben.

»Ein 175-seitiges, dokumentarisch fundiertes, mit etlichen Bildern versehenes Buch, das den Leser emotional tief berührt. Der protokollartige Stil, eine Mischung aus verbindender Beschreibung und wörtlich wiedergegebenen Schilderungen, ist gerade deshalb so stark, weil er sich unpassender Interpretierung enthält.«
Fränkischer Anzeiger

P圖V
Psychosozial-Verlag

Goethestr. 29 · 35390 Gießen · Tel. 0641/9716903 · Fax 77742
bestellung@psychosozial-verlag.de
www.psychosozial-verlag.de

»Im Dezember bin ich umgekippt«. Erzählen über Kontrollverlust

Brigitte Boothe

Zusammenfassung
In Anknüpfung an Elisabeth Gülichs Analyse der Verwendung vorgeformter Ausdrücke bei Patienten im ärztlichen oder klinischen Interview wird dieses sprachliche Formulierungsmuster anhand eines ausgewählten Fallbeispiels auf Beziehungs- und psychodynamische Perspektiven hin untersucht. Besondere Beachtung finden dabei narrative Darstellungen, die erlauben, die vorgeformte Formulierung vom ›Umkippen‹ sowie die Wendung ›Ich bin der Typ der lieber hinten sitzt‹ auf Konflikt- und Abwehrprozesse hin zu erschließen.

Schlüsselwörter
Erzählanalyse, psychotherapeutische Beziehung, Inszenierung, Erzählte Emotion, Erzähldynamik und Psychodynamik

Abstract: ›In December I overbalanced‹. Loosing of control in narrative

To tie up Elisabeth Gülich's analysis of using preformed expressions of patients in medical or clinical interviews this formulation pattern will be analyzed here in a selected case by scrutinising relationship aspects and psychodynamic perspectives. Special attention is given to narrative representations allowing the opening up of preformed phrasings like ›to overbalance‹ and ›I am the sitting in the back seat-type‹ on conflict dynamics and defence mechanisms.

Key words
narrative analysis, psychotherapeutic relationship, enactment, emotion in narrative, narrative dynamics and psychodynamics

Brigitte Boothe

Redensarten und Gemeinplätze als kommunikative Praxis eigener Dignität

Redensarten und Gemeinplätze sind bekannt und vertraut, das liegt in der Natur der Sache. Bekannt und vertraut sind sie auch aus Psychoanalyse und Psychotherapie. Patienten, deren Rede stark durch Redensarten und Gemeinplätze geprägt ist, scheinen dem Konventionellen verfallen und gelten als wenig selbstexplorativ. Sie verweigern sich zwar nicht dem diagnostischen oder therapeutischen Gespräch, halten aber das Gegenüber durch expansiven Gebrauch von Redensarten und Gemeinplätzen auf Distanz. Der Therapeut sieht sich mit der aversiven Situation konfrontiert, wenig Zugang zum persönlichen Fühlen und Denken des Patienten zu finden und ins Leere zu laufen. Redensarten und Gemeinplätze sind daher im Kontext einer Gesprächsführung, die Selbstmitteilung und Selbstenthüllung ermöglichen will, negativ konnotiert und können dem Patienten als mentaler Mangel und emotionale Schwäche zur Last gelegt werden. Das kann kurzschlüssig sein, wie Elisabeth Gülich (in diesem Heft S. 62) zeigt. Im Gespräch ist das ›...Rekurrieren auf vorgeformte Strukturen (...) ein Verfahren (...) zur Lösung konversationeller Formulierungs- und Verständigungsaufgaben‹ schreibt die Autorin in »*Volle Palette in Flammen*«. *Zur Orientierung an vorgeformten Strukturen beim Reden über Angst*. Sie ergänzt: ›Wir betrachten vorgeformte Strukturen nicht einfach als ›Fertigteile‹, die ›reproduziert‹ und im Formulierungsprozess in ›frei formulierten‹ Text eingesetzt werden, sondern wir gehen davon aus, dass diese Formen im Formulierungsprozess produziert und interaktiv bearbeitet werden.‹ Dabei sind ›vorgeformte Strukturen durchaus eine Formulierungs- und Verstehens*leistung*‹ (S. 63). Sie sind – auch im klinischen Interesse – eine kommunikative Praxis eigener Dignität, die vermehrte Aufmerksamkeit verdient.

Im klinisch-therapeutischen Zusammenhang ist Neugier auf den spezifischen kommunikativen Gebrauch von Redensarten und Gemeinplätzen zudem empfehlenswert, weil er eben nicht nur auf Merkmale und individuelle Züge des Patienten verweist, sondern als Teil des interaktiven Geschehens zu betrachten ist. Ein noch gänzlich unerforschtes Feld ist – am Rande vermerkt – der Gebrauch von Redensarten und Gemeinplätzen beim Therapeuten. Auch die vorliegende Fallstudie bringt keine Funde zu potenziell vorgeformtem Redeverhalten des Therapeuten. Dennoch: *Der Therapeut im Spiegel seiner Redensarten und Gemeinplätze* ist ein wichtiges Forschungsdesiderat, das zu ingeniösen und praktisch bedeutsamen Befunden führen könnte.

»Im Dezember bin ich umgekippt«

Vorgeformtheitsdiktion bei Frau Kenton

Im Folgenden geht es darum, Gülichs Ergebnisse zum Gebrauch des Vorgeformten am Beispiel des Transkripts der Patientin Frau Kenton in der Perspektive der Beziehungssituation mit dem Interviewer und in psychodynamischer Hinsicht zu vertiefen. Frau Kenton macht – so führt Gülich aus – einerseits in Übereinstimmung mit anderen dissoziativen Patienten (Patienten mit psychogenen Anfällen, Bewusstseinstrübungen, mit beispielsweise punktuellen sensorischen, kinästhetischen oder motorischen Ausfällen) vermehrten Gebrauch von vorgeformten Redewendungen bei Thematisierungen des Anfalls-, Bewusstseins- oder Befindlichkeitsstörungsgeschehens. Ihre Rede unterscheidet sich aber von anderen untersuchten dissoziativen Patienten durch das höhere Ausmaß an Vorgeformtheitsdiktion und durch den Umstand, dass diese das gesamte Gespräch durchzieht. Dabei treten summarische Redewendungen in großer Häufung hervor, die narrative Veranschaulichung meiden, defokussieren oder unbestimmte Abschlusscharakterisierungen anbieten wie z.B. *s=leben geht WEIter* oder *ich leb einfach JETZ* oder *es is mein Leben* oder *war nich GRAD so prickelnd* oder *es hätte schlimmer ausgehn KÖNN=n*. Ebenfalls auffallend sind rekurrente Selbstkategorisierungen, mit spezieller Bevorzugung der Formel *ich bin so der typ* und *ich bin nich so der typ*. Schließlich ist für das Gespräch eine deklarative und kontinuierlich wiederholte Relevanznivellierung und Distanzierung von Befindens- und Befindlichkeitsartikulation sowie von Selbst- und Situationsexploration charakteristisch; dabei gebraucht die Sprecherin eindrucksvoll häufig identische Formulierungen, vor allem *ich hab mir nie gedanken darüber gemacht*, gelegentlich auch *ich vergess es einfach*.

Defokussierung – Selbstkategorisierung – Relevanznivellierung/Befindensdistanzierung: Einerseits sollen diese kommunikativen Muster in den Zusammenhang der spezifischen Beziehung zum Interviewer gestellt werden; andererseits geht es darum, sie im psychodynamischen Zusammenhang zu beleuchten. Für eine psychodynamische Untersuchung bietet das Interview eine Zugangschance, denn narrative Passagen, das heißt, emotional engagierte Darstellungen konflikthafter spannungsvoller Abläufe, fehlen im Gespräch mit Frau Kenton nicht. Sie sind aber, anders als bei den übrigen dissoziativen Patienten, mit Ausnahme der ersten Erzählung nicht um das dissoziative Symptom gruppiert.

Brigitte Boothe

Frau Kenton, die biografische Neuorientierung, das Symptom

Frau Kenton ist eine junge Frau, die zur Zeit des Interviews in stationärer psychosomatischer Behandlung ist. Sie leidet unter einer dissoziativen Störung, einem plötzlichen Schwindel, Verlust des Gleichgewichts, gelegentlich kurzzeitig auch des Bewusstseins. Sie bezeichnet das als ›Aussetzer‹. Sie gerät ins Schwanken, muss sich setzen oder halten, stürzt bei fehlender Möglichkeit sich aufzufangen. Schon als Kind gab es gelegentlich kleine ›Aussetzer‹, kurze Momente der Schwäche, des Schwindels, die aber auf einen ›schwachen Kreislauf‹ zurückgeführt wurden und nicht als besorgniserregend galten. Die Symptome intensivierten sich in der Adoleszenz, wurden aber auch dann nicht abgeklärt, sondern galten weiterhin als Kreislaufprobleme.

Frau Kenton ist die jüngere von zwei Töchtern, der Vater hat ein Baugeschäft, die Mutter arbeitet als Friseurin, beide Eltern waren auch in Frau Kentons Kindheit berufstätig. Frau Kenton absolvierte eine Ausbildung zur Verwaltungsangestellten, arbeitet bis jetzt im Verwaltungsbereich, heiratete einen Mann, der in der Bundeswehr eine dauerhafte berufliche Laufbahn plante, der dort gern auch Berufspilot geworden wäre, aber zu schlechte Augen hatte. Es war das Interesse des Ehemanns am Fliegen, das auf Frau Kenton überging und zur Entscheidung führte, selbst, bei eigener finanzieller Investition, die Ausbildung zur Verkehrsflugzeugführerin berufsbegleitend zu beginnen. Sie sah sich dabei vom Ehemann und von den eigenen Eltern, insbesondere vom Vater, unterstützt.

Frau Kenton kannte also zur Zeit des Ausbildungsbeginns seit langem die kleinen ›Aussetzer‹, die kurzen Momente der Schwäche, des Schwindels, beachtete sie aber offenbar so wenig, dass sie ihr – und anderen – bezüglich der Flugtüchtigkeit keine Bedenken schufen. Es liegen mir keine Informationen darüber vor, ob die Symptome bei der Zulassung zur Ausbildung und der Eignungsprüfung eine Rolle spielten.

Das Paar blieb freiwillig kinderlos. Die Ehe wurde für Frau Kenton zunehmend zur Belastung, sie fand ihren Mann kontrollierend, maßregelnd, irritierbar und aufbrausend, trennte sich räumlich, reichte die Scheidung ein, begann eine neue Liaison, die sie – in heftiger Zurückweisung – auflöste, als der neue Partner Eheabsichten äußerte. Eine später begonnene, zum Zeitpunkt des Interviews noch aktuelle neue Liebesbeziehung sei glücklich. Allerdings lehnen die Eltern diese Partnerschaft ab; sie pflegen weiterhin intensiven Kontakt mit dem Ehemann und begegnen dem neuen

»Im Dezember bin ich umgekippt«

Freund der Tochter mit Missfallen. Zur Zeit des Interviews während des stationären klinischen Aufenthalts lebt Frau Kenton in Scheidung, die Frage, ob sie die Ausbildung zur Verkehrsflugzeugführerin fortsetzen kann, ist offen, die Aussichten dafür stehen nicht gut.

Die junge Frau sah sich erstmals als behandlungsbedürftig an, als sie beim Eintreten in das Haus ihrer Freundin im Dezember – da hatte sie die Trennung vollzogen und die Beziehung zum neuen Freund nach außen bekannt gegeben – umkippte und bewusstlos gegen den Türrahmen schlug. Da kam sie gleich ins Krankenhaus, ein Epilepsieverdacht wurde angedeutet, rasch aber ließ sich eine epileptische Erkrankung ausschließen.

Das Umkippen ereignete sich in einer Lebenssituation, in der die Patientin mit ernsten Herausforderungen konfrontiert war und ist: Sie muss das Aufgeben ihrer Ehe meistern, die einerseits Halt gab, die auch Neues eröffnete (das Faszinosum Fliegen), sie aber andererseits durch Dirigismus des Partners abstieß. Sie muss der elterlichen Kritik standhalten. Sie muss sich in der neuen Partnerschaft mit dem Anspruch des Anderen und dem eigenen Verlangen nach Freiheit auseinandersetzen, sie kann die berufliche Neuorientierung vorantreiben.

Als Frau Kenton das Haus ihrer Freundin in der fremden Stadt betrat, war sie frei – frei von früheren Bindungen, frei für eine Beziehung ohne eheliche Pflichten, frei von der töchterlichen Last des Gehorchens. An der Schwelle – im wahrsten Sinn an der Schwelle zum neuen Leben – kippt sie um.

Der Gesprächsbeginn und der zwiefache Appell: ungezwungene Artikulation und bündige Auskunft

Das Gespräch, auf das sowohl Elisabeth Gülich als auch ich Bezug nehmen, wurde im Rahmen eines Forschungsprojekts zur Angstkommunikation geführt, das im Jahr 2004 als Auftrag einer Kooperationsgruppe am Zentrum für interdisziplinäre Forschung (ZiF) der Universität Bielefeld / Deutschland stattfand (dazu auch: Gülich & Schöndienst, 2005). Ein Psychoanalytiker führte das Interview, in dem im Lauf des Dialogs *Angst* thematisch werden sollte. Er war Frau Kenton nicht bekannt und nicht als Psychotherapeut zugeteilt, weitere Gespräche waren nicht anvisiert.

Das Transkript setzt erst im Anschluss an die Begrüßung, die wechselseitige Vorstellung und erst nach Betreten des Raumes ein. Daher ist nicht zu ermitteln, ob Frau Kenton (P) über den Gesprächspartner (I) mehr weiß als das, was er in den folgenden Transkriptzeilen über sich selbst, seine Intentionen und Aufgaben eröffnet. Es ist auch nicht klar, was die ›ungewöhnliche Atmosphäre‹ ist; es könnte sich um eine vergnügt ungezwungene Stimmung handeln – im Anschluss an lustiges Theaterspielen – mit der die Interview-Aufgabe kontrastiert.

I: gut. a:lso. (–) trotz der (——) !un!gewöhnlichen atmosphäre; ich bin gebeten worden, (——) ((kurzer Schnalzlaut)) auch einmal mit ihnen zu sprechen, .hhh des wir uns einfach mal unterhalten, h zu der frage, (——) ob (1.4) es irgndein=n beitrag (——) von unsrer seite gebm könnte, (——) der ihnen und den behandlern weiterhelfen kann.
P: hmhm\/ (——)
I: <<p> okay.> (——)
I: ((kurzer Schnalzlaut)) vorinformationen hab ich praktisch (–) gar keine; .hh (–) ich weiß aber dass sie grade aus=(da/ner) theatergruppe kommen;
P: <<lachend> ja(h)a(h)a des stimmt.>=
I: =en=was ham sie (da/denn) gemacht?
P: ja wir ham so=n märchen gespielt;=ä:hm=der prinz hat eselsohren. (–)
I: :<<pp> hmhm\/>
P: ja. (–) war eigentlich ziemlich lustig;=ne?
I: <<dim> tut ihnen gut sowas zu machen,>
P: ja=d=bin ich tierisch abgelenkt, (–) u:nd (——) weiß ich nich;=ne, also– (——) <<dim> ich mach gerne irgndetwas mit leutn so zusammn.> (——)
I: und so ne ablenkung mit andern leutn zusammn tut gut;
P: ja(h)a zum beispiel;[=ne, ja jetz die ganze zeit aufm zimmer
I: [<<p> ja;>
P: so sitzn– oder– (——) äso ich nehme jedn (——) jede therapie nehm ich hier mit;=ne? ob=s musikgruppe oder theatergruppe is, (——) äso ich versuch alles mitzumachen;=ne? (–) weil erstns geht die zeit auch schneller rum,=u:nd [(——)] man is auch (.) eigentlich abgelenkt von sein=n eigenen
I: [<<p> hmhm\/ (.) <<kurz auflachend> hm!>]
P: (.) problemn oder so was: (.) ein=n jetz zur zeit vielleicht so bewegt;=ne,
I: <<pp> ja,> (–)
P: <<p> ja.> (——)
I: .hhh des wär so in so=n hh erstn teil unsres gesprächs (——)((kurzer Schnalzlaut)) (sogar) was wichtiges;
I: [(——) das was sie bewegt vielleicht einfach mal
P: [hmhm\/

»Im Dezember bin ich umgekippt«

I: (—) zu erzähln,=äso (.) worum geht es eigentlich;
I: [(—) u:nd (.) in so=n zweitn teil, .h hätt ich
P: [hmhm\/
I: dann vielleicht (—) noch ne reihe von fragen, [.hh aber erst
P: [hmhm\/
I: mal für sie der platz.

I stellt sich als Beauftragter einer anonym bleibenden Instanz vor, der in Expertenrolle Beratungsfunktion im Dienst gelingender Behandlung ausübt. Der Ertrag des Gesprächs mit P – so informiert I seine Gesprächspartnerin – werde den Behandlern überbracht, dieser Ertrag werde für P und die Behandler produktiv umgesetzt: (—) ob (1.4) es irgndein=n beitrag (——) von unsrer seite gebm könnte, (—) der ihnen und den behandlern weiterhelfen kann. P ist somit als Informantin angesprochen, die sich als Laienperson im Krankenstand auf die professionelle Führung des Gegenübers einstellen soll. Ihr Part ist *einfach mal ....zu erzähln,=äso (.) worum geht es eigentlich*. Der Abtönungspartikel *einfach mal* kommt in mündlicher Rede häufig vor – auch in der hier wiedergegebenen Eingangspassage des Gesprächs gleich zweimal (zunächst: *des wir uns einfach mal unterhalten*). *Einfach mal* dient als Überwindungsappell, etwa, wenn man zu einer Handlung auffordert oder von einer Handlung berichtet, die als schwierig, bedenklich, potenziell riskant, in ihrem Schwierigkeitsgrad als entmutigend, in ihren Konsequenzen intransparent eingeschätzt, aber mit einem Ruck dezisionistischer Unbekümmertheit dennoch in Angriff genommen wird oder genommen werden soll. I vermittelt also der P, die gemeinsame Aufgabe sei schwierig und potenziell bedenklich, daher solle sie in einer Haltung naiver Unbefangenheit mitmachen.

Aber es geht beim Gesprächsauftrag, den Frau Kenton erhält, nicht nur darum, *vielleicht einfach mal.... (—) zu erzähln,=äso (.), sondern auch um den Auftrag zu formulieren*: worum geht es eigentlich. Wer einfach mal erzählen soll, möge bedenkenfrei agieren. Wer sagen soll, *worum es eigentlich geht,* der hat zu bündeln, zu sortieren und zu bewerten. Wer sagen soll, worum es eigentlich geht, dem traut man zu, dass er hinsichtlich der thematischen oder der Problem-Orientierung eine Vorstellung und eine Meinung hat. Wer zu artikulieren versucht, worum es eigentlich geht, formuliert das Wesentliche und lässt das Unwesentliche weg. P ist also doppelt und zugleich widersprüchlich gefordert: Sie soll sich ungezwungen artikulieren, und sie soll bündig deklarieren, worum es – wesentlich – geht. Dieser Auftrag bündiger Deklaration ist durchaus anspruchsvoll, denn nicht nur soll P

Brigitte Boothe

einen thematischen Problem-Brennpunkt formulieren, sondern auch vorschlagen, was in welchem Verständnis das Wesentliche und Eigentliche ist. Dabei hat sie kontextuell zu erschließen, ob dieses Wesentliche und Eigentliche individuell-persönlich zu verstehen (wesentlich für mich) oder im Interesse des professionellen Behandlungsprogramms zu sehen ist (wesentlich für den Interviewer und die mit ihm verknüpften medizinisch/therapeutischen Instanzen).

Wenn Frau Kenton, wie Gülich zeigt, bemerkenswert kontinuierlich zur Selbstkategorisierung und zur Typisierung greift, kann dies die kommunikative Strategie sein, mit der Frau Kenton verdeutlicht, wie sie ihren Gesprächsauftrag versteht: als Krankheitsbericht aus Laienexpertise zugunsten der Professionellen. Wenn sie dabei hinsichtlich der Symptomgeschichte summarisch bleibt und lediglich den Anfalls-Anlass, der zur stationären Klinik-Einlieferung führte, narrativ detailliert, so mag auch dies als Kooperationsangebot gelten, professionellen Relevanz-Erwartungen zu genügen. Ausdrückliche Relevanzhoch- und Rückstufungen sind ja ebenfalls ein Markenzeichen des Interviews mit Frau Kenton, wie Gülich und Sator (2005) zeigen; diese kommunikativ vorgeführten Relevanzentscheidungen lassen sich als Angebote an den Interviewpartner verstehen, gemeinsam zu prüfen, was im Dienst der Sache wichtig ist.

Eindrucksvoll ist andererseits, wie Frau Kenton und der Interviewer initial mit der Einladung an P umgehen, sich in der aktuellen Gesprächssituation ungezwungen persönlich zu äußern.

((kurzer Schnalzlaut)) vorinformationen hab ich praktisch (–) gar keine; .hh
(–) ich weiß aber dass sie grade aus=(da/ner) theatergruppe kommen;
P: *<<lachend> ja(h)a(h)a des stimmt.>=*
I: *=en=was ham sie (da/denn) gemacht?*
P: *ja wir ham so=n märchen gespielt;=ä:hm=der prinz hat eselsohren. (–)*
I: *<<pp> hmhm\>*
P: *ja. (–) war eigentlich ziemlich lustig;=ne?*
I: *<<dim> tut ihnen gut so was zu machen,>*

P nimmt die Frage nach der Theatergruppe lachend auf – also in der Tat mit dem Ausdruck des Ungezwungenen, als Expression des Heiteren, das sich im Spiel vermittelte; sie bietet darüber hinaus weiter die Diktion des Erlebens an, wenn sie ergänzt: *ja. (–) war eigentlich ziemlich lustig;=ne?* Das zustimmungsheischende *ne im Kontext der Bewertung der Theaterspielsituation* verdient im gegebenen Zusammenhang Aufmerksamkeit als Offerte,

»Im Dezember bin ich umgekippt«

auf die Evaluation des Ereignisses einzugehen. Der Interviewer repliziert: *tut ihnen gut so was zu machen* und greift damit zu einer nivellierenden summarischen *(so was)* Kategorisierung. Dabei wechselt er von der Ereignis-Referenz zur personalen Referenz (*tut ihnen gut*) und bedient dabei die psychologische Rubrik Befindlichkeitsregulierung: P verbessert ihr Befinden durch die psychohygienische Maßnahme Theaterspielen.

Frau Kenton greift diese Befindlichkeits-Kategorisierung entschlossen auf und formuliert eine ausführliche Stellungnahme:

nich;=ne, also– (—) <<dim> ich mach gerne irgndetwas mit leutn so zusammn.> (—)
I: *und so ne ablenkung mit andern leutn zusammn tut gut;*
P: *ja(h)a zum beispiel;[=ne, ja jetz die ganze zeit aufm zimmer*
I: *[<<p> ja;>*
P: *so sitzn– oder– (—) äso ich nehme jedn (—) jede therapie nehm ich hier mit;=ne? ob=s musikgruppe oder theatergruppe is, (—) äso ich versuch alles mitzumachen;=ne? (-) weil erstns geht die zeit auch schneller rum,=u:nd [(—)] man is auch (.) eigentlich abgelenkt von sein=n eigenen*

Das ist eine Präferenzdeklaration zugunsten Ablenkung und zuungunsten Problemthematisierung. Sie mündet aber nicht in die Ablehnung des Gesprächs, obwohl man durchaus hätte erwarten können, dass P anschließt: *Und deshalb will ich jetzt auch nicht mit Ihnen über Probleme sprechen.* Das geschieht nicht. Und es ist ausdrücklich festzuhalten, dass Frau Kenton sich sowohl im weiteren Gesprächsverlauf als auch in narrativ darstellenden Passagen so gut wie niemals als intentional artikulierte Person positioniert – mit Ausnahme der letzten Erzählung, in der sie, bereits in gefährdeter Lage, eine Ablehnung oder Zurückweisung formiert, die dann aber keinen Erfolg hat.

I setzt der Präferenzdeklaration der P, der Neigung, sich abzulenken und zu zerstreuen, die Autorität seiner eigenen gegenüber:

hhh des wär so in so=n hh erstn teil unsres gesprächs (—)((kurzer Schnalzlaut)) (sogar) was wichtiges; [(—) das was sie bewegt vielleicht einfach mal (—) zu erzähln,=äso (.) worum geht es eigentlich; [(—) u:nd (.) in so=n zweitn teil, .h hätt ich dann vielleicht (—) noch ne reihe von fragen, [.hh aber erst mal für sie der platz.

Und P ist gehalten, von der eigenen Dispräferenz abzusehen, einfach mal den Platz zu füllen, der für sie vorgesehen ist, und zwar mit dem, was sie bewegt. Auf dieser Basis ist mit Kooperation unter Vorbehalt zu rechnen, mit äußerer Fügsamkeit bei mentaler Reserve. Wenn Frau Kenton im Gesprächsverlauf zu den Maßnahmen der Defokussierung – Selbstkategorisierung – Relevanznivellierung/Befindensdistanzierung greift, so mögen ihr diese als charakteristische Figuren des Vorbehalts dienen.

Mitmachen unter Vorbehalt als psychosoziale Kompromissbildung

Mitmachen unter Vorbehalt kann im Dienst einer psychosozialen Kompromissbildung stehen. Das ist so gemeint: P hat – voraussichtlich im Vorfeld (zu dem das Transkript nichts sagt) – in das Gespräch eingewilligt. Dass es Dinge gibt, die sie bewegen, sagt sie ausdrücklich, wenn auch im Modus der Distanzierung. Gerade weil es Dinge gibt, die sie affizieren und belasten, bedarf es für sie der Ablenkung. Ablenkung schafft im Glücksfall sofortige Stimmungsaufhellung, wirkt aber weder kurativ noch nachhaltig. Wenn ein Repräsentant des Behandlungssystems das Gesprächsangebot mit der Aussicht auf professionelle Hilfe begründet, ist das für die Kranke ein Grund, sich darauf einzulassen, auch wenn sie Professionalität nicht aus egalitärer Position einschätzen kann. Die Option wirksame Hilfe ist der Option erfreuliche Ablenkung überlegen. Das gesteht sie unausdrücklich zu. Ob aber das kurative Angebot – das dem Distanzierungswunsch entgegensteht – wirksam ist, zeigt erst das Mitmachen. Und ob man nicht – wenigstens vorübergehend – in besserer Verfassung wäre, wenn man sich freundlichen Zerstreuungen überlässt, zeigt auch erst die Erfahrung. Im schlimmsten Fall hat man sich von der Helferautorität bestimmen und lenken lassen, ohne Rücksicht auf die eigene Vulnerabilität, und ist am Ende in desolater Lage. Der Kompromiss ist: Lass dich bestimmen, aber identifiziere dich nicht mit der Aufgabe. Lass dich einladen, dich preiszugeben, aber halte dich bedeckt und lenke von dir persönlich ab.

Einfach mal ist prekär. Einfach mal loslegen lädt ein, sich ungeprüft auf etwas einzulassen, von dem man zugleich weiß und zum Ausdruck bringt, dass es nicht einfach ist. *Einfach mal* begünstigt die mentale Reserve, auch wenn die Formulierung Bedenkenfreiheit suggeriert. Das Folgen unter Vorbehalt und die Ambivalenz zwischen Erzählen und pauschalierender Relevanznivellierung und Defokussierung durchzieht eindrucksvoll das Gespräch. Am Ende ereignet sich dann ein Gefürchtetes und Schmerzhaftes – vielleicht aber auch ein im guten Sinn Bewegendes: Es kommt im Gesprächsprozess vermehrt zum Erzählen, und dieser Prozess evoziert – wahrscheinlich ungewollt – die Erinnerung an einen Vorfall, der bedrohlich und demütigend war. Die Erzählerin bricht in Tränen aus. Sie sieht sich vom Gesprächspartner nicht allein gelassen, sondern anteilnehmend begleitet.

Im Dezember bin ich umgekippt: Das Symptomgeschehen als Aufführung

Frau K. berichtet im Anschluss an die Aufforderung des Interviewers, dass für sie erst mal der Platz sei, über das Ereignis von Schwindel und Umkippen. Sie versichert sich beim Interviewer, dass er diese Information nicht besitzt und begründet ihre narrative Ausführung mit dem Informationsbedarf für den Experten. Es handelt sich um ein Narrativ, das nicht zu den episodischen Darstellungen im engeren Sinn gehört, sondern zu ›Karriereerzählungen‹, das heißt zu sequenziellen Wiedergaben der Entstehung, Entwicklung, Verläufen, Behandlung von Symptomen, Beschwerden, Krankheiten.

P: .... okay;=ich bin: (–) im dezember bin ich umgekippt, (——) u::nd (–) weils mir schwindlich gewordn is, (–) bei meiner freundin, und mir mit=n kopf gegen=t (.) gegen: (–) den türrahmen geknallt; (——) so:- (——) hatte anschließend so starke kopfschmerzn, (–) bisschen schwindlich wars mir anschließend immer noch,=und bin dadurch z=ins krankenhaus gefahrn, (——) (damit=nich) hier eine leichte gehirnerschütterung is, (——) ja=un=dann ham se mich gleich da behalten;=ne? (1.4) jo. und=ham dann ebend ähm (– –) e:e:ge: (——) machen lassen, (–) und ham=dann=eben festgestellt dass ich spike waves habe;=ne, (——) un=deshalb bin ich dann (.) nach A-STADT ins krankenhaus nochmal gekomm=n, (——) damit se mir ein langzeit (.) e:e:ge: machen, (——) äso vierundzwanzig stunden, (——) ((kurzes Schnalzen mit den Lippen) wa:::r– <<all> ich hätt auch hierher gehen können aber->(–) von der zeit her hats mir A-STADT besser gefallen, <<all> äso gepasst;=ne?> (–) weil ich ja die ausbildung (–) mache, zum verkehrsflugzeugführer, (1.1) u:nd (——) mir (jede/ja) die zeit (–) wichtig o=is, (——) jo; un=darauf hin: bin ich dann in A-STADT ins krankenhaus gegangn,=ja; dann ham se eben=doch noch mal festge(.)stellt (–) dass (ahm/ebend) spike waves drin sind, (——) ja=u:nd (——) sie wolln dass ich ne zweite meinung einhol, (–) meine (–) stationsärztin; (–) un=deshalb bin ich jetz hier;=ne? (–) weil ich=d

(.) in letzter zeit diese attacken habe, (–) ich hab so(.)zusagen wie so=n aussetzer, (——) dass ich: (1.5) eigentlich wars immer beim laufen, (–) wenn ich ganz normal (–) laufe, ob ich spazierengehe; oder shoppen gehe; (1.2) dass ich das gefühl habe dass ich aus: die welt (–) aus der welt rausgerissen werde;=ne? (–) dass ich ((räuspert sich)) <<belegte Stimme> denke (.) ich kipp in jedem moment um,> (——) un=damit=(äh)=mir das: (.) immer nich passiert, versuche ich irgndwie (.) was anzufassen; .h egal ob=s jetzt n=tisch is oder (.) ne person oder sonst was;=ne? (–) und meistens hab ich so=n laut von mir gegeben, (–) so einen <<imitierend> .hhh> (–) weil ich dachte ich kipp jetzt um, (——) und=denjenige der das hört dass=er mich in dem moment festhält;=des is eigentlich nur so wie so=n hilfelaut für mich;=ne? (–) aber was: automatisch passiert; ja; (——) das hab ich aber schon ziemlich lange, (–) das, und hab immer gedacht dass es ein kreislaufproblem ist; (–) bin nie dann zum arzt gegangen, hab ma dabei (–) keine gedanken gemacht, (——) hatte das auch (–) nie gehabt beim autofahren, oder beim fliegen, (1.2) einfach nur wenn ich wirklich (–) entspannt (.) gelaufen bin;=ne?

Frau K. will Pilotin werden und muss die Ausbildung unterbrechen, weil sie Anfallssymptome hat. Sie kippt um, ihr wird schwindlig, sie bekommt Kopfschmerzen, die nach einem kurzen ›Wegsein‹ verschwinden. Die Gefahr des ›Umkippens‹ tritt nur auf, wenn sie müßig durch die Einkaufszone geht, bummelt oder spazieren geht (›lustwandeln‹ ist ein sinnträchtiges altertümliches Wort dafür), nicht, wenn sie eine Aufgabe hat, die Fokussierung und Konzentration erfordert. Frau K. merkt gewöhnlich das Herannahen der Umkippgefahr und versucht dann, *was anzufassen*‹, *.h egal ob=s jetzt n=Tisch is ode (.) nePerson oder sonst was; = ne?* (–) *und meistens hab ich son=n Laut von mir gegeben, (–) so einen.....und_denjenige der das hört daß=er mich in dem Moment festhält; =des is eigentlich nur so wie so=n Hilfelaut für mich; =ne?.* Frau K. stellt im Symptomgeschehen ein kleines Drama dar: Die Frau droht umzufallen, greift nach einem Halt, u. a. bei einer Person, macht sich lautlich als hilfsbedürftig bemerkbar und lässt sich auffangen. Das ist ein Gehaltenwerden der Rettung und eine Umarmung, ausgelöst durch die Initiative der Frau, den Griff der Frau, ihr ›Anfassen‹. Das kleine Drama wird auf der *Agora,* auf dem öffentlichen Markt aufgeführt, wo man sich zeigt und sieht und wandelt, um Begegnungen zu ermöglichen.

So gesehen ist das Anfallsgeschehen eine kunstvolle körperliche Kompromissbildung und eine szenische Aufführung (Streeck, 2000): Die Frau bietet sich auf dem Markt zur Begegnung an, droht Stand und Steuerung zu verlieren, droht kopflos zu werden, greift nach dem Arm des nächstbesten Fremden, um sich retten zu lassen.

Mit dem Motorrad umgekippt

Die stereotype Wendung vom Umkippen ist mehrfach brauchbar und einsetzbar. War es in obiger Schilderung die Szene von der Frau, die beim Lustwandeln Halt verliert und in helfende Arme sinkt, so ist im Folgenden von Kräften die Rede, derer die Erzählerin nicht Herr wird, sodass sie mit schwerer Maschine umkippt.

Gleich eingangs, wie wir wissen, kündigt I an, er werde im Lauf des Gesprächs bestimmte Fragen stellen. Er hat, wie erwähnt, von der ZiF-Forschungsgruppe über Angstkommunikation den Auftrag, P über Angst und Angsterleben sprechen zu lassen. Er leitet dies thematisch explizit ein, und zwar mit einer klinischen, potenziell pathologisierenden Etikettierung, der kategorisierenden Formulierung *Ängste*:

I: *hh kennen sie eigentlich ängste?*

P übernimmt den klinischen Begriff und macht ihrem Gegenüber deutlich, dass sie zwar bereit ist, den Begriff auf sich selbst anzuwenden, eine Pathologisierung aber zurückweist. Ein plastisches Beispiel für bedingte Kooperation bei mentaler Reserve:

P: *<<zurückstufender Tonfall> ja:::=aber nur ganz normale ängste;> (——) hatt=ich: (1.7) hatt=ich (.) zum beispiel– (.) ich hab höhenangst;=ne? aber– (.) die normale höhenangst; as=is=es für mich, .hh (–) jetz wenn ich aufn (.) turm hochklettere, [(.) und der turm wackelt so leicht;=ne?*
I: *[<<pp> hmhm\>*

Von der Turmbesteigung ausgehend verfolgen beide das Thema *Höhenangst* bei gleichbleibender Rollenverteilung weiter: I exploriert per Weiter- und Nachfragen, P benennt Angstthematisches und kennzeichnet es als normal, so indirekt dem Verdacht begegnend, sie werde als pathologischer Fall angesehen. Die gleichsam hörbare – aber nicht gestellte – Frage der Patientin *Halten Sie mich für einen pathologischen Fall mit Ängsten?* wird weder direkt noch indirekt thematisch, vielmehr geht die Befragung kontinuierlich weiter:

Brigitte Boothe

I: .hh (—) und kennen sie noch andere ängste?
P: (2.1) .h ja:=eh (.) wie (.) ((kurzes, sehr leises Seufzen)) (1.1) ja wenn ich jetz zum beispiel was getan habe, (——) zum beispiel motorrad fahren un=kipp dann um, (1.3) <<leichtes Lachen in der Stimme> un=denn nochmal motorrad fahren denn würd ich=s nich machen;=ne?> so ne angst. (1.0) weil ich dann a (.) vielleicht denk ich kipp jetz wieder um mit dem ding;=ne? (—)
I: is ihnen das schon [passiert?
P: [<<lachend>> _hmhmhm (h)ja:>
I: sin=(im:) motorrad gestürzt;

Hier setzt die episodische narrative Darstellung des Geschehens ein:

P: <<p> hmhm\/> (—) nja::> .h ja:: (——) z:::=s=motorrad von mein=m mann gewesen, un=ich hab keinen führerschein, (—) un=wir warn auf so=n <<p> (–) feldweg oder [so;=ne?> (–) un=er wollte mir das
I: [<<p> hmhm\/>
P: motorradfahren beibringen, (1.7) aber ich war ehrlich gesagt nicht so dafür, (–) ich bin so der typ der lieber hinten sitzt, [(1.0)
I: [<<pp> hmhm\/>
P: ja: .h aber er meinte ich solls ausprobieren un=einfach machen,=un (——) jo=un=dann war es einfach n=berg, (——) der ebend steil war, (1.6) .hh er is abgesprungen,=hat mich weiterfahren lassen; ne=un=ich kam unten (——) nich: (.) um die kurve, das war auch so=ne (.) neunzig grad kurve, (1.1) ja– un=dann bin ich einfach gradaus weitergefahren; in wald rein;=ne? [(–) un=bin ich dann
I: [<<p> hmhm\/>
P: umgekippt;=ja. (–) un=dann hatt ich ebend (1.9) kein=n (.) bock (.) nochmal auf das ding draufzusteigen, [(1.1) <<leicht lachend> weil ich schmerzen am bein
I: <<p> hmhm\/>
P: hatte un=so, weil das ding auf mir drauflag,> .h ja aber mein mann wollte dass ich nochmal fahre;=ne? [(——) weil ich damit meine angst überwinden kann
I: [<<pp> hmhm\/>
P: hat er gemeint;=ne? (——) un=dann hab ichs getan; (.) damit er ruhe gibt;=ne? (–) un=anschließend sin=ma zum arzt gefahren;
I: ((kurzes leises Luftausstoßen)) (1.4)

»Im Dezember bin ich umgekippt«

Im Folgenden stellen wir die Erzählung vom Motorradsturz der Übersicht halber vereinfacht als nummerierte Sequenz von Subjekt-Prädikat-Einheiten dar (tabellarisch links) und erläutern schrittweise ihr dramaturgisches Potential (tabellarisch rechts).

1 *Ja, s Motorrad von meinm Mann gewesen*	Platzierung eines 2-rädrigen technischen Gefährts mit Reitsitz und großem Energiepotential: Eine Kraftmaschine oder Power engine mit hohem Anspruch an Steuerung und Balancierung. Die Power engine ist im Besitz des legitimierten Intimpartners mit familiären Rechten und Pflichten
2 *Und ich hab keinen Führerschein*	Dem Ich fehlt der Legitimationsnachweis zur Steuerung der Power engine
3 *Und wir warn auf son Feldweg oder so*	Positionierung von ICH und Ehemann als Paar-Dyade (=*wir*) auf ungeebnetem, unasphaltierten Transportstreifen von mäßiger Breite in freiem Gelände
4 *Un er wollte mir das Motorradfahren beibringen*	Ehemann intendiert pädagogische Vermittlung der Kompetenz zur Steuerung der Power engine beim ICH
Kommentar zur Erzähleröffnung:	Die Erzähleröffnung konstelliert Ehemann und Ehefrau mit einer zweirädrigen power engine, die einer von beiden (der Ehemann) in Besitz und kompetenter wie legitimer Verfügung hat, bezüglich derer die Ehefrau jedoch weder legitimierten Zutritt noch Expertise besitzt. Sie befinden sich jenseits der regulären Verkehrswege für motorisierte Fahrzeuge in ländlichem Bezirk. Die Erzählung kommt auf der Basis der Intentionalität des Mannes in Bewegung: Es ist sein Anliegen, dass die Ehefrau power-engine-Expertise erwirbt, jenseits der legitimen und offiziellen Schulungsprogramme, im nicht-motorfahrzeugpräparierten Gelände. Der Anliegen des Mannes ist verbunden mit dem Anspruch, als selbsternannte Lehrautorität ein Lehrer-Schüler-Verhältnis zu etablieren und pädagogische Verantwortung zu übernehmen. Diese Situation ist intrinsisch riskant: Die Lehrautorität des Ehemannes ist nicht legitimiert und damit sanktionsfähig. Das Übungsgelände ist unsicher. Die pädagogische Kompetenz der selbsternannten Lehrautorität

	ist ungeprüft und damit auch die Frage, in welchem Umfang der Ehemann für die Sicherheit der Schülerin bürgen kann. Die Erzähleröffnung schafft einen Erwartungshorizont in Bezug auf die narrative Entfaltung und den Ausgang der Erzählung. Auf der Basis der Erzähleröffnung können wir ein hypothetisches Optimum und eine hypothetische Katastrophe konstruieren.
	Optimum: Die Ichfigur kommt mit der eigenen Intentionalität in Kontakt, die Intentionen beider Partner finden offenen Ausdruck. Die Ichfigur begrüßt die Möglichkeit, an der männlichen Kraftmaschine zu partizipieren, rasch den legitimen Fahrausweis und exzellente Expertise zu gewinnen und außerdem die eheliche Beziehung sowohl in ihren intimen wie in ihren Power-Dimensionen zu genießen.
	Katastrophe: Die Ichfigur, zur Subordination unter den fremden Willen gezwungen, erleidet maximalen Steuerungs- und Lenkungsverlust, wird maximal geschädigt (Todesfolge). Der Ehemann/Lehrer lässt die Geschädigte im Stich, um sich selbst durch Flucht dem Arm des Gesetzes zu entziehen. Die power engine ist zerstört.
Entwicklungsdynamik der Erzählung vom Motorradsturz:	
5 *Aber ich war ehrlich gesagt nicht so dafür*	ICH tritt der intentionalen Initiative des Mannes nicht auf der episodischen Handlungsebene gegenüber, sondern die Erzählerin formuliert im Zäsurbereich eine mentale Reserve, die durch die stereotype Bekenntnisformel ›ehrlich gesagt‹, die dem aktuellen Hörer, nicht der narrativ

»Im Dezember bin ich umgekippt«

		rekonstruierten Ehemann-Figur gilt, als Distanzierung ausgebaut wird.
6	*Ich bin so der Typ*	Die Erzählerin leitet eine Selbsttypisierung ein, bleibt weiterhin jenseits der episodischen Rekonstruktion und verwendet die Typisierungsmarke (*Typ*) mit dem Kategorisierungsmaskulinum (*der*) im Dienst der Distanz vom individuell Persönlichen.
7	*Der lieber hinten sitzt*	Formulierung der Präferenz, sich nachgeordnet – hier: dem Steuermann nachgeordnet – zu platzieren.
8	*Ja, aber er meinte*	Die Erzählerin begibt sich zurück in die episodische Darstellung. Erneut tritt der Mann als Akteur auf, mit der Kundgabe einer Meinung:
9	*Ich soll's ausprobieren un einfach machen*	Der Ichfigur wird die Selbstverpflichtung zum Probehandeln und unbekümmerten (=*einfach*) Agieren nahegelegt.
10	*Jo*	Situationssummarischer (oder ›So-war-das‹-) Laut
11	*Un dann war es einfach n Berg*	Platzierung einer hohen Erhebung im Gelände, deren Vorhandensein unverrückbar ist, ob man will oder nicht (= *einfach*).
12	*Der eben steil war*	Die hohe Erhebung im Gelände hat starkes Gefälle – das wird durch den Abtönungspartikel (=*eben*) der Herausforderung zum unbekümmerten Agieren gegenübergestellt.
13.	*hh er ist abgesprungen, = hat mich weiterfahren lassen*	Ehemann quittiert die Fahrgemeinschaft, überlässt der Ichfigur die Fortsetzung.
14	*Ne*	Akzeptanzheischende Wendung ans Gegenüber
15	*Un ich kam unten nich um die Kurve*	Der Ichfigur gelingt im Anschluss die Bogen-Bewegungslenkung im flachen Gelände nicht.
16	*Ja*	Situationssummarischer (oder ›So-war-das‹-) Laut
17	*Un dann bin ich einfach gradaus weitergefahren in Wald*	Die Ichfigur vollzieht – ohne Planung (= *einfach*) – im Anschluss eine lineare Bewegungslenkung in dichten naturwüchsigen Baumbestand und verliert sodann Stand und

rein...und bin dann umgekippt	Steuerung.
18 Ne	Akzeptanzheischende Wendung ans Gegenüber
19 Und dann hatt ich ebend keinn Bock noch mal auf das Ding draufzusteigen	Die Ichfigur ist im Anschluss inappetent, was eine Neubesteigung der Power engine, entwertend als *Ding* bezeichnet, angeht – das wird unter Verwendung des Abtönungspartikels als Konsequenz herausgestellt, die auf der Hand liegt (=*eben*).
20 (leicht lachend) weil ich Schmerzen am Bein hatte un so	Die Ichfigur duldet quälende Erregung, im Bein lokalisiert, zusätzlich gibt es einen diffundierenden Hinweis auf potentielle weitere Misshelligkeiten (=*und so*); das wird als Grund auf die vorerwähnte Inappetenz bezogen.
21 Weil das Ding auf mir drauflag	Die Power engine, entwertend als *Ding* bezeichnet, lastet auf der Ichfigur. Das wird als Ursache für die quälende Erregung angegeben.
22 h ja	Situationssummarischer (oder ›So-war-das‹-) Laut
23 Aber mein Mann wollte	Ehemann intendiert...
24 Dass ich noch mal fahre	Dass die Ichfigur das Fahren wiederholt
25 Ne	Akzeptanzheischende Wendung ans Gegenüber
26 Weil ich damit meine Angst überwinden kann	Formulierung der vom Ehemann gegebenen Begründung für seine Intention: das ICH verschafft sich durch die Wiederholung des Fahrens die Chance, Herrschaft über die ANGST zu erlangen.
27 Hat er gemeint	Die Erzählerin verbleibt in der episodischen Darstellung, weist weiterhin dem Mann den Akteurstatus zu. Die Idee, durch Wiederholung der Aktion, die vormals misslungen war, Herrschaft über die Angst zu erlangen, wird ausdrücklich als Meinungsäußerung des Mannes artikuliert.
28 Ne	Akzeptanzheischende Wendung ans Gegenüber
29 Dann hab ich's getan	Die Ichfigur vollzieht die riskante Aktion der selbstständigen Steuerung der Power engine
30 Damit er Ruhe gibt	Die Aktion wird finalisiert: Es geht um die Beschwichtigung des Ehemannes
31 Und anschließend simma zum Arzt gefahren	Positionierung als Dyade: gemeinsame Fahrt zur professionellen medizinischen Helfer-Autorität

Einige der intrinsischen Risiken der Eröffnungssituation werden im Erzählverlauf entfaltet: Das Übungsgelände ist unsicher. Die pädagogische Kompetenz der selbsternannten Lehrautorität ist ungeprüft und damit auch die Frage, in welchem Umfang der Ehemann für die Sicherheit der Schülerin bürgen kann.

Wie verläuft die Erzählung in der Orientierung zwischen Optimum und Katastrophe, und zu welchem Ergebnis kommt sie? ICH präsentiert sich als manifest gefügig unter den fremden Willen im Dienst der Beschwichtigung des männlichen Partners, bei mentaler Reserve und Distanzierung und bei durchgängiger Meidung eines deklarativen Positionsbezugs. ICH, im reduzierten Akteur und Agency-Status (Deppermann, 2005), ohne Steuerungs- und Lenkungsexpertise, vom Ehemann/Lehrer im Stich gelassen – erleidet im unsicheren Gelände weiteren Steuerungs- und Lenkungsverlust, wird infolge des Verlustes der Balance geschädigt, zur Wiederholung der riskanten Aktion genötigt. Schließlich wird aus ICH und Ehemann eine Dyade (*wir*), die sich zur professionellen medizinischen Helfer-Autorität aufmacht.

Die Erzählung vom Motorradsturz: ein Opfernarrativ?

Frau Kenton legt für ihr Narrativ die Lesart als Opfergeschichte nahe: Im riskanten Gelände wird ein (aus plausiblen Gründen) widerstrebendes Ich vom Ehemann unter unverantwortlichen Bedingungen genötigt, sich vorhersehbarer Gefahr und Schädigung auszuliefern, ohne eigene Steuerungskompetenz zu haben. Die männliche Initiative ist das Skandalon, ihr soll die Empörung des Hörers gelten.

Bei der Opfergeschichte steht die erlittene Zumutung, die damit verbundene Empörung und ein Wiedergutmachungs- oder Entschädigungsanspruch im Vordergrund. Die erlittene Zumutung wird in dieser Erzählung als Nötigung durch einen männlichen Antagonisten gestaltet, der durch die Erwähnung der Situationsbedingungen (z. B. *Feldweg, Berg, steil, Kurve*) bereits initial für den Hörer der Erzählung unzureichender Risikoeinschätzung und Responsibilität überführt ist.

Wer ein Ansinnen als Zumutung erfährt, erlebt nicht Angst, sondern Ärger. Das kommt in S19: *Und dann hatt ich ebend keinn Bock noch mal auf das Ding draufzusteigen* zum Ausdruck. *Angst* kommt in der Erzählung zwar vor, aber nur als indirekte Redewiedergabe einer Äußerung des Mannes in S26: *Weil ich damit meine Angst überwinden kann.* Die Erzählerin selbst verwendet für sich keine angstbezogenen, sondern vielmehr präferenzbezogene

Formulierungen: S5 *Aber ich war.... nicht so dafür;* S6 & S7 *Ich bin so der Typ / Der lieber hinten sitzt;* S19 *Und dann hatt ich ebend keinn Bock noch mal auf das Ding draufzusteigen.* Das Ansinnen des Mannes wird als Zumutung erfahren, indem es die Präferenzen des ICH ignoriert. Ein Ehemann, der die Präferenzen der Frau (die er doch kennen müsste) ignoriert, ist eine Zumutung. Er wird zur noch größeren Zumutung, wenn er die Schmerzen der Frau (denen seine erste Aufmerksamkeit gelten müsste) ignoriert: S20 und S23: *....weil ich Schmerzen am Bein hatte un so...Aber mein Mann wollte...*

Das ICH positioniert sich als gefügig und erleidet in der Gefügigkeit den Schaden, der vorauszusehen war. Für diesen Schaden – verursacht durch parentales Versagen und Mangel an Zartgefühl des Gatten – kann die Ehemann-Lehrer-Autorität nicht aufkommen, da braucht es professionelle Expertise für die körperliche Restitution, die der Arzt investiert, der am Ende aufgesucht wird.

Frau Kentons Erzählung vom Motorradsturz entfaltet sich als Opfernarrativ in doppelter Perspektive:

Da wird zum ersten eine noch nicht selbstverantwortliche Kind-Figur narrativ inszeniert, die der parentalen Autorität nicht in symmetrischer Beziehung gegenübertritt und die eben dieser väterlichen Autoritätsfigur anheimgegeben ist, die – angesichts offensichtlicher Gefahrenquellen – sich als ungenügend steuernd, stützend und Sicherheit gebend disqualifiziert. Hier ist das Ich als Kind Opfer väterlichen Versagens.

Da wird zum zweiten eine weibliche Figur narrativ inszeniert, die dem power-engine-Mann gegenübertritt und aufgefordert ist, sich der Kraftmaschine aktiv steuernd zu bemächtigen. Hier disqualifiziert sich der Mann als unsensibler Bedränger, der die Präferenzen und Befindlichkeiten der Frau plump und blöd übergeht und sie im falschen Augenblick sich selbst überlässt. Hier ist das Ich als Frau Opfer männlicher Phallizität.

Beide Perspektiven thematisieren Differenz: zum einen die Differenz zwischen Vater und Tochter sowie zwischen den Generationen, zum andern die Differenz der Geschlechter im symmetrischen Intimverhältnis. In beiden Fällen befindet sich der Mann in disqualifizierter, viel weniger in angstauslösender Position.

Ich bin so der Typ, der lieber hinten sitzt?

Frau Kenton erzählt die Geschichte vom Motorradsturz nach der Frage des Interviewers:
.hh (—) und kennen Sie noch andere Ängste?

»Im Dezember bin ich umgekippt«

Darauf erwidert sie, nach einem negativen Versuch, beispielsweise Motorradfahren und Umkippen, wage sie keinen zweiten, *weil ich dann a (.) vielleicht denk ich kipp jetzt wieder um mit dem Ding; = ne?*. Hier nimmt die Sprecherin eine Haltung der Entmutigung in Anspruch: nach einem Misserfolg scheue sie das Risiko. So hört es sich jedenfalls zunächst an. Andererseits ist der Verzicht auf das Motorradfahren angesichts der Gefahr umzukippen, eher realistisch als ängstlich, jedenfalls wenn man diese Entscheidung als fahruntüchtige und fahrungeübte Person trifft. Eine ängstliche oder gar phobische Motorradmeidung lässt sich auf der Basis der Erläuterung nicht konstruieren, auch nicht auf der Basis der Erzählung.

Was ist von Frau Kentons Selbstkategorisierung zu halten: *Ich bin so der Typ, der lieber hinten sitzt*? Bemerkenswert ist, dass das Abenteuer, ohne Führerschein und ohne Fahrpraxis das Motorrad im unsicheren Gelände allein zu lenken, gar nicht katastrophal oder ernstlich übel endet. Als die Fahrerin die Kurve nicht schafft, besitzt sie genügend Entscheidungssicherheit, lieber geradeaus zu fahren und sich im vergleichsweise ungefährlichen Walddickicht stoppen zu lassen, als in der Kurve durch Schleudern oder Bremsmanöver bei zu hoher Geschwindigkeit einen schlimmeren Sturz zu riskieren. Auch wagt sie – entgegen der eigenen Behauptung, nach einem Misserfolg das Risiko zu scheuen – eine zweite Fahrt nach dem Sturz und erwähnt keinen zweiten Unfall. Zwar hat sie sich, wie sie sagt, darauf nur eingelassen, damit der Mann endlich Ruhe gibt, aber der neue Versuch ist gelungen. Die Unfallschädigung war offenbar glimpflich genug, um diese zweite Fahrt und auch die Reise zum Arzt auf dem Motorrad zu gestatten. Die Selbstkategorisierung: *Ich bin so der Typ, der lieber hinten sitzt* bringt eine unpersönlich-schabloniert distanzierte Selbsthintanstellung zum Ausdruck, die in der Erzählung nicht belegt wird.

An dieser Stelle sollte man zurückkommen auf jene narrativen Elemente, in denen der männliche Antagonist in seiner Rede das Ich zur ungehemmt Agierenden macht: (SS 9, 24, 26): *Ich soll's ausprobieren un einfach machen – Dass ich noch mal fahre – Weil ich damit meine Angst überwinden kann*. In diesen indirekten Redewiedergaben tritt das Ich als aktiv, initiativ und risikofreudig auf. Aktivität, Initiative und Risikofreude sind Züge, die auch in späteren – hier nicht thematisierten – Erzählungen ›Von der Welle gepackt‹ und im iterativen Narrativ ›Allein im großen Haus‹ auszumachen sind.

Brigitte Boothe

Ich soll's ausprobieren un einfach machen –
Dass ich noch mal fahre –
Weil ich damit meine Angst überwinden kann

Ich soll's ausprobieren un einfach machen – Dass ich noch mal fahre – Weil ich damit meine Angst überwinden kann: Das sagt im Narrativ ein anderer, der Ehemann. Das Ich handelt im Narrativ tatsächlich, wie die Rede sagt. Frau Kenton charakterisiert sich zwar als *Typ, der lieber hinten sitzt,* handelt aber als kompetente Person, die riskante Steuerungsmanöver (und aufregende Explorationen: *Allein im großen Haus)* meistert. Das ist merkwürdig. Es ist, als belege sie sich selbst – die angehende Pilotin – mit dem Etikett *Typ, der lieber hinten sitzt,* gebe dem andern aber Gelegenheit, dem zu widersprechen. Im Narrativ vom Motorradsturz interagiert der Ehemann mit dem Ich auf der Basis des Bildes von der beherzt Handelnden, aber die Ichfigur – wiewohl tüchtig – inszeniert sich als Opfer einer versagenden Autoritätsfigur und eines rohen Gatten.

Dass dies erstaunlich ist, wird umso deutlicher, je unbefangener wir uns vor Augen führen, dass die Elemente und Bausteine der Erzählung ganz anders hätten gefügt werden können, als P sie organisiert und konfiguriert hat. Eine aufregende Abenteuergeschichte hätte es beispielsweise werden können nach dem Motto: *Wie ich zum ersten Mal das Motorrad meines Mannes gefahren bin und es trotz ein paar Schrammen geschafft habe.* Oder eine Geschichte vom loyalen Genossen, dem ›Coach‹, der einem Mut macht, nach dem Motto: *Wie ich zum ersten Mal das Motorrad meines Mannes gefahren bin, Riesenangst hatte und er mir Mut machte.* Wenn Frau Kenton das Engagement der Gatten-Figur, ihr Empowerment zu betreiben, desavouiert und skandaliert, so nicht, weil sie vor den Bewährungsproben aus Schwäche kapituliert.

Ich soll's ausprobieren un einfach machen, heißt es beim Mann. Sehen wir diese Formulierung genauer an. Sie unterscheidet sich von einer Wendung wie: *›Du hast gesehen, wie ich es mache. Nun bist du dran‹.* Oder: *›Ich habe es vorgemacht. Mach es nun nach‹.* Oder *›Wir haben's zusammen gemacht. Jetzt mal du allein‹* Der Vorschlag *Ich soll's ausprobieren un einfach machen* ist die Herausforderung, sich unversehens ins Herz der Dinge zu werfen und auf dem Rücken einer hochpotenten Kraftmaschine als Lenkerin und Fahrerin im freien, ungeregelten Gelände Erfahrung zu sammeln und wirksam zu werden, ohne sich durch die tatsächlich bestehenden Risiken behindern und einschränken zu lassen. Dies sagt ein anderer – davon distanzieren sich das Ich und die Erzählerin.

»Im Dezember bin ich umgekippt«

Die Erzählung vom *Motorradsturz* im Dienst einer Abwehrbewegung

Ein anderer sieht in mir etwas, das ich nicht sehen will und das dennoch da ist. Ich bekämpfe den anderen. Ich habe aber zugleich Verlangen, das zu sein, was der andere sieht, kann es mir selbst aber nicht gestatten. Daher lasse ich mich vom anderen nötigen und mache mich auf diese Weise nicht selbst schuldig, sondern kann ihn anklagen.

Rekonstruieren wir die Erzählung als Geschichte der Abwehrbewegung. Die Ichfigur will die Power engine *ausprobieren un einfach machen*. Das ist aber sowohl gefährlich (riskantes Gelände) als auch verboten (kein Führerschein). Unter dem Druck der Fremdnötigung kommt es dennoch zur Probefahrt, also zu jener aufregenden, riskanten und wilden Aktion, die deklarativ dispräferiert war. Die Probefahrt führt zum Umkippen – das gleiche Wort, mit dem Frau Kenton initial ihr Anfallssymptom beschreibt – und damit zur gerechten Strafe für Überschreitungen, sowohl für das Ich wie für den blamierten Instant-Fahrlehrer. Letztlich aber kommt alles doch noch gut heraus: Die Überschreitungshandlung wird wiederholt, der Arztbesuch schafft Aussicht, den körperlichen Defekt zu reparieren. Die Selbstkategorisierung Ich bin der *Typ, der lieber hinten sitzt,* gibt summarisch Auskunft darüber, dass seitens Frau Kenton keine Intention bestand, sich als wilde Motorradlenkerin im freien Gelände zu bewähren, zugleich diffundiert die Typisierung potenziellen Nachfragebedarf. Der *Typ, der lieber hinten sitzt,* kann – wie eben Frau Kenton – das Pech haben, dass man sich über seine Neigungen hinwegsetzt; aber im Unterschied zur deklarativ intentionalen Selbstpositionierung entsteht kein Bedarf, auszuführen, wie er sich im Wettstreit divergierender Intentionen Geltung zu verschaffen suchte. *Der Typ, der lieber hinten sitzt,* führt ein Vorwurfsregime und hält sich bedeckt.

Die Erzählung vom *Motorradsturz* als Beziehungsfantasie

Das Narrativ vom Motorradsturz verweist auf ein reales Vorkommnis. Es konfiguriert zugleich eine Beziehungsphantasie. Das ist möglich, weil die lexikalische Ausstattung der Erzählung eine symbolisierende, selbstreferenzielle Lesart gestattet. Das heißt: Die Figuren, Aktionen, Requisiten und Kulissen der Erzählung haben dramaturgisches Potential, das die Dynamik personaler Verhältnisse sinnfällig macht. Wenn das Motorrad als ›Power engine‹ bezeichnet wird, so liegt dem der Blick auf das dramaturgische Potential zugrunde; ebenso, wenn ›Power engine‹ darüber hinaus mit ›Phallizität‹ verbunden wird. In diesem Kontext lässt sich der Ausdruck ›Ding‹ für ›Motorrad‹ ebenfalls phallisch konnotieren, und wenn dieses ›Ding‹ auf dem Leib der weiblichen Figur draufliegt, dann bietet sich eine Lesart sexueller Intimität an, dies auch im Zusammenhang mit dem ›Umkippen‹ im Wald. Der fehlende ›Führerschein‹ lässt sich als Symbol des Verbots deuten, ›Feldweg‹, ›Berg‹ und ›Wald‹ als Bildlichkeit eines nicht-regulierten, nicht-normierten Geländes jenseits der offiziellen Verkehrswege. Schließlich lässt sich Schmerz im Zusammenhang mit sexueller Begegnung deuten; der Arzt wird dann zum Wiederherstellungsexperten für leibliche Integrität und Intaktheit.

Die symbolisierende Lesart geht vom basal Metaphorischen der Sprache der persönlichen Erfahrung aus und vom basal Körperlichen der primären Erfahrungsstrukturen (Buchholz, 2002; Surmann, 2002). In dieser Perspektive organisiert sich das Narrativ vom Motorradsturz als verdecktes Verlangen, sich ohne Hemmung in erregende Szenarien zu begeben, und als Angst vor dem Verbotenen, als Angst vor Überwältigung und Integritätsverlust. Die Thematik der Phallizität hat dabei eine doppelte Physiognomie: Will das Ich sich der Power engine bemächtigen und sein wie der Mann, dem sie gehört? Oder will das Ich partizipieren und genießen, was ein zartfühlender und leidenschaftlicher Gatte ihr anbietet? Die Erzählerin fürchtet – in der Latenz – das *Ausprobieren und einfach Machen* im erotisch-sexuellen Kontext. Sich als Frau aktiv, initiativ, spontan und unbekümmert im erotisch-sexuellen Kontext zeigen, heißt, im ungeebneten, ungeregelten, verbotsträchtigen, intransparenten, riskanten Feld zu sein. Man kann Blessuren erleiden, man kann nicht immer ›Herr der Dinge‹ sein (Wäre man als Mann nicht besser dran?); es wäre erleichternd, als kleines Mädchen in der Sicherheit väterlichen Schutzes zu stehen und nicht selbst zu steuern. Andererseits: wie langweilig.

Die Erzählung *Nicht Obacht gehalten*

Gegen Ende des Gesprächs schildert Frau Kenton eine letzte Begebenheit. Es ist die narrative Darstellung eines sexuellen Übergriffs (auf ihre Agency-Merkmale hin prägnant analysiert durch Deppermann, 2005). Die Erzählung erhält hier den Titel *Nicht Obacht gehalten*. Sie beeindruckt durch Züge, die mit der Erzählung vom Motorradsturz kontrastieren. Wir geben

»Im Dezember bin ich umgekippt«

diese Erzählung, die von drei bedrohlichen männlichen Belästigern handelt, im Folgenden wieder, und zwar eingebettet in den Vorlauf – dort erzählt Frau Kenton zunächst von einem männlichen Verfolger während eines Waldspaziergangs, um dann auf die sexuelle Belästigungssituation zu kommen, die sie als Zwanzigjährige hatte erleben müssen. Wir präsentieren auch den Anschlussdialog an die narrative Darbietung, in dem I sein Mitgefühl zum Ausdruck bringt; P beschwört den Wunsch zu vergessen, zu verdrängen, und ist bemüht, die emotionale Bedeutung des damaligen Vorfalls herabzustufen. Und doch ringt sie um Fassung, wie es scheint: vergeblich. Das Transkript erfasst leider nicht das reale Gesprächsende; der Interviewer berichtet, dass Frau Kenton am Ende in Tränen ausbrach, aber beruhigt und stabilisiert werden konnte. Wenn wir nicht darauf verzichten, die Hinführung zur Erzählung *Nicht Obacht gehalten* wiederzugeben, so um anschaulich zu machen, wie sich erinnerndes Erzählen im Interviewprozess ungeplant einstellt und Maßnahmen der Defokussierung und Relevanznivellierung unwirksam werden.

I: *gabs denn da mal so ne situation wo sie (—) das richtig (nah/nach) spüren konnten (2.3) dies (.) diese angst=äh wo sie (.) ein erlebnis hatten, (–) was das schwierig machte, (——)*
P: *<<zögerlich> ne:: (.) so an sich eigentlich nich,> (—) ich hatte nur ähm: (1.3) da bin ich mal mit=n: mit mein=m hund das war aber jetz erst vor drei jahren oder so;=ne? (—) war ich mit ihm spazieren; (——) am waldesrand sozusagen;=weil=de den da immer so laufen lassen [kannst;=ich hab nämlich .h bei mein=n eltern*
I: *[<<pp> hmhm\\>*
P: *so=n großen;=und (——) ja un=da war ebend ein mann der versteckt war;=ne? [(—) und ebend so gekuckt hatte,*
I: *[<<pp> hmhm\\>*
P: *und er dann (.) auf uns zukam, [(——) un=wo wir immer*
I: *[<<pp> hmhm\\>*
P: *schneller gelaufen is, is der auch schneller gelaufen;=ne? .h un=seitdem meid ich das auch (.) sogar mit=n hund (.) irgendwie solche wege lang zu laufen;=ne? (——) u:nd (1.7) aber des wa:r nich früher oder so;=ne? des war ja jetz erst [( ) (——) ja und*
I: *[<<p> hmhm\\>*

Hier setzt die Erzählung *Nicht Obacht gehalten* ein:

P: *(1.0) was sonst gewesen is,=es war (1.1) in=ner (——) da hab ich die ausbildung gemacht gehabt, un=ich saß in der straßenbahn, und .hh (1.0) un=ein wagen vor mir saßen eben drei soi:che (——) türken, (-) die mich die ganze zeit beobachtet hatten, (——) ja; und (1.0) ich auf die einfach keine (1.1) obacht gehalten hatte=un=so; ich hab bloß gesehen dass sie gekuckt hatten, [aber nich weiter drauf (.) eingegangen, .hh*
I: *[<<pp> hmhm\/>*
P: *jo:. un=dann bin ich zum hauptbahnhof, ich musste ja früher immer mit=n zug fahren, weil ich noch kein auto hatte, (1.5) und (——) war ich grade über (——) über die straße gelaufen, .h da kam irgendeiner von den drein zu mir un=hat mich dann eingeladen zum kaffee trinken, [(-)*
I: *[<<pp> hmhm\/>*
P: *a=hab ich gesagt nein danke,=un bin dann weitergelaufen, .h und in dem moment wo ich ähm (2.5) <<p> ne, (.) weitergelaufen bin kam=m dann zwei von hinten, un=da ham se mich zur seite gezogen;> .hh jo; aber es kam nich zu ner vergewaltigung oder so aber es kam einfach nur zum (-) <<genervt>1 anfassen, und (1.2) ja; (4.6) ja; (1.4) .hhh <<ausatmend>2 u:nd>2 hh (.) das wars eigentlich soweit.>*

Ende der Erzählung und Nachbesprechung

I: *<<p> hmhm\/> (1.8)*
I: *.hh aber das: (1.2) h is ja etwas was einem zu Recht angst macht; (——)*
P: *<<p> ja (un=deshalb bin)> ja! un=dann bin ich auch so der typ dass ich jetz (.) abends auch (1.5) (ja=einfach nich mehr) raus geh alleine;=ne? un (1.5) ja;*
I: *.h wie alt warn sie da ungefähr, (-) <<dim> als das mit den drei türken war?> (1.2)*
P: *<<p> (ja) (——) war ich (.) vielleicht zwanzig oder so; [(.) neunzehn zwanzig oder so;> ich weiß nicht da war ich*
I: *[<<p> hmhm\/>*
P: *grad in der ausbildung, (1.3) achzehn hab ich an=damit angefangen, (1.5)*
I: *.hh (-) mh- aber das is ja ein wirklich erschreckendes (-) erlebnis; (1.3) (<<pp> hmhm\/>)=*
P: *=(m)ja; (——)*
I: *.h (-)*
P: *aber ich versuch da einfach nicht drüber nachz(.)denken; oder ich vergess es einfach; [so. (-) weil ich meine (1.2) es war*

»Im Dezember bin ich umgekippt«

I: [hmhm\/
P: ein=für mich war=s schlimm gewesen, (—) a=ich hab: mich damit abgefunden soweit;=ne? .hh aber es hätte schlimmer ausgehn könn=n, un=darüber bin ich glücklich dass es nich soweit gekomm=m is;=ne? (—) ich hab zwar ne anzeige noch gemacht gehabt,

Die Erzählung *Nicht Obacht gehalten* ist anders organisiert als die vom *Motorradsturz*. Hier wird das Ich initial zum Gegenstand der Beobachtung, nicht zur Interaktionspartnerin. Wer zum Gegenstand einer Beobachtung wird, ohne in Interaktion integriert zu sein, weiß nicht, welche Interessen der Beobachter in der Latenz hält; er muss damit rechnen, zum Objekt der Verfügung durch den anderen zu werden. Folgerichtig erwähnt die Erzählerin, dass sie *nicht Obacht gehalten*, keine Vorsichtsmaßnahmen ergriffen hat und schließlich in den Hinterhalt einer Übermacht geriet. Im Gegensatz zur Erzählung vom *Motorradsturz* kommt auch kein grundsätzlich aufregendes Erleben wie das mit dem prächtigen ›Ding‹ zur Darstellung. Im Gegenteil: Die Attraktivität der jungen Frau, die Anlass für die Aufmerksamkeit der Männer gewesen sein mochte, erfährt radikale Entwürdigung durch den Umstand der Entpersönlichung: Sowohl das Diskretions- als auch das Anerkennungsgebot wird verletzt.

Die Erzählung *Nicht Obacht gehalten* ist kein Narrativ, in dem eine Abwehr- und Externalisierungsbewegung im Rahmen der intimen Geschlechterspannung vollzogen würde. Im Unterschied zur Erzählung vom *Motorradsturz* hält das Ich die Artikulation seiner Intention nicht latent, sondern äußert klar *nein danke* und ergänzt das *Nein* durch Weggehen. Drei gegen eine – da kann das Ich den invasiven Zugriff nicht verhindern. Die Erzählung handelt von Tätern und Opfer, zielt aber im Unterschied zum *Motorradsturz* nicht auf den Empörungsaffekt beim Hörer, sondern verbleibt in der fragmentarisch artikulierten Expressivität von Scham und Demütigung.

Gefährdungsrisiken und Abenteuerlust

Stellen wir die Befunde in einen psychodynamischen Zusammenhang: Frau Kenton ist mit Gefährdungsrisiken durch einen Mangel an Steuerungsregie eigener Energien konfrontiert und fürchtet die Wahrnehmung und Anerkennung eigener erotisch-sexueller Erregungslust und Initiative. Gefährdungsrisiken werden als Nötigung (imperative Bestimmungs- und sexuelle Ansprüche) von außen erfahren, denen Frau Kenton nichts entgegenzusetzen hat und denen sie sich gleichwohl preisgegeben sieht (Hoffmann & Hochapfel, 1979, S. 75 ff.; König, 1981, S. 63 ff.). Der Rückzug in eine bergende Nische ist nicht möglich. Möglich ist die kompensatorische Selbststabilisierung durch evasive Maßnahmen wie Selbsttarnung, z. B. durch flache Selbstkategorisierungen, Ablenkung, Scheingefügigkeit.

Frau Kenton verfügt über Bewältigungsressourcen, z. B.: Mobilisierung von Helferfiguren, orientierende Inspektion (*Allein im großen Haus*), festen Grund unter den Füssen finden (*Von der Welle gepackt*), das Schlimmste verhindern (*Motorradsturz*).

Die junge Frau kennt das Vergnügen der Angstlust. Die Szenarien des Risikos sind nicht durchgängig bedrohlich, sondern auch erregend und faszinierend. Das wird in der Erzählung vom Motorradsturz durchaus erschließbar, aber auch im Kontext gelegentlicher Erwähnungen – die man leicht überhören könnte – dass sie ein reges, durch Grusel- und Horrorfilme gespeistes Fantasieleben hat.

Frau Kenton war eingeladen worden, sich einer ihr persönlich unvertrauten professionellen Autorität gegenüber zu öffnen, einfach mal zu erzählen, aber auch zu explorieren und zu reflektieren, worum es im Wesentlichen geht. Sie geht auf diese Aufforderungen ein, im Tarnanzug der vorgeformten Redewendungen und Typisierungen, der Relevanzrückstufungen und formelhaften Verallgemeinerungen, und ohne ihre eigene Intentionalität, ihre eigenen Interessen zu prüfen und auch ohne Obacht zu geben, ohne die Situation auf ihre Chancen und Risiken hin zu prüfen. Sie verhält sich der Autorität gegenüber gefügig – wie dem Ehemann gegenüber (›damit er Ruhe gibt‹), bleibt dem Risiko, verletzt zu werden, aber ausgesetzt und gerät in eine körperlich oder psychisch schmerzvolle Lage. Das schafft oder erhöht Ressentiments gegenüber demjenigen, von dem sie sich in diese Lage gebracht sieht, und umso weniger kann sie dem steuernden Objekt vertrauen (König, 1981) oder gar eine vertrauensvolle Bindung eingehen. Und doch vermeidet sie Risikosituationen der geschilderten Art nicht. Denn da ist die Sehnsucht nach Lust und Abenteuer, Hingabe und unbekümmerter spielerischer Aktion. Man denke nur an das anfängliche Theaterspielvergnügen, von dem die Rede war. Der dissoziative Anfall wird einmal mehr verständlich als regressive, erotisierte (vergleiche die Explikation als körperliche Inszenierung) Kompromissbildung: In der Situation des selbstbestimmten Aufbruchs zu Neuem – nach Trennung vom Mann, Behauptung gegenüber den Eltern, Engagement in neuer Liebe – verliert sie in ganz konkretem Sinn Halt, aufrechten Gang und sicheren Stand und bedarf der Steuerung und Bestimmung durch professionelle Autoritäten, die in ihre

»Im Dezember bin ich umgekippt«

Lebensplanung einzugreifen vermögen. Frau Kenton will glauben machen, sie sei der Typ, der lieber hinten sitzt, aber sie sehnt sich danach, die schöne Frau zu sein, die das Flugzeug in den Lüften steuert und nach sanfter Landung festlich erwartet wird.

Literatur

Buchholz, M. B. (2002). Metaphern im therapeutischen Kontakt. Qualitative Ergebnisse einer triadischen Studie. In G. Brünner & E. Gülich (Hrsg.). Krankheit verstehen. Interdisziplinäre Beiträge zur Sprache in Krankheitsdarstellungen (S. 263–300). Bielefeld: Aisthesis-Verlag.
Deppermann, A. (2005), Agency in Angstdarstellungen. Unveröff. Vortrag im Rahmen der Tagung der Kooperationsgruppe Kommunikative Darstellung und klinische Repräsentation von Angst. ZiF, Universität Bielefeld. 7.1.2005.
Gülich, E. & Schöndienst, M. (2005). Kommunikative Darstellung und klinische Repräsentation von Angst. Exemplarische Untersuchungen zur Bedeutung von Affekten bei Patienten mit Anfallskrankheiten und/oder Angsterkrankungen. Abschlussbereicht. ZiF-Mitteilungen 3, 4–9.
Hoffmann, S. O. & Hochapfel, G. (1979). Einführung in die Neurosenlehre und Psychosomatische Medizin. Stuttgart: Schattauer.
König, K. (1981). Angst und Persönlichkeit. Das Konzept vom steuernden Objekt und seine Anwendungen. Göttingen: Vandenhoeck u. Ruprecht.
Sator, M. (2005). Methoden der Relevanzmarkierung im Rahmen der kommunikativen Darstellung von Angst. Unveröff. Vortrag im Rahmen der Tagung Kommunikation von Angst in der Psychotherapie. 13. Arbeitstreffen für qualitative Forschung in der Psychotherapie. 17.–18.6.2005, Tiefenbrunn.
Streeck, U. (2000): Szenische Darstellungen, nichtsprachliche Interaktion und Enactments im therapeutischen Prozess, in Streeck, U. (Hrsg.): Erinnern, Agieren und Inszenieren. Enactments und szenische Darstellungen im therapeutischen Prozess (S. 13–55). Göttingen: Vandenhoeck & Ruprecht.
Surmann, V. (2002). ›Wenn der Anfall kommt‹. Bildhafte Ausdrücke und metaphorische Konzepte im Sprechen anfallskranker Menschen. In G. Brünner & E. Gülich (Hrsg.). Krankheit verstehen. Interdisziplinäre Beiträge zur Sprache in Krankheitsdarstellungen (S. 95–120). Bielefeld: Aisthesis-Verlag.

Anzeige

Mai 2006 · 200 Seiten · Broschur
EUR (D) 19,90 · SFr 34,90
ISBN 978-3-89806-502-3

Juni 2006 · 304 Seiten · Broschur
EUR (D) 24,90 · SFr 43,–
ISBN 978-3-89806-504-7

Der Antisemitismus hat durch den islamistischen Fundamentalismus eine neue Aktualität erhalten – es wird gar von einem »Neuen Antisemitismus« gesprochen. Zugleich aber sind die antisemitischen Muster sehr alt und bilden die wohl älteste Kulturpathologie überhaupt. Seit den 30er Jahren haben auch psychoanalytische Autoren sich intensiv mit dem Antisemitismus in diesem Spannungsfeld von (Religions-)Geschichte und aktueller (Massen-)Bewegung auseinander gesetzt. Die hier versammelten Beiträge knüpfen an diese Tradition an und behandeln die Hintergründe des grassierenden Antisemitismus. Sie untersuchen aber auch das Verhältnis von Judentum und Psychoanalyse und stellen die kontrovers diskutierte Frage, ob die Psychoanalyse eine Form säkularisierten Judentums sei oder schlicht eine religiöse Form der Aufklärung.

Anhand von Zeitdokumenten rekonstruiert die Autorin die Geschichte ihres Vaters und seiner Familie. Sie will verstehen, warum sich dieser so bedingungslos den Nazis anschloss und noch am letzten Kriegstag einen unfassbaren Mord beging, für den er nie die Verantwortung übernahm.

Mit dieser hintergründigen und persönlichen Untersuchung liefert Ute Althaus ein differenziertes Psychogramm eines faschistischen Mitläufers und Nazitäters.

Goethestr. 29 · 35390 Gießen · Tel. 0641/9716903 · Fax 77742
bestellung@psychosozial-verlag.de
www.psychosozial-verlag.de

Eine Komparative Kasuistik auf der Grundlage quantitativer Ergebnismessungen und qualitativer Prozessbeschreibungen als Beitrag zum Verständnis therapeutischer Prozesse[1]

Thorsten Jakobsen, Christine Knauss, Puspa Agarwalla, Ruth Schneider, Heinz Hunziker, Joachim Küchenhoff

Zusammenfassung
Die vorliegende Studie geht von zwei Behandlungsprotokollen der in Basel (Schweiz) durchgeführten FIPP-Studie zu Prozess und Ergebnis psychoanalytischer Psychotherapien aus. Eine Behandlung war nach dem Verlauf eines Jahres symptomatisch erfolgreich, die andere nicht. Die quantitativen Ergebnisse (SCL-90R, IIP, PSKB, BSS) werden mit den Ratingbefunden der OPD-Diagnostik und den qualitativen Auswertungen der von den Therapeuten notierten Prozessnotizen kontrastiert. Es zeigt sich dabei, dass ein Verständnis des Prozesses und der Ergebnisse nur vor dem Hintergrund einer Strukturdiagnostik und der qualitativen Prozessinformationen sinnvoll möglich ist. Für den Therapieverlauf ist offensichtlich entscheidend, dass die Arbeit mit der Übertragung je nach den strukturellen Möglichkeiten des Patienten dosiert wird.

Schlüsselwörter
Psychotherapieforschung, psychoanalytische Therapie, Kasuistik, Operationalisierte Psychodynamische Diagnostik (OPD), Heidelberger Umstrukturierungsskala (HSCS), Therapieprozess, Strukturdiagnostik, strukturbezogene Therapie

Abstract: FIPP Project: Process and Outcome in Psychoanalytic Psychotherapy: a Prospective Longitudinal Study, Basel (Switzerland)

The paper presents two different psychotherapy protocols derived from the FIPP project on psychoanalytic psychotherapy in Basel, Switzerland. According to quantitative outcome measures, one therapy can be regarded as suc-

---
1 Die Studie wurde durch den Schweizer Nationalfonds gefördert.

cessful, whereas the other was not. The quantitative outcome measures (SCL 90R, IIP, PSKB) are enriched by rating data drawn from the OPD evaluation and by qualitative data derived from the process notes the therapists were asked to fill in. Only by taking structural diagnostics and qualitative process data into account is it possible to arrive at a satisfactory re-modelling and understanding of the process and at an adequate interpretation of the results. Obviously, the therapeutic process depends largely on the ability of the therapist to adjust transference interpretations to the structural level the patient has achieved.

Key words
Psychotherapy research, psychoanalytic psychotherapy, single case study, operationalised psychodynamic diagnostics (OPD), Heidelberg scale of structural change (HSCS), therapeutic process, structural diagnostics, structure-related psychotherapy

Einleitung

Konventionelle Ansätze in der Psychotherapieforschung versuchen, die Ergebnisse stationärer oder ambulanter Therapie mit gruppenstatistischen Verfahren abzubilden (siehe hierzu z.B. Fonagy & Roth, 2004 oder Leichsenring, 2005). Auf diese Weise bleibt der Therapieprozess unerforscht. Diese Lücke versucht die qualitative Einzelfallforschung (siehe z.B. Frommer & Streeck, 2003) zu schließen. Qualitative Ergebnisforschung versucht, die lange Tradition kasuistischen Wissens in der Psychoanalyse wissenschaftlich aufzuarbeiten. Der Nachteil ist, dass Studien übergreifende Kriterien des Erfolges in der Regel fehlen. Eine Mittelstellung nehmen Studien ein, die einzelne Faktoren in Bezug auf Therapieverlauf und Ergebnis untersuchen (z.B. Rudolf et al., 1988, 1991a, Jakobsen & Mattanza, 2005 und zur Übersicht Strauß 2002, Strauß 2004). Bänninger-Huber (2001) hat angemahnt, dass die Prozessforschung einen höheren Stellenwert gegenüber der Ergebnisforschung beanspruchen müsse, auch wenn viele Durchführungsprobleme ungelöst seien.

Die vorliegende Arbeit gibt einen ersten Einblick in die Verknüpfung qualitativer und quantitativer Daten, die im Rahmen der in Basel durchgeführten FIPP Studie (Forschungsinitiative Psychoanalytische Psychotherapie) erhoben worden sind. Zwei Behandlungen, deren symptomatische Ergebnisse sich stark unterscheiden, werden kontrastiert. Nun ist nach Jüttemann (1990, S. 44–45) komparative Kasuistik die Sammelbezeichnung für eine

Reihe von Methodenkonzepten, die weniger der Hypothesentestung als vielmehr der Hypothesengenerierung dienen. Die interindividuelle komparative Kasuistik soll dabei hochgradig ähnliche Personen vergleichen, die Gemeinsamkeiten könnten dann in einem nächsten Schritt als Hypothesen verwendet werden. Das Ziel dieser Arbeit ist es allerdings nicht, Therapiebeschreibungen zu vergleichen, um einem allgemeinen Wirkprinzip näher zu kommen. Wir zeigen stattdessen im Kontrast zwischen einer symptomatisch gelungenen und einer symptomatisch fragwürdigen Behandlung prozessuale Unterschiede auf. Zugleich versuchen wir, qualitative und quantitative Materialien zu kombinieren (vgl. Küchenhoff & Agarwalla, 2006).

Methode

Zur FIPP Studie

Das Forschungsprojekt »Prozess und Ergebnis psychoanalytischer Psychotherapie« ist eine prospektive Längsschnittstudie, die seit dem 1. Juli 2003 in Basel durchgeführt wird. Sie dient der Untersuchung psychoanalytischer Psychotherapie, wie sie von frei praktizierenden Psychotherapeuten durchgeführt wird. Im Mittelpunkt steht die Untersuchung der Faktoren, die zu Veränderungen in der Persönlichkeitsstruktur der Patienten und zu Verhaltensänderungen führen. Auf die Notwendigkeit der Erfassung nichtsymptomatischer Veränderungen wurde bereits von Grande und Jakobsen (1998) hingewiesen, und auch ihre katamnestische Relevanz konnte anhand von stationären Therapien bereits gezeigt werden (Grande et al., 2001). Ziel der wissenschaftlichen Untersuchung des ersten Therapiejahres von psychoanalytischen Psychotherapien im FIPP Projekt ist die Evaluation und Optimierung therapeutischer Techniken und Prozesse.

Die FIPP Studie zeichnet sich dadurch aus, dass eine Beobachtung der Therapieverläufe auf drei Ebenen (Patient, Therapeut und Forscher) realisiert wurde. Auf Patientenebene wurden vor allem standardisierte Testverfahren eingesetzt, auf der Therapeutenebene wurde zusätzlich auch umfangreiches Textmaterial erhoben. Auf der Forscherebene wurden unter Verwendung videografierter Forschungsinterviews eine standardisierte Diagnostik nach der Operationalisierten Psychodynamischen Diagnostik (OPD) (Arbeitskreis OPD, 2004; Arbeitskreis OPD 2006) und die Heidelberger Umstrukturierungsskala (HSCS) (Rudolf et al., 2000) eingesetzt. Bei der HSCS handelt es sich um ein in der Praxisstudie Analytische Langzeittherapie (PAL) (Rudolf et al., 2001a, Rudolf et al., 2001b, Grande et al., 2004 und Tab. 6 weiter unten im Text) entwickeltes und geprüftes aufwendiges Verfahren speziell zur Erfassung langfristiger struktureller Veränderungen. Diese Skala wurde auch bereits in einer Studie Zürcher Jungianer erfolgreich eingesetzt (Mattanza et al., 2005).

Verwendete Materialien

Als Basis der vorliegenden Auswertung dienen sowohl quantitatives Material als auch qualitative Beschreibungen. Neben den standardisierten Fragebögen kamen diagnostische Verfahren und Verfahren der Fremdeinschätzung zum Einsatz, welche teils qualitative, teils quantifizierende Ergebnisse erbringen. Darüber hinaus wurde eine Reihe von freien Texten erfasst. Zur Übersicht siehe Tab. 1.

1. Übersicht über das verwendete Material

Quantitativ Patient	Therapeut	Untersucher
• PSKB-Se-R	• BSS	• Umstrukturierung
• SCL-90-R	• Beschwerdedauer	(HSCS)
• IIP-D	• Therapiedauer	
• TAB	• TAB	

Qualitativ Patient	Therapeut	Untersucher
• Textkommentare	• ICD 10 Diagnosen	• OPD Fokusauswahl
	• psychodynamische Problemformulierung	• OPD Diagnostik
	• freie Beschreibung einzelner Behandlungsstunden	• detaillierte Fokusbeschreibung
	• Inhalte der Therapeutischen Arbeit	
	• Beschreibung zweier wichtiger Themen	

Siehe zu den eingesetzten Materialien auch:
PSKB-Se-R (Psychischer und Sozialkommunikativer Befund, Rudolf & Jakobsen, in Vorbereitung, Rudolf, 1991b),
SCL-90-R (Symptom Checkliste, Derogatis, 1980),
IIP-D (Inventar zu Erfassung Interpersoneller Probleme, Horowitz, Strauß & Kordy, 1993), BSS (Beeinträchtigungs-Schwere-Score, Schepank, 1995), therapeutische Arbeitsbeziehung (TAB siehe Rudolf, 1991a),
OPD (Operationalisierte Psychodynamischen Diagnostik, Arbeitskreis OPD, 2004; , 2006),
Heidelberger Umstrukturierungsskala (HSCS, Rudolf et al., 2000).

Tabelle 1
Auswahl der beiden zu vergleichenden Behandlungen

Im Rahmen der gruppenstatistischen Auswertungen nach einem Jahr Therapie (t5) wurden die Ergebnisse aller Behandlungen auf der Symptomebene mit dem PSKB-Se-R, der SCL-90-R und dem IIP-D sowie dem BSS abgebildet. Auf der Basis der Symptomveränderungen wurde für alle genannten Instrumente eine Rangreihe der Besserung gebildet. Diese Rangreihen wurden gemittelt, um die Patienten mit den symptomatisch »besten« und »schlechtesten« Symptomverläufen zu erhalten.

> Ein Patient, der z.B. zu t1 eine hohe Symptomatik im PSKB aufwies und diese am Ende der Therapie stark reduziert hatte, bekam auf diese Weise einen niedrigen Rangplatz. Bestätigte sich diese Einschätzung durch die anderen Instrumente (SCL90 und IIP) und in der Therapeutenperspektive (BSS), so bekam er insgesamt ein geringes Rangmittel. Der niedrigste theoretisch erreichbare mittlere Rang wäre 1, wenn er überall Platz 1 erreicht hätte (d.h. in allen Instrumenten eine größere Besserung erreicht hätte als alle anderen).

Von den fünf besten und schlechtesten symptomatischen Behandlungsverläufen wurde je ein Fall nach dem Zufallsprinzip ausgewählt.

Im Folgenden werden diese beiden Behandlungen vergleichend dargestellt, wobei auf das umfangreiche quantitative und qualitative Material aus den drei Perspektiven unter Wahrung der Anonymität des Patienten und Therapeuten zurückgegriffen wird. Bewusst wurden die Therapien nicht homogenisiert, da es nicht darum ging, einzelne Aspekte näher zu untersuchen. Vielmehr dient die Auswahl dazu, zwei im Ergebnis maximal kontrastierende Behandlungsverläufe beispielhaft darzustellen und den zum Ergebnis führenden therapeutischen Prozess zu verstehen.

Auswertung und Verknüpfung der Materialien

Die quantitativen Daten wurden aufbereitet (Skalenberechnung etc.) und als Einzelfalldarstellung dokumentiert. Das Textmaterial wurde fallweise zusammengestellt und im Programm Atlas.ti nach einem Kategoriensystem nach Wilke et al. (2001) kodiert. Es wurden, wie in Absatz oben »Auswahl der beiden zu vergleichenden Behandlungen« beschrieben, zwei Fälle anhand der Symptomveränderung ausgewählt. Wir stellten sie mit den verfügbaren standardisierten Informationen zum Symptomverlauf, mit den Diagnosen und den allgemeinen Angaben aus den Fragebögen dar.

Die Symptomverläufe wurden zunächst vor dem Hintergrund aller Befunde einschließlich der OPD-Befunde und der Einschätzung der Umstrukturierung ohne Zuhilfenahme des Textmaterials interpretiert. Das Textmaterial wurde gelesen und im Sinne einer zusammenfassenden Inhaltsanalyse nach Mayring (2000) kondensiert. Auf Patientenseite umfasste das qualitative Material freie Kommentare in den Fragebögen, auf der Therapeutenseite eine psychodynamische Problemformulierung und Diagnose, die freie Beschreibung des analytischen Prozesses und Notizen zu wesentlichen Veränderungen, die nach vorgegebenen Kategorien abgefragt wurden (z.B. Beziehung, Übertragung, Regression, Widerstände etc.). Weiterhin legten die Therapeuten für die Patienten zwei Themen zu Beginn fest, und sie beschrieben einzelne Therapiestunden.

Im Sinne einer explizierenden Inhaltsanalyse nach Mayring (2000; 2001) wurde das Material verwendet, um Behandlungsverläufe klinisch erklärbar zu machen. Beispielsätze aus den Originaltexten dienen der Nachvollziehbarkeit. Eine Verwendung der in Atlas.ti erstellten Kodierungen war dabei in dieser Arbeit nicht notwendig. Es wurde zudem auf die Verwendung von festen Kategorien zugunsten einer flexiblen Beschreibung der beiden Einzelfälle verzichtet.

Die Verknüpfung des qualitativen und quantitativen Materials folgt dabei dem Vorgehen der Stufe 2 nach Jakobsen und Wilke, die es erlaubt, mittels vergleichender kasuistischer Darstellung quantitatives und qualitatives Material zu kombinieren (Jakobsen & Wilke, 1997, Wilke & Jakobsen, 1998, siehe Tab. 2). Dieses Vorgehen ermöglicht es, sowohl auf studienübergreifende quantifizierende Methoden als auch auf qualitatives, den individuellen Prozess beschreibendes Material zurückzugreifen. Eine konsequente Verknüpfung von qualitativem und quantitativem Material (Stufe 3 und 4) wurde dabei nicht erzielt. Mit Mayring (2001) könnte man das Vorgehen als Vertiefungsmodell bezeichnen. Eine Verknüpfung wie im Triangulationsmodell nach Mayring, oder wie in den Stufen 3 und 4 von Jakobsen und Wilke vorgesehen, wird damit nicht erreicht.

2. Mögliche Integrationsstufen qualitativer und quantitativer Methoden

Stufe I	Die qualitative Studie ist der quantitativen zeitlich vorgeschaltet, und ihre Ergebnisse dienen dazu festzulegen, welche Bereiche wie von den quantitativen Instrumenten erfasst werden sollen.
Stufe II	Beide Studienteile laufen zeitlich und inhaltlich parallel, und die Ergebnisse der qualitativen Studie dienen der Illustration des Forschungsgebietes.
Stufe IIIa	Die Ergebnisse des qualitativen Studienteils werden dazu verwendet, um eine ursprünglich nicht geplante Gruppenbildung im quantitativen Teil vorzunehmen. Notwendig ist hier bei der Studienplanung eine inhaltliche Abstimmung beider parallel laufenden Teile. Im Verlauf der Auswertungen entstehen Hypothesen, die sich nach der bei Studienbeginn noch unbekannten qualitativen Gruppenbildung richten.
Stufe IIIb	Die quantitativen Ergebnisse werden dazu verwendet, eine Gruppenbildung vorzunehmen, und im qualitativen Material werden beide Gruppen miteinander verglichen. Im Vorhinein muss hier eine inhaltliche Abstimmung beider parallel laufender Studienteile vorgenommen werden.
Stufe IVa	Die im parallel laufenden qualitativen Studienteil gefundenen Ergebnisse werden quantifiziert und diese Einschätzungen hypothesengeleitet dann in einem zusätzlichen Auswertungsschritt mit dem quantitativen Material geprüft. Die Bildung der Hypothesen kann auch hier erst erfolgen, nachdem sich die Ergebnisse der qualitativen Arbeit abzeichnen.
Stufe IVb	Die quantitativ gewonnenen Daten werden rückübersetzt in sprachliches Material und dieses in die qualitative Studie, vergleichbar dem anderen Textmaterial, aufgenommen.

Tabelle 2

Ergebnisse

Ausgangslage in beiden Behandlungen

Die Patientin A (weiblich, 33 Jahre) wurde als symptomatisch schlechtes Therapieergebnis eingeschätzt. Sie wurde von einer ambulanten Psychotherapeutin mit einer Wochenstunde im Sitzen mit ca. 60 Stunden behandelt. Die Therapie wurde kurz nach dem Zeitpunkt t5 (Ende des ersten Therapiejahres) abgeschlossen.

Der Patient B (männlich, 30 Jahre) erzielte symptomatisch ein gutes Therapieergebnis. Er wurde zweistündig im Sitzen von einem Psychotherapeuten für etwa 70 Stunden behandelt; die Behandlung dauerte über t5 hinaus an.

T. Jakobsen, C. Knauss, P. Agarwalla, R. Schneider, H. Hunziker, J. Küchenhoff

Initiale Einschätzungen und Diagnosen

Beide Patienten hatten eine Hauptdiagnose aus dem Bereich der neurotischen, Belastungs- und somatoformen Störungen (ICD 10 F4).

3. Diagnosen und Beschwerdedauer

Patientin A	Patient B
• Anpassungsstörung mit längerer depressiver Reaktion (F43.21) • keine Persönlichkeitsstörung	• dissoziative Bewegungsstörung (F44.4) • Paranoide Persönlichkeitsstörung
Beschwerdedauer: 2 Jahre	Beschwerdedauer: 1 Jahr

Tabelle 3

In der therapeutischen Arbeitsbeziehung TAB zu Beginn der Therapie erreichte Patientin A einen Wert von Insgesamt 71, was gemessen an anderen beginnenden ambulanten Therapien durchschnittlich ist. Die Therapeutin schätzte ihre eigene Arbeitsbeziehung mit 57 ein, was als eher gering gelten muss. Patient B erreichte zu Therapiebeginn einen Wert von 78 (eher gut) und sein Therapeut einen Wert von 60 (in etwa Durchschnitt). Die Forschergruppe nahm ein komplette OPD-Einschätzung vor und legte fünf zentrale psychodynamische Problembereiche (Foki) fest (siehe Tab. 4). Beiden Therapeuten waren die ausgewählten Foki nicht bekannt, sie beeinflussten also die Therapie nicht.

4. OPD Struktureinschätzung und zentrale psychodynamische Problembereiche (Foki)

Patientin A	Patient B
insgesamt gutes Strukturniveau	insgesamt geringes Strukturniveau
Foki: • Beziehung • K1 Abhängigkeit/Autonomie • K3 Versorgung/Autarkie • St14 Affektdifferenzierung • St62 Loslösung	Foki: • Beziehung • K3 Versorgung/Autarkie • St11 Selbstreflexion • St14 Affektdifferenzierung • St51 Kontakt

Tabelle 4

Symptomatische Therapieergebnisse

Tab. 5 und Tab. 6 zeigen den Verlauf der Symptomatik als Kennwerte des PSKB, des SCL-90 und des IIP ergänzt um die Therapeuteneinschätzung im

BSS. PSKB Werte von 50 stellen den Normalbevölkerungsdurchschnitt dar und Werte >60 können als auffällig gelten. Beim SCL-90 sind Werte >.54 auffällig, im IIP ca. ab 1.6. Im BSS trennt die Summe von 5 nach Schepank (1995) Patienten von Nichtpatienten.

5. PSKB-Se-R im Verlauf

	Zeit-punkt	Ängstlich-keit im Kontakt	Körper-symptomk lage	Körper-nahe Angst	Depressiv Suizidal	Symptom Gesamt
Pat. A	1	50	54	50	47	50.4
	2	50	50	48	61	51.9
	3	48	54	45	54	49.9
	4	64	69	61	75	69.0
	5	47	69	54	63	57.6
Pat. B	1	77	85	92	66	86.9
	2	62	82	66	51	67.8
	3	45	75	51	60	56.3
	4	47	72	60	78	63.2
	5	43	79	60	57	57.8

Tabelle 5

6. SCL-90, IIP und BSS im Verlauf

	Zeit-punkt	SCL-90 GSI	IIP Gesamt	BSS Gesamt	BSS Kommentar
Pat. A	1	.44	1.17	5	deutliche Störung von Krankheitswert
	2	.55	1.36	3	leichte Störung
	3	.42	1.44	3	leichte Störung
	4	1.24	1.47	4	deutliche Störung von Krankheitswert
	5	.79	1.50	3	leichte Störung
Pat. B	1	1.54	1.00	8	außerordentlich schwere Erkrankung
	2	.88	.42	7	ausgeprägte, schon schwer beeint. Erkr.
	3	.47	.30	7	deutliche Störung von Krankheitswert
	4	.32	.44	4	deutliche Störung von Krankheitswert
	5	.34	.28	4	deutliche Störung von Krankheitswert

Tabelle 6

Zu Patientin A

In der Selbsteinschätzung zu t1 gibt die Patientin ein eher geringes Symptomniveau an, sie überschreitet im PSKB weder im Gesamtausmaß noch in den Einzelskalen den kritischen T-Wert von 60. Bestätigt wird dies im SCL-90, wo ein Wert ab .57 als auffällig gelten würde (t1 = .44). In der Selbsteinschätzung im IIP werden interpersonelle Probleme im durchschnittlichen Ausmaß angegeben, mit einem BSS von 5 nimmt die Therapeutin eine deutliche Störung von Krankheitswert zu t1 an. Schon zu t1 also differieren die Perspektiven von Patient und Therapeut. Die Differenz verstärkt sich im Verlauf, da Patientin A über progressiv mehr Symptome klagt, während die Therapeutin eine Verbesserung dokumentiert.

Zu Patient B

Patient und Therapeut dokumentieren konsistent zu t1 eine krankheitswertige und schwerwiegende Symptomatik (Ausnahme IIP). In den Verlaufseinschätzungen stimmen Patient und Therapeut gut überein, sie dokumentieren das Absinken der Symptomatik in den Normbereich. Die Symptomatik sinkt typischerweise rasch in den ersten Monaten ab (Jakobsen et al., 2005).

Mögliche Erklärungen für die Therapieverläufe

Wir fragen uns nun nach den Anhaltspunkten, die den symptomatisch schlechten (A) und symptomatisch guten Verlauf (B) vorwegzunehmen erlauben.

Globale Befunde

Die Diagnosen (Tab. 2) sind vergleichbar, die zusätzliche Persönlichkeitsstörung könnte für Patient B erschwerend hinzukommen. Die längere Beschwerdedauer von Patientin A könnte ein Indiz für geringere Erfolgsaussichten sein. Bei beiden Patienten wird im Vergleich zur Gesamtgruppe die Symptomdauer eher gering eingeschätzt. Interessant ist, dass Patientin A zu t1 die Arbeitsbeziehung als schlechter einschätzt. Bei beiden bleibt sie konstant oder verbessert sich, in beiden Fällen beurteilt die Therapeutin bzw. der Therapeut die Arbeitsbeziehung zu t1 etwas strenger.

Die initialen Befunde im OPD zeigen deutliche Unterschiede im Strukturniveau, die aber eher zu Ungunsten von Patient B (geringes Strukturniveau) ausfallen. Die ausgewählten Foki (Tab. 3) weisen nicht auf die unterschiedlichen Verläufe hin, die Foki für Patientin A erscheinen nicht problematischer als die Foki von Patient B. Lediglich mit dem Fokus »Loslösung« wird für Patientin A ein Problem genannt, das sich voraussichtlich nur schwer in einer kurzen Therapie behandeln lässt. Auffällig bleibt dennoch, dass die Einschätzung für Patientin A Inkonsistenzen aufweist. So ist die Einschätzung eines guten Strukturniveaus in Kombination mit der Auswahl des Konfliktes K1 Abhängigkeit/Autonomie eher ungewöhnlich, da dieser Konflikt typischerweise mit strukturellen Auffälligkeiten kombiniert ist. Dieser empirische Zusammenhang zwischen K1 und dem Strukturniveau ist allerdings ein Ergebnis, das sich statistisch in Gruppenuntersuchungen zeigt. Es ist bekannt, dass es in einzelnen Fällen möglich ist, K1 als einen wichtigen bzw. den wichtigsten Konflikt einzuschätzen und dennoch ein gutes Strukturniveau zu markieren. Die bei Patientin A vorgenommene Kombination von Konflikt K1 mit dem Konflikt K3 ist ungewöhnlich, da man i.d.R. die Thematik eines Patienten vor dem Hintergrund von Abhängigkeit und Autonomie als zentrales Motiv *oder* vor dem Hintergrund von Versorgungswünschen versteht. Ein Nachrating durch zwei sehr erfahrene Untersucher bestätigte die Struktur- und Konflikteinschätzung im Grundsatz. Lediglich die Auswahl des K1 wäre von den Nachratern nicht vorgenommen worden, wenngleich sie die Entscheidung aber nachvollziehen konnten.

Umstrukturierung

Die Auswahl der Foki erfolgte zu Therapiebeginn durch die Untersucher, den Therapeuten waren die ausgewählten Foki nicht bekannt. Fünf zentrale psychodynamische Schwierigkeiten wurden zu Therapiebeginn markiert und diese dann zu t1 (Therapiebeginn), zu t3 (nach 6 Monaten) und zu t5 (nach 12 Monaten) auf der HSCS eingeschätzt. Auf diese Weise wird die Umstrukturierung im Zeitverlauf abgebildet. (Zur detaillierteren Beschreibung und Interraterreliabilität siehe Rudolf et al., 2001b; Agarwalla et al. [eingereicht]).

7. Erläuterungen zu den Stufen der Heidelberger Umstrukturierungsskala

Stufen	Auszug aus dem Manual
1. Abwehr / Nichtwahrnehmung des Problems	Völlige Abwehr bzw. Vermeidung des Problembereichs, es gibt »kein Problem«
2. Ungewollte Beschäftigung mit dem Problembereich	Symptomdruck, interpersonelle Schwierigkeiten: Zumutungen, von außen kommend erlebt
3. Vage Problemwahrnehmung	Passive Beschäftigung mit dem Problem, ansatzweise Anerkennung, Ahnung eigener Verantwortung
4. Anerkennung und Erkundung des Problembereichs	Interessiertes Problemverstehen, Arbeitsbeziehung, aktive Bewältigung, Handeln
5. Auflösung alter Strukturen im Problembereich	Abwehr wird brüchig, Prozess wird zur »Passion«, Trauer, Ausgeliefertsein, Verwirrung
6. Neuordnung des Problembereichs	Versöhnliches erleben, neue Erlebens-/ Verhaltensmöglichkeiten stellen sich spontan ein
7. Auflösung des Problems	Integration, Selbstübereinstimmung, realitätsgerechtes Erleben, Neugestaltungen

Tabelle 7

In Tab. 8 ist die Umstrukturierung der fünf individuell durch die Forschergruppe ausgewählten Foki dargestellt.

8. Umstrukturierung (HSCS)

	Zeitpunkt	Beziehung	K1 Abhängigkeit vs. Autonomie	K3 Versorgung vs. Autarkie	St14 Affektdifferenzierung	St62 Loslösung	Gesamt
Pat. A.	1	4	3	2	2	3	2.8
	3	4+	5-	4	5	4+	4.5
	5	3+	3-	2	4-	2+	2.8

	Zeitpunkt	Beziehung	K3 Versorgung vs. Autarkie	St11 Selbstreflexion	St14 Affektdifferenzierung	St51 Loslösung	Gesamt
Pat. B.	1	2	2+	1+	1	1+	1.6
	3	3+	4	4+	4+	3+	3.9
	5	5-	5	4+	5-	5	4.7

Tabelle 8

Zu Patientin A

Patientin A beginnt mit einer mittleren Umstrukturierung von 2.8 auf einem höheren Niveau als Patient B. Eine »vage Problemwahrnehmung« liegt ansatzweise vor, also eine »Einsicht« insofern, als die Schwierigkeiten nicht mehr einfach abgewiesen werden können. Dies gilt für den Konflikt Abhängigkeit/Autonomie (K1) und die strukturelle Schwierigkeit im Bereich der Loslösung (St62). Für den Beziehungsfokus wird bereits zu t1 eine »Anerkennung und Erkundung« angegeben, Patientin A begreift das Problem als zu sich gehörig und zieht Konsequenzen daraus. Der Verlauf weist Umstrukturierungen von 5 und 5- auf (»Auflösung alter Strukturen im Problembereich«). Dies ist in der kurzen Zeit nicht zu erwarten. Die anderen Foki werden mit 4 eingeschätzt. Überraschend ist die Korrektur nach unten zu t5, lediglich der Fokus Affektdifferenzierung (St14) wird weiterhin als »echte Anerkennung« beschrieben. Wie es möglich ist, dass eine im Verlauf erworbene Anerkennung des Problembereiches bzw. seine Auflösung sich umkehren und zurückfallen auf eine vage Problemwahrnehmung oder eine ungewollte Beschäftigung mit dem Problem, ist eine bislang offene Frage. Erneut bestätigte ein Nachrating durch zwei erfahrene Untersucher den grundsätzlichen Befund einer temporären Verbesserung zu t3. Der Befund ist also kein Artefakt des Ratings, eine »Übertragungsheilung« könnte vermutet werden.

Zu Patient B

Zu Therapiebeginn werden die Abwehr der Problembereiche, höchstens die ungewollte Beschäftigung mit ihnen beschrieben. Dieses Bild ist typisch für Patienten zu Beginn einer ambulanten Behandlung. Die Umstrukturierung entwickelt sich ebenfalls rasch, bereits nach 6 Monaten wird in weiten Teilen von »echter Anerkennung und Erkundung« der Problembereiche gesprochen. Nach 12 Monaten lösen sich die Problembereiche bereits auf, es wäre ein sehr guter, überraschend schneller Erfolg.

Hinweise aus dem Textmaterial

Zu Patientin A

Bereits in der psychodynamischen Problemformulierung der Therapeutin zu t1 wird eine Angst vor Beziehungen, insbesondere vor Abhängigkeit beschrieben, die sich sowohl gegen die Partner als auch gegen die Therapeutin richtet. Explizit werden bereits zu t1 Tendenzen, aus der Therapie zu entfliehen, beschrieben. Mit der Einschätzung eines neurotischen Strukturniveaus bestätigt die Therapeutin die Einschätzung der Forscher.

> Beispiel Zitat Originaltext:
> »Angst, sich in Beziehungen einzulassen und abhängig zu werden«
> »Tendenz, aus Beziehung fliehen zu wollen«.

In der freien Beschreibung zweier wichtiger Themen wird bereits zu t2 eine Ambivalenz gegenüber dem Partner beschrieben. Es ist einerseits von der Sehnsucht nach dem Alleinsein und anderseits dem Wunsch nach Sicherheit in der Beziehung die Rede. Gleichzeitig wird erwähnt, dass Stundenausfälle das Thema Ambivalenz in die Therapie hineingetragen haben.

> Beispiel Zitat Originaltext:
> »Ambivalenz in ihren Beziehungen, v.a. zum Ehemann:…«
> »Die seit Beginn bestehenden Ambivalenz der Pat. gegenüber der Therapie zeigte sich einerseits in den bewussten Äußerungen der Pat., anderseits in Settingunregelmässigkeiten (Ausfallen lassen von Stunden), und in meiner Gegenübertragung (mich besonders anstrengen zu müssen)«
> »Die Atmosphäre hat sich in letzter Zeit entspannt, ich fühle mich weniger unter Druck gesetzt«.

Zu t3 wird der Versuch der Patientin beschrieben, sich aktiver für die eigenen Belange einzusetzen und Erfahrungen aus der Therapie im Beziehungsalltag umzusetzen. Eigene Beziehungsschwierigkeiten werden in Zusammenhang gebracht mit Beziehungsschwierigkeiten der Eltern.

> Beispiel Zitat Originaltext
> »…, sie könne sich besser abgrenzen gegen seine Überfürsorglichkeit«
> »…empfinde ich Pat. oft als angespannt, v.a. wenn sie zu Beginn einer Stunde nicht schon ein Thema bereist hat, über das sie reden möchte«

Zu t4 ist die Therapeutin unsicher, was die zentralen Themen der Patientin waren, sie sind nicht gut zu erinnern, sind offensichtlich nicht Thema der gemeinsamen Arbeit. Berichtet wird davon, dass sich das Beziehungserleben gebessert hat, auch wenn manche Verhaltensmuster in der Paarbeziehung gleich geblieben sind. Neue Probleme mit der Herkunftsfamilie verweisen auf die negative Weltsicht der Patientin. Eigene Schwierigkeiten werden von der ihr im Zusammenhang mit der Lebensgeschichte gebracht.

> Beispiel Zitat Originaltext:
> »…(die Pat. und ich freuen uns über ihre Fortschritte)…«
> »Ich hatte das Gefühl, nicht auf eine tiefere unbewusstes Material einschließende Ebene zu kommen«
> »Zusammenhang zwischen der von ihr bewusst wahrgenommenen ›Gefühlskälte‹ der Mutter und ihren Schwierigkeiten, ihre eigenen Gefühle wahrzunehmen.«
> »…Probleme mit dem Ehemann und ihre Enttäuschung darüber, dass sich diese nicht verbessert haben.«

Zu t5 wird eine wichtige Veränderung im Beziehungsleben beschrieben (Auszug aus der gemeinsamen Wohnung ohne Trennung vom Partner). Die Umwelt, speziell die Herkunftsfamilie habe mit Sorge darauf reagiert.

> Beispiel Zitat Originaltext:
> »Sie beschäftigt sich sehr damit wie ihre Umgebung auf ihren Entschluss s.o. reagiert«
> »Erzählt, dass sie 3 Tage allein ohne Mann verbracht hat und es sehr genossen hat…«

Zusammenfassend betrachtet zeigt das Textmaterial, dass die Beziehungsambivalenz in der Partnerschaft, die als Problem gleich zu Beginn der Therapie benannt wird, die therapeutische Beziehung rasch prägt. Zugleich versucht die Patientin bereits im ersten halben Jahr der Therapie, therapeutische Erfahrung in Alltagsveränderungen umzusetzen. Nach einem halben Jahr entwickelt sich aber daraus eine Enttäuschung. Am Ende des ersten Jahres wird eine äußere Veränderung gesetzt, ohne dass sie sich als logische Konsequenz einer Erkenntnis oder inneren Veränderung plausibel macht.

Die freien Stundenberichte zeigen, dass die Beziehungsschwierigkeiten rasch in der Therapie ankommen und aus der Therapie eine »Pflicht« machen. Übertragung wird thematisiert, gleichwohl entspannt sich die Beziehung nicht. Während am Anfang das Gefühl, in der Therapie getragen zu werden, Hoffnung erweckt, wirken sich später negative Übertragungsaspekte aus. Nach ca. 60 Stunden und 1,5 Jahren Dauer beendigt die Patientin die Therapie, den vereinbarten Nachbesprechungstermin sagt sie ab, beginnt aber nachher eine neue Therapie.

Zu Patient B

Zu Therapiebeginn beschreibt der Therapeut, übereinstimmend mit der ICD10 Diagnose, eine narzisstische Dynamik. Die therapeutische Beziehung wird idealisiert, genannt werden unbewusste Unterwerfungstendenzen und eine Aggressionsproblematik mit Verdrängung aggressiver Impulse. Neben einem unklaren somatischen Befund ist von einer hypochondrischen Fixierung die Rede.

> Beispiel Zitat Originaltext:
> »Von besonderer Bedeutung ist… (z.B. auch in der starken Idealisierung der Ärzte inklusive Psychotherapeut), sowie die Aggressionsproblematik:…«
> »Narzisstische Problematik, Tendenz zur Unterwerfung und Einnehmen der Position der Hilflosigkeit; Aggressionskonflikt: Verdrängung eigener Impulse.«

In der freien Beschreibung zweier wichtiger Themen zu t2 tauchen Erfahrungen mit der Primärfamilie, Wut, Ablehnung und Übergriffe, auf. Die Möglichkeit körperlicher Übergriffe bleibt in der Therapie präsent, sie wird in Bezug zur nächsten Generation problematisiert. Die Dokumentation weist aus, wie sich der Patient Themen nähert und einen angemessen Umgang sucht.

> Beispiel Zitat Originaltext:
> »Er idealisiert den Therapeuten. Er sagt Sätze wie: ›Sie verstehen mich total gut, genial …‹«
> »Alte Widerstände gegen aggressive Themen«
> »… eine Tötungsfantasie in Bezug auf XXX«
> »Beziehung zu den Eltern: Wut und Ablehnung; wie sie ihn als Kind behandelt haben…«
> »Diese Dimension der Übergriffe von Seiten des XXX ist bisher noch nicht aufgetreten.«

Zu t3 bleibt die schwierige Situation in der Primärfamilie bedeutsam. Die Texte weisen aus, wie der Patient sie zu verbessern versucht, Veränderung im Kontakt mit den Eltern anstrebt, sich mit Enttäuschungen auseinandersetzt, wenn es ihm nicht gelingt, und wie er kleine Fortschritte anerkennt. Ein anderes Thema rückt zugleich in den Vordergrund, die eingeschränkte

Eine Komparative Kasuistik auf der Grundlage quantitativer Ergebnismessungen...

Arbeitsfähigkeit und der Versuch, in einer neuen Tätigkeit sich zu behaupten.

> Beispiel Zitat Originaltext:
> »Es geht wiederholt um die Beziehung zu den Eltern ...«
> »Das Thema hat Kontinuität. Es ist auch ein deutlicher Wandel zu spüren:.. Er kann vor allem die Beziehung zur Mutter anders gestalten«
> »Aber wiederholt beschäftigt er sich doch mit der Enttäuschung, dass ...«
> »Die Arbeitssituation rückt neu ins Gesichtsfeld. Er beschäftigt sich damit, wie er ...«
> »Dieser Verlauf geschieht sozusagen hinter einer immer noch starken Idealisierung, vielleicht auch eine Dankbarkeit, dass er die Psychotherapie wirklich auch als hilfreich erlebt«
> »Zum ersten Mal eine gewissen Reibung in der Beziehung!« (zum Therapeut)

Zu t4 spitzt sich das Thema Arbeitsfähigkeit zu (Kündigung), der Patient ist damit sehr unzufrieden und sucht eine neue Arbeitsmöglichkeit.

> Beispiel Zitat Originaltext:
> »... ist er arbeitsunfähig geworden.«
> »Zur Sprache kommen die Inkorrektheiten von XXX und XXX.«
> »Er würde am liebsten ...«
> »Er drückt seine Verzweiflung aus. Er sähe keine Zukunft mehr bezüglich der Arbeit.«
> »Der analytische Prozess ist in den letzten 4 Monaten sehr wechselhaft.«

Zu t5 wird die Idealisierung der therapeutischen Beziehung wieder betont, wenngleich erste kritische Gefühle dem Therapeuten gegenüber auftauchen.

> Beispiel Zitat Originaltext:
> »In dieser Stunde wurde auch (in Ansätzen) möglich, die bislang immer idealisierte therapeutische Beziehung zu thematisieren, zu differenzieren ...«
> »Ich meine, dass das Thema seiner aggressiven Gefühle noch weiterer Bearbeitung bedarf.«
> »Die letzen drei Monat sind als eine Art ›Konsolidierung‹ zu werten, obwohl einige sehr wesentliche Dinge im Leben des Patienten aufgetreten sind:..«
> »Ich habe ein sehr wohlwollendes Gefühl dem Patienten gegenüber ...«

In der freien Schilderung einzelner Stunden werden schwierige Situationen, auch Notfallsituationen und Suizidgedanken deutlich. Von Anfang an wird die therapeutische Beziehung als idealisiert dargestellt. Eindrücklich klar wird beschrieben, dass es sich für den Therapeuten »nicht (...) anbietet«, die Themen in der Übertragung zu bearbeiten. Der Patient nutzt die »gute« Beziehung zum Therapeuten, um sich sehr stark anzuvertrauen. Das therapeutische Gespräch widmet sich intensiv den genannten Schwierigkeiten, die therapeutische Beziehung wird dabei nicht hinterfragt.

Diskussion

Der kontrastierende Vergleich des Materials aus den beiden ausgewählten Therapienverläufen macht die Unterschiede in den Behandlungsverläufen eindrücklich klar. Es war nicht der Anspruch, in einer vergleichenden Kasuistik von nur zwei Fällen systematisch den Einfluss *eines* Merkmals zu untersuchen. Vielmehr ging es darum, all jene Unterschiede aufzuzeigen, die zu den unterschiedlichen symptomorientierten Therapieergebnissen führen. Während in der Qualitätssicherung Informationen mit dem Wissen des Therapeuten verknüpft werden können (siehe QPP, Rudolf & Jakobsen, 2002; Jakobsen, Mattanza & Rudolf, 2004), ist der Psychotherapieforscher durch die Methoden der Informationsgewinnung eingeschränkter. Der Schutz des Patienten verbietet zudem in der öffentlichen Diskussion die Wiedergabe genauer Details.

Mit dem kontrastierenden Vergleich der beiden Kasuistiken konnte gezeigt werden, dass das Zahlenmaterial der Fragebögen und Ratings nur vor dem Hintergrund anderer quantitativer und qualitativer Quellen mit dem therapeutischen Prozess verbunden werden kann. Das qualitative Material macht aus dem Verlaufsbericht eine Prozessbeschreibung, die die Prozessdynamik zu rekonstruieren erlaubt. Eine gruppenstatistische Auswertung aller

Behandlungen (vgl. Agarwalla et al. [eingereicht]) kann nur globale Trends aufzeigen und verliert zwangsläufig den einzeltherapeutischen Prozess aus dem Blick.

Bewusst haben wir zwei in der Beschwerdereduktion unterschiedliche Behandlungsverläufe ausgewählt. Allgemeine Faktoren wie Alter, Geschlecht, Diagnostik, Chronifizierung, aber auch der differenzierte OPD-Befund vermögen es nicht plausibel zu machen, warum die Behandlung von Patientin A problematischer, d.h. in Richtung einer Symptomverschlechterung, verläuft.

Patientin A hatte gleich zu Beginn ihrer ca. 60 Stunden dauernden Behandlung (eine Wochenstunde, ca. 1,5 Jahre) nach der eigenen Einschätzung im PSKB und SCL-90 keine relevante Symptomatik, die interpersonelle Problematik allerdings war ansatzweise im IIP erkennbar. Dagegen ist Patient B zu Therapiebeginn seiner Behandlung mit ca. 70 Stunden (2 Stunden pro Woche) stark belastet. Ein weiteres Mal bestätigt sich hier, dass die Chancen einer Befundbesserung bei initial starker Belastung größer sind.

Viel wichtiger freilich ist, dass bei Patientin A die Therapeuteneinschätzungen (BSS) nicht zu den Patientenangaben passen; bei Patient B ist die Übereinstimmung dagegen hoch. Man kann vermuten, dass gerade die Übereinstimmung in den Einschätzungen zwischen Patient und Therapeut als ein klarer Ausgangsbefund einen guten therapeutischen Prozess ermöglicht. Bei Patientin A war zudem auch die OPD-Einschätzung auffällig, der gewählte Konflikt (K1) passt nicht zum guten Strukturniveau, wenngleich das immer auch in einzelnen Fällen möglich ist. Darüber hinaus wurden zwei Konflikte (K1/K3), die eher selten miteinander kombiniert werden, gemeinsam ausgewählt. Hier brachte ein Nachrating keine völlige Bestätigung, aber es blieb nachvollziehbar, wie man zu einer solchen Einschätzung kommen konnte. Wir lesen diese Schwierigkeiten im Rating als einen Hinweis dafür, wie schwer im Fall A der diagnostische Prozess gefallen ist, und gerade diese Schwierigkeit kann als Warnsignal für eine Behandlung verstanden werden. In der Heidelberger Umstrukturierungsskala (HSCS) wurde Patientin A zu Beginn relativ gut eingeschätzt, nach einem Jahr war indes kein Fortschritt zu vermerken. Auffallend und erklärungsbedürftig war, dass bereits nach einem halben Jahr die Entwicklung in einem ungewöhnlich positiven Licht beschrieben worden ist. Für zwei Foki wurde hier bereits eine Auflösung der Probleme beschrieben. Auffällig ist nun, dass zur gleichen Zeit die Therapeutin eine eher positiv getönte Beschreibung des Therapieverlaufs abgibt. In dieser Phase der Therapie hat die Patientin offensichtlich die Hoffnung gehabt, mit Hilfe therapeutischer Unterstützung einen anderen Umgang mit den eigenen Schwierigkeiten gleichsam »im Sturm« durchsetzen zu können. Zu t5 zeigt sich allerdings die Enttäuschung oder der Einbruch. Patientin A hätte nach den Befunden der Heidelberger Umstrukturierungsskala zu t3 (zwei Foki mit 5 »Auflösung alter Strukturen« und drei Foki mit 4 »echte Anerkennung und Erkundung des Problembereichs«) das zentrale Ergebniskriterium für strukturelle Veränderungen bereits nach sechs Monaten erreicht. Vergleichbare Studien, wie die PAL-Studie (Grande et al., 2004) und die Zürcher Studie (Mattanza et al., 2005), hatten alle Patienten mit mehr als zwei Foki über 5- als »nachhaltig strukturell gebessert« eingeschätzt. Der Befund wurde durch zwei erfahrene Rater kontrolliert. Er blieb im Grundsatz bestehen, sodass deutlich wird, dass unter bestimmten Umständen der Prozess von »Einsicht und Veränderung«, anders als erwartet, als umkehrbar erscheint. Die weiteren Verlaufsbeobachtungen zeigen, dass die innere Veränderung bei Patientin A nicht nachhaltig gewesen ist. Dennoch ist der momentane Befund zu t3 kein Artefakt. Die Stabilisierung der Struktur durch die hoffnungsfroh begonnene Therapie führte offenbar zu dem – auf Basis des Videointerviews auch reproduzierbaren – Befund einer scheinbar erfolgreichen Arbeit an der Struktur. Sie konnte sich unter Gefährdungen und Belastungen wieder rückbilden. Der Befund erlaubt es, die wichtige Forschungsfrage zu stellen, wie temporäre und anhaltende strukturelle Integration methodisch voneinander unterschieden werden können.

Der Verlauf bei Patient B gestaltet sich anders; er startet mit schlechteren Voraussetzungen, erreicht aber in der Umstrukturierung stetig mehr. Dieser Prozess gelingt in kurzer Zeit, ein Befund, der als zu optimistisch erscheinen mag, eindeutig aber ist der einstimmig gute Therapieverlauf am Ende des ersten Jahres. Die beschreibenden Texte des Therapeuten vermitteln ein Verständnis für den positiven Verlauf. Im Textmaterial wird eine starke Involviertheit und Offenheit des Patienten beschrieben. Das bestätigt Befunde von Wilke et al. (2001, 2002), wo eine große Involviertheit das Hauptkriterium für günstige Therapieverläufe im ersten Jahr war. Die Offenheit wird durch eine »Idealisierung« des Therapeuten ermöglicht, die sich während des ersten Jahres der Therapie durchzieht. Sie wird noch zu bearbeiten sein, vielleicht aber liegt gerade in der anderen Gestaltung der Übertragungsbeziehung ein wesentlicher Grund für die unterschiedlichen Verläufe. In der Behandlung von Patient B wird die therapeutische Beziehung nur insofern Thema, als sie dazu dient, den therapeutischen Prozess zu tragen. Sie ist positiv gefärbt und dient somit als Grundlage, die vielfältigen und belastenden Themen bearbeitbar zu machen. Dies ist insgesamt umso bemerkenswerter, da anfänglich von einer paranoiden Persönlichkeitsstörung die Rede war. Wenn es möglich ist, eine offene vertrauensvolle therapeutische Beziehung dennoch zu etablieren, kann diese der Behandlung sehr zugute kommen. Patientin A trägt dagegen ihre große Ambivalenz in die Übertragungsbeziehung hinein, diese wird in der Therapie explizit Thema, aber die Patientin agiert ihre Beziehungsproblematik auch hier und attackiert die therapeutische Beziehung. Die ambivalenten Übertragungsanteile wirken sich immer deutlicher auf die Behandlung aus und erschweren diese massiv.

Die kontrastierende Gegenüberstellung der Fallbeispiele erlaubt, die Frage zu stellen, ob die intensive Übertragungsarbeit im Falle der Patientin A als ein »Zuviel« oder »Zuwenig« verstanden werden muss. Es gibt gute Gründe für die Annahme, dass die Beziehungsschwierigkeiten von Patientin A eine intensivere Übertragungsarbeit erforderlich machten. Aber auch das Gegenteil lässt sich vertreten, nämlich dass das Aufgreifen der Übertragungsaspekte die Therapie behindert hat, da die Patientin A noch nicht stabilisiert genug war, um nützlich an der Übertragung zu arbeiten.

Wir betrachten es als einen Vorzug der verwendeten Methodik, diese klinisch folgenreichen Fragen sinnvoll stellen zu können. Wenn Patientin A als ausreichend gut strukturiert eingeschätzt wird, dann müsste langfristig eine Übertragungsbearbeitung möglich sein und sollte dann konsequent und weit genug vorangebracht werden. Dies erfordert allerdings einige Zeit in der Therapie, eventuell mehr als 1h pro Woche bzw. 1 Jahr. Wenn allerdings doch davon ausgegangen werden kann, dass deutliche strukturelle Einschränkungen vorliegen, dann wäre eine konsequente Bearbeitung des Übertragungsgeschehens kaum sinnvoll und sollte daher unterbleiben (siehe dazu Rudolf, 2005). Dies führt, so paradox es im ersten Moment erscheint, bei strukturell stärker belasteten Patienten wahrscheinlich zu kürzeren Therapiezeiten als bei Patienten mit gutem Strukturniveau. Allerdings sollte nicht verschwiegen werden, dass mit beiden Behandlungen auch andere Ziele verknüpft sind.

Es geht uns nicht darum, im Nachhinein diese Fragen empirisch verallgemeinerbar zu beantworten. Aus den Daten zweier Fälle lässt sich dies nicht belegen, die differenzierte Einschätzung des Prozesses ist zudem ohne umfassende Kenntnis der Behandlungen nicht vollständig möglich. Die Therapeuten selber verfügen über vielgestaltige Informationen, die über die gesammelten multimodalen Daten hinausreichen. Sie würden aufgrund dieser persönlichen Erfahrungen vielleicht zu ähnlichen, vielleicht zu anderen Schlüssen kommen. Die Forschung aber hat etwas von der Vielfalt der Perspektiven nachzubilden, um zu einem der Realität angemessenen komplexen Prozessmodell vorstoßen zu können. Ohne die Verknüpfung der verschiedenen Elemente der Beobachtung (Patient, Therapeut und Forscher) und ohne die Kombination quantitativer Einschätzungen sowie qualitativen Textmaterials besteht keine Chance, die Therapieverläufe angemessen als Prozess zu verstehen. An die Stelle der reinen Abbildung des Verlaufes wird eine Analyse möglich, die Einflussfaktoren des therapeutischen Prozesses mit den Therapieergebnissen zu verbinden erlaubt. Auch wenn das Material hier lediglich auf Stufe 2 der quantitativ-qualitativen Verknüpfungsregeln nach Jakobsen und Wilke (1997) verknüpft wird, so zeigt sich selbst auf dieser Stufe der Ertrag, den die Verbindung quantitativer Ergebnismessungen und qualitativer Prozessbeschreibungen für das Verständnis therapeutischer Prozess beizutragen erlaubt.

Literatur

Agarwalla, P., Knauss, C., Hunziker, H., Schneider, R. & Küchenhoff, J. (eingereicht): *Forschungsinitiative Psychoanalytische Psychotherapie: Methoden und erste Ergebnisse.* Schweizer Archiv für Neurologie und Psychiatrie.
Arbeitskreis OPD (Hrsg.) (2004): *Operationalisierte Psychodynamische Diagnostik. Grundlagen und Manual.* 4. aktualisierte und korrigierte Auflage. Bern: Huber.
Arbeitskreis OPD (Hrsg.) (2006): *Operationalisierte Psychodynamische Diagnostik -2. Grundlagen und Manual.* Bern: Huber.
Bänninger-Huber, E. (2001): Von der Erfolgsforschung zur Prozessforschung – und wieder zurück? Zum aktuellen Stand der Psychotherapieforschung im deutschsprachigen Raum. *Psychotherapeut 46* (5), 348–352.
Derogatis, L.R. (1980): *SCL-90-R.* Weinheim: Beltz Test Gesellschaft.
Grande, T. & Jakobsen, TH. (1998): Zur Notwendigkeit einer psychodynamischen Diagnostik und Veränderungsmessung in quantitativen Studien zur Analytischen Psychotherapie und Psychoanalyse. In: Fäh, M., Fischer, G. (Hrsg.): *Sinn und Unsinn in der Psychotherapieforschung – Eine kritische Auseinandersetzung mit Aussagen und Forschungsmethoden.* Gießen: Psychosozial-Verlag, S.125–137.
Grande, T., Rudolf, G., Oberbracht, C., Jakobsen, TH. & Keller, W. (2004): Investigation structural change in the process and outcome of psychoanalytic treatment: The Heidelberg-Berlin Study. In: Research on Psychoanalytic Psychotherapy with Adults (Hrsg.) *EFPP European Federation for Psychoanalytic Psychotherapy in the Public Sector.* Edited by Richardson P, Kächele H, Renlund C., S. 35–62.
Grande, T., Rudolf, G., Oberbracht & C., Jakobsen, TH. (2001): Therapeutische Veränderungen jenseits der Symptomatik. Wirkungen stationärer Psychotherapie im Licht der Heidelberger Umstrukturierungsskala. *Zeitschrift für Psychosomatische Medizin und Psychotherapie 47*, 213–233.
Fonagy, P. & Roth, A. (2004): Ein Überblick über die Ergebnisforschung anhand nosologischer Indikationen. *Psychotherapeutenjournal 3* (3), 204–218.
Frommer, J. & Streeck, U. (2003): Qualitative Psychotherapieforschung im deutschsprachigen

Eine Komparative Kasuistik auf der Grundlage quantitativer Ergebnismessungen...

Raum – Ein Blick auf die Ergebnisse. *Zeitschrift für Psychosomatische Medizin und Psychotherapie* 49 (1), 74–86.
Horowitz, L.M., Strauß, B. & Kordy H. (1993): *Manual zum Inventar zur Erfassung interpersonaler Probleme (IIP-D)*. Weinheim: Beltz Test Gesellschaft.
Jakobsen, TH. & Mattanza, G. (2005): Hinweise auf günstige Therapieverläufe. In: Mattanza, G., Meier, I. & Schlegel, M. (Hrsg.) *Seele und Forschung. Ein Brückenschlag in der Psychotherapie*. Basel: Karger, S. 143–164.
Jakobsen, TH., Mattanza & G., Hurt, J. (2005): Die Therapieverläufe. In: Mattanza, G., Maier, I. & Schlegel, M. (Hrsg.) *Seele und Forschung. Ein Brückeschlag in der Psychotherapie*. Basel: Karger, S. 83–109.
Jakobsen, TH., Mattanza & G., Rudolf, G. (2004): *QPP eine interne Qualitätssicherung für ambulante Psychotherapeuten*. Eine Projektbeschreibung für die Schweizer Gruppe der Analytiker; Unveröffentliches Manuskript, erhältlich bei den Autoren.
Jakobsen, TH. & Wilke, S. (1997): Über die Notwendigkeit einer gegenstandsangemessenen Kombination von qualitativer und quantitativer Forschungsmethodik – Beiträge aus der Leitlinienkonferenz. In: *Dokumentation und Forschungsmethodik Empirische Forschung über stationäre Psychotherapie. Wirkfaktoren von stationärer Psychotherapie*, 10. Mainzer Werkstatt 21.–22.11.1997.
Jakobsen, TH. (2004): *Ein Ratingverfahren zur gruppenstatistischen Auswertung von Textprotokollen* (Konzept und Ratingbogen). Unveröffentlichte Projektskizze.
Jüttemann, G. (Hrsg.) (1990): *Komparative Kasuistik*. Heidelberg: Assanger.
Küchenhoff, J. & Agarwalla, P. (2006). *The first year of psychoanalytic psychotherapy: reconstruction of the therapeutic process using qualitative and quantitative empirical data*. Paper presented at the annual meeting of the Society for Psychotherapy Research SPR, Edinburgh 22,06,2006.
Leichsenring, F. (2005): Are psychodynamic and psychoanalytic therapies effective? A review of empirical data. *International Journal of Psychoanalysis* 86 (3), 841–868
Mattanza, G., Jakobsen & TH., Hurt, J. (2005): Jung'sche Psychotherapie ist effizient. In: Mattanza, G., Maier, I. & Schlegel, M. (Hrsg.) *Seele und Forschung. Ein Brückenschlag in der Psychotherapie*. Basel: Karger, S. 38–82.
Mayring, P. (2000) *Qualitative Inhaltsanalyse*. Weinheim: Deutscher Studien Verlag.
Mayring, P. (2001) Kombination und Integration qualitativer und quantitativer Analyse.[Online]. Available: www.qualitative-research.net Forum Qualitative Sozialforschung. 2, No.1 Februar 2001.
Rudolf, G. (1991a): *Die therapeutische Arbeitsbeziehung. Untersuchungen zum Zustandekommen, Verlauf und Ergebnis Analytischer Psychotherapien*. Heidelberg: Springer.
Rudolf, G. (1991b): PSKB-Se – ein psychoanalytisch fundiertes Instrument zur Patientenselbsteinschätzung. *Zeitschrift für psychosomatische Medizin und Psychoanalyse* 37, 350–360
Rudolf, G. (2005): *Strukturbezogene Therapie*. Stuttgart: Schattauer.
Rudolf, G., Grande, T., Dilg, R., Jakobsen, TH., Keller, W., Oberbracht, C., Pauli-Magnus, C., Stehle, S. & Wilke, S. (2001a): Strukturelle Veränderungen in psychoanalytischen Behandlungen – Zur Praxisstudie analytische Langzeittherapie (PAL). In: Stuhr U., Leuzinger-Bohleber M. & Beutel M.E. (Hrsg.): *Langzeitpsychotherapien – Perspektiven für Therapeuten und Wissenschaftler*. Stuttgart: Kohlhammer, S. 238–259.
Rudolf, G., Grande, T., Dilg, R., Jakobsen, TH., Keller, W., Oberbracht, C., Pauli-Magnus, C., Stehle, S. & Wilke, S. (2001b): Wie können strukturelle Veränderungen in analytischen Langzeitpsychotherapien empirisch erfasst werden? In: Bohleber, W. & Drews, S. (Hrsg.):

T. Jakobsen, C. Knauss, P. Agarwalla, R. Schneider, H. Hunziker, J. Küchenhoff

Die Gegenwart der Psychoanalyse – die Psychoanalyse der Gegenwart. Stuttgart: Klett-Cotta, S. 546–566.
Rudolf, G., Grande T. & Oberbracht, C. (2000): Die Heidelberger Umstrukturierungsskala. Ein Modell der Veränderung in psychoanalytischen Therapien und seine Operationalisierung in einer Schätzskala. Psychotherapeut 45, 237–246.
Rudolf, G., Grande, T. & Porsch, U. (1988): Die Berliner Psychotherapiestudie Indikationsentscheidung und Therapierealisierung in unterschiedlichen psychotherapeutischen Praxisfeldern. Zeitschrift für Psychosomatische Medizin und Psychoanalyse 34 (1), 2–18.
Rudolf, G. & Jakobsen, TH. (2002): QPP ein System zur ambulanten psychodynamischen Qualitätssicherung. Unveröffentlichtes Manuskript, bei den Autoren erhältlich.
Rudolf, G. & Jakobsen, TH. (in Vorbereitung) Handbuch zum Psychischen und Soziakommunikativen Befund (PSKB-Se-R).
Schepank, H. (1995): BSS – Der Beeinträchtigungs-Schwere-Score. Göttingen: Beltz.
Strauß, B. (2002): Störungsspezifische versus Allgemeine Therapie aus der Sicht der Psychotherapieforschung. In: Mattke, D., Hertel, G., Büsing, S. & Schreiber-Willnow, K. (Hrsg.): Störungsspezifische Konzepte und Behandlung in der Psychosomatik. Frankfurt a. M.: VAS Verlag für Akademische Schriften, S. 50–58.
Strauß, B. (2004): Allgemeine und spezifische Wirkfaktoren der Psychotherapie. In: Lang, H. (Hrsg.): Was ist Psychotherapie und wodurch wirkt sie? Würzburg: Königshausen & Neumann, S. 101–112.
Wilke, S. & Jakobsen, TH. (1998) unveröffentlichtes Manuskript »Eine Strategie zur Verknüpfung qualitativer und quantitativer Ansätze für die Psychotherapieforschung«.
Wilke, S., Pauli-Magnus, C., Oberbracht, C., Grande, T., Jakobsen, TH. & Rudolf, G. (2001): Psychoanalytiker kommentieren ihre Behandlungen. Ein Beitrag zur qualitativen Psychotherapieprozeßforschung. Psychotherapie und Sozialwissenschaft 3 (2), 143–159.
Wilke, S. & Pauli-Magnus, C. (2002): Strukturelle Veränderungen im Spiegel analytischer Stundenprotokolle Eine qualitative Untersuchung; in: Rudolf, G., Grande, T. & Henningsen, P. (Hrsg.): Die Struktur der Persönlichkeit. Stuttgart: Schattauer, S. 220–234.

Eine qualitative Studie zur Lebendorganspende. Werkstattbericht

Merve Winter

Zusammenfassung
Meine Studie thematisiert die emotionale Situation von OrganspenderInnen und EmpfängerInnen kurz vor einer Lebendorganspende. Ein Schwerpunkt liegt dabei zum einen auf den Entscheidungsprozessen, die vor einer Lebendspende stattfinden, sowie den Spendemotivationen der OrganspenderInnen. Zum anderen werde ich einen Fokus auf die Herstellung von Geschlecht (»*doing gender*«) im Spendeprozess legen. Mich interessiert, wie Geschlecht durch eine Lebendorganspende (neu) thematisiert und aktualisiert wird.

Institutionelle Verortung des Projekts

Das Basler Graduiertenkolleg »*Gender in Motion*« ist Teil eines gesamtschweizerischen Netzwerkes von Graduiertenkollegien im Bereich der Genderstudies, das Doktorierenden eine qualifizierende Graduiertenausbildung sowie diverse Vernetzungsmöglichkeiten bietet. Die Graduiertenkollegien sind als interdisziplinäres Studien- und Forschungsangebot für Doktorierende verschiedener Fachrichtungen konzipiert, in deren Arbeiten Geschlecht eine zentrale Analysekategorie darstellt. Viele der Teilnehmenden führen qualitative Interviews zu sozialwissenschaftlichen Themen durch, die mit hermeneutischen oder inhaltsanalytischen Methoden ausgewertet werden. In dieser Hinsicht stellt das regelmäßig stattfindende Kolloquium auch einen Rahmen für das Interpretieren in Kleingruppen sowie methodische Diskussionen dar. Neben dem Basler Kolleg besteht diese Form der Graduiertenausbildung in der Schweiz auch an den Universitäten Bern/Freiburg, Zürich und Genf/Lausanne.

Der Schweizerische Nationalfonds hat sich mit der Einrichtung des Graduiertenprogramms »*ProDoc*« für eine spezielle Förderung von Dissertationen im geistes- und sozialwissenschaftlichen Bereich entschieden, mit dem primären Ziel, die Dissertationsdauer von Doktorierenden zu verkürzen. Die ProDocs haben eine modulare Struktur: Jeweils ein bis drei Doktorierende finden sich thematisch in einem so genannten Forschungsmodul

(FM) zusammen, in welchem neben der inhaltlichen Betreuung auch die Deckung der Saläre und Forschungskosten der Candocs geleistet wird. Dieses FM ist wiederum an ein Ausbildungsmodul (AM) gekoppelt, das die Ausbildungs- und Verwaltungstätigkeiten des gesamten Graduiertenprogramms koordiniert. Ein ProDoc läuft zunächst für drei Jahre und bietet den Doktorierenden neben der inhaltlichen Betreuung und dem Forschungszusammenhang aufgrund des Salärs die Möglichkeit, sich Vollzeit ihrer Dissertation zu widmen.

In Zusammenhang mit der Teilnahme am Gender-Graduiertenkolleg Basel (Leitung: Frau Prof. Dr. A. Maihofer) bietet diese neue Förderungsmöglichkeit durch den Schweizerische Nationalfonds eine hervorragende Chance gerade auch für qualitative Arbeiten im sozialwissenschaftlichen Bereich, denen eine finanzielle Förderung in der Regel nicht so leicht zukommt.

Das Dissertationsprojekt, das ich im Folgenden vorstellen möchte, ist Teil des Forschungsmoduls »*Körper und Geschlecht: Normierungsprozesse im Spannungsfeld von Heilung und Verletzung*« unter der Leitung von Frau Prof. Dr. R. Wecker und an das Ausbildungsmodul »Scripts and Prescripts« von Frau Prof. Dr. D. Wastl-Walter (Universität Bern) gekoppelt. Es ist zugleich Teil des neu eingerichteten ProDoc-Programms des Schweizerischen Nationalfonds, institutionell aber auch an die beiden Gender-Graduiertenkollegien Bern und Basel angebunden. Die Studie trägt den Arbeitstitel: »*Die Geschlechterdifferenz im Rahmen der Lebendorganspende. Eine qualitative Studie zu Spendemotivationen und Entscheidungsfindungsprozessen von Männern und Frauen*« und wird von Frau Prof. Dr. Brigitte Boothe erst- und von Frau Prof. Dr. Gabriele Lucius-Hoene zweitbetreut.

Es bestehen ferner Kooperationsvereinbarungen mit der Medizinischen Klinik mit dem Schwerpunkt Nephrologie der Charité Campus Mitte (Prof. Neumayer/Prof. Budde, Dr. Liefeldt), mit der Medizinischen Klinik IV, Abteilung Nephrologie der Charité Campus Benjamin Franklin (Prof. Offermann), der Abteilung psychosoziale Medizin am Universitätsspital Zürich (Prof. Buddeberg/ Dr. Götzmann), sowie der Chirurgischen Klinik und Poliklinik II (Prof. Hauss) und der Abteilung für Medizinische Psychologie des Universitätsklinikums Leipzig (Prof. Brähler). Angefragt für eine Kooperation ist weiterhin das Institut für Psychosoziale Medizin und Psychotherapie (Prof. Strauss/ B. Schwark) am Universitätsklinikum Jena.

Die Gender-Imbalance in der Lebendorganspende

Die Lebendorganspende wird als Behandlungsmethode bei terminalem Organversagen – vor allem der Nieren – zunehmend das Verfahren der Wahl. Das liegt zum einen daran, dass die Wartezeiten auf ein Organ durch einen Leichenspender sehr lang sind. In Deutschland liegt die durchschnittliche Wartezeit auf ein Spenderorgan bei ca. 5 Jahren (DSO 2007). Das bedeutet unter anderem, dass viele PatientInnen länger als 5 Jahren warten müssen. Diese Wartezeit muss an der Dialyse überbrückt werden. Dort müssen sich die PatientInnen in der Regel dreimal in der Woche für mehrere Stunden einer Blutwäsche unterziehen. Diese Prozedur und die Einschränkungen, die das für ein soziales Leben und die Arbeitsfähigkeit bedeutet, werden von vielen Betroffenen als erhebliche Minderung ihrer Lebensqualität erlebt. Außerdem wirkt sich die chronisch latente Vergiftung des Körpers dauerhaft negativ auf den Gesundheitszustand und die Funktionsfähigkeit der anderen Organe aus. Die Lebendspende wird aber auch aus dem Grund immer beliebter, dass ihre medizinischen Ergebnisse hervorragend sind: Bei einem statistisch gesehen sehr geringen Risiko für die SpenderInnen, auch in der Langzeitbetrachtung (Ramcharan & Matas, 2002, Hartwagner, 2002 sowie Thiel et al., 2005b), sind die Resultate in Bezug auf die Gesundheit der Empfangenden und die durchschnittliche ›Haltbarkeit‹ des Spende-Organs denen der Leichenspende sogar überlegen. War das Verfahren der Lebendorganspende in den 80er Jahren noch ein medizinischer Einzelfall, so gehören Lebendnierenspenden heute in vielen Kliniken zu einem Routineeingriff. In Deutschland machen die Lebendspenden inzwischen knapp 20 % aller Nierentransplantationen aus (DSO, 2007), Tendenz steigend. In anderen Ländern wie den USA oder Skandinavien liegen sie schon bei gut 50 % (Hartwagner 2002, S. 63, Organ Procurement and Transplantation Network, 2007). Während die Organspendebereitschaft am *lebenden* Körper also zu steigen scheint, ist der Anteil der Menschen, die einen Organspendeausweis besitzen, in Deutschland mit 13 % nach wie vor sehr gering (Decker et al. 2007) und die Zahlen in der Postmortalspende stagnieren. In der Schweiz ist die Zahl der Leichenspender sogar rückläufig (Müller et al., 2005, S. 439).

Vor dem Hintergrund, dass die Lebendspende in den nächsten Jahren weiter steigen wird, ist der Befund, dass Frauen offensichtlich häufiger zu einer Lebendorganspende bereit zu sein scheinen, ein interessanter und ethisch brisanter Befund. Handelt es sich doch bei der Lebendspende um ein Verfahren, bei dem ein gesunder Mensch durch einen ärztlichen Eingriff nicht geheilt, sondern primär geschädigt und verletzt wird. Frauen, so zeigen übereinstimmende, internationale Studienergebnisse (Biller-Andorno, 2002, Kayler et al., 2003, Øien et al., 2005, Thiel et al., 2005a, Jindal et al., 2005, Winter & Decker, 2005) spenden zum einen häufiger Organe, sind aber gleichzeitig weniger häufig Empfängerinnen von Organen.

Meine Dissertation nimmt vor allem den erstgenannten Punkt – Frauen als Spenderinnen – zum Ausgang. Auch Schicktanz et al. weisen daraufhin, dass es notwendig sei, die Geschlechterunterschiede auf Seiten der Spende und der des Organempfangs als *getrennte* Probleme zu behandeln (Schicktanz et al. 2006). Die Spendefreudigkeit von Frauen ist vor allem aus dem Grund interessant, dass Frauen nur in der *Lebend*organspende häufiger zum Spenden bereit zu sein scheinen, nicht aber in der Postmortalspende. Die Spendebereitschaft von Frauen bezieht sich also auf den *lebendigen Leib*, aus dem invasiv ein Stück entfernt wird, um damit einem anderen Menschen zu helfen. Das Bild der Opfergabe drängt sich hier förmlich auf. In wie fern sich im Bereich der Lebendorganspende ähnliche Strukturen aufzeigen wie in der Alten- und Krankenpflege oder der so genannten Charity-Arbeit, in der weibliche Opferbereitschaft von der Gesellschaft offensichtlich gerne in Anspruch genommen wird, bleibt momentan noch eine offene Frage.

Aus psychotherapeutischer und sozialwissenschaftlicher Sicht interessiert das Feld der Lebendorganspende auch deshalb, weil es sich hier nicht nur um die Erkrankung einer einzelnen Person handelt, sondern durch den Akt der *Spende* mindestens noch eine weitere Person aus dem familiären Umfeld in die Krankenbehandlung und die im Vorfeld zu treffenden Entscheidungen mit einbezogen wird. Häufig sind sogar ganze Familien involviert, denn für eine Lebendorganspende kommen nun einmal nur »Verwandte ersten oder zweiten Grades, Ehegatten, Verlobte oder andere Personen« in Frage, »die dem Spender in besonderer persönlicher Verbundenheit offenkundig nahe stehen« (TPG S. 34, §8 (1)). Diese besondere persönliche Verbundenheit, so lässt sich aus psychologischer Perspektive vermuten, könnte nun gerade dazu führen, dass die im Transplantationsgesetz geforderte Freiwilligkeit der Entscheidung auf psychischer Ebene gar keine Entsprechung findet. Zumindest bei Eltern-Kind-Spenden oder Leberlebendspenden kann davon ausgegangen werden, dass die nach außen vertretene Position des rational denkenden, gut informierten und freiwillig entscheidenden Individuums innerlich womöglich als Zwangslage imponiert (vgl. Fateh-Moghadam et al., 2004). Bei Ehepartnern kann vermutlich von allen Spende-Empfangs-Konstellationen noch am ehesten davon ausgegangen werden, dass der spendende Partner sich mit seiner Spende-Handlung auch selbst zu einem Stück mehr Lebensqualität, zum Beispiel durch einen gesünderen, aktiveren Partner oder neuen, unkomplizierten Reisemöglichkeiten, zurück verhilft.

Forschungsfrage

Meine Studie fragt nach der Bedeutung einer solchen Organspende als ›Gabe‹ in den jeweiligen Spendekonstellationen und Beziehungen. Sie thematisiert das Problem, wie in Familien mit einem anstehenden Spendeangebot umgegangen wird und welche Spendemotivationen von den potenziellen SpenderInnen genannt werden. Es wird auch gefragt, welchen Einfluss der/die potenzielle EmpfängerIn auf die Spendemotivation des Spendenden hat sowie auf die Frage, *wer* eigentlich spendet/spenden soll. Es wäre zu klären, ob sich Hinweise auf eine geschlechtsspezifisch kodierte Spendemotivation finden, bzw. in welcher Weise *Geschlecht* durch den Spendeprozess thematisiert und ggf. neu hervorgebracht wird. Insgesamt sollen in dieser explorativen Studie die Spendemotivationen von Männern und Frauen, sowie die Prozesse der Entscheidungsfindung im Vorfeld einer Lebendorganspende transparenter gemacht werden.

Interviewmethode / Auswertungsverfahren

Es sollen ca. 30 qualitative Interviews mit potenziellen SpenderInnen und potenziellen EmpfängerInnen vor einer Organtransplantation geführt werden. Bisher sind 11 Interviews geführt worden. Zum Interviewzeitpunkt sind die ProbandInnen bereits medizinisch evaluiert, d. h. einer Lebendorganspende steht aus medizinischer Sicht nichts entgegen. Auch das psychologische Gespräch soll bereits stattgefunden haben. Meist steht die Operation in wenigen Wochen an. Die Stichprobengenerierung erfolgt nach dem Prinzip des theoretical sampling mit dem Ziel, möglichst unterschiedliche Spende-Empfangskonstellationen wie zum Beispiel Eltern-Kind-, Geschwister- und Ehepaar-Spenden zu analysieren. Die PatientInnen werden in ihrer Klinik durch die behandelnden ÄrztInnen auf die Studie aufmerksam gemacht und erhalten ein Informationsblatt. Bei Interesse wird mit ihnen ein Interviewtermin vereinbart. Bei dem Interview handelt es sich um ein leitfadengestütztes Interview, welches weitgehend narrativ konzipiert ist. Das heißt, ein möglichst freier Erzählfluss der ProbandInnen über die Spendesituation und -konstellation wird angestrebt.

Als Auswertungsverfahren kommt die so genannte rekonstruktive Interviewanalyse nach Lucius-Hoene und Deppermann (2002) in Frage. Dieser integrative, texthermeneutische Analyseansatz erlaubt die Kombination von gesprächsanalytischen und metaphernanalytischen Verfahren: Mit der Positionierungsanalyse kann analysiert werden, wie sich die Betroffenen in Bezug auf meine Fragestellung selbst sprachlich positionieren. Mit diesem Verfahren, das zwischen Konversationsanalyse und Diskursanalyse angesiedelt ist, wird mit der Fokussierung auf Grammatik und Syntax ein besonderes Augenmerk auf sprachliche Strukturen und mikrosprachliche Phänomene gelegt und dabei analysiert, wie die interviewten Personen sich selbst und andere im sprachlichen Raum positionieren. Gleichzeitig geben diese diskursiven Praktiken auch Hinweise auf übergeordnete gesellschaftliche Strukturen und Diskurspraktiken. Dieses Verfahren soll mit einer Metaphernanalyse nach Lakoff und Johnson (1998) ergänzt werden, damit auch vor- oder unbewusste Motive, die eher in bildlicher Sprache ausgedrückt werden und weniger kognitiv präsent sind, mit erfasst werden können und mentale Modelle zum Selbstbild, Körper und Spendeorgan sichtbar werden.

Doing gender und das Thema *Schuld* im Spendeprozess: erste Einblicke in ein Interview

In gebotener Kürze stelle ich nun einige Ausschnitte aus einem bereits geführten Interview vor. Dabei handelt es sich weniger um eine Auswertung des Materials als vielmehr um eine Illustration meiner Fragestellung. Es handelt sich um ein Interview mit einem Vater, Herrn A., der für seinen Sohn eine Niere spenden möchte. Dieses Interview ist gerade deshalb sehr interessant, weil wir es hier mit einem spendenden *Vater* zu tun haben. Nach Schicktanz finden sich vor allem in Deutschland gravierende Unterschiede in der Spendehäufigkeit von Müttern und Vätern. Mütter spenden hier wesentlich häufiger als Väter (Schicktanz et al., 2006, S. 88). Vor diesem Hintergrund stellen spendende Väter eine große Bereicherung der Stichprobe dar. Im weiteren Studienverlauf könnten Fälle von spendenden Vätern beispielsweise mit denen von spendenden Müttern verglichen, bzw. kontrastiert werden.

Auf die Eingangsfrage, wie es denn zu der Spendesituation zwischen ihm und seinem Sohn gekommen sei, antwortet der Proband:

IP: *Eigentlich g:anz äh, ganz äh << lachend> einfach> Ich bin ein Vat=ich* *bin der Vater von ein KIND (--) der äh leider G:OTTES! sage ich noch einmal lEIDER G:OTTES! die Kinderärztin versäumt hat, das R:ichtiges zu untersuchen. # I: mhm # IP: Was mein ich damit? Ich mein damit(...) [Zeile 14–21]*

Mit dieser Einstiegspassage, auf die anschließend eine längere Erzählung folgt, spannt Herr A. gleichsam einen Bogen um seine eigene Erzählung, indem er mit einer Rollenidentitätsbeschreibung beginnt und im weiteren Verlauf – so meine These – auf ein für ihn zentrales Spendemotiv zu sprechen kommt: Er ist Vater, und zwar von einem Kind, einem kranken Kind, das deshalb so krank ist, weil eine Ärztin versäumt hat, frühzeitig eine richtige Diagnose zu stellen. Damit wird an dieser Stelle eine Schuldthematik angesprochen, die in weiteren Verlauf an Brisanz zunimmt:

IP: ...äh, eine wunderbare Kinderärztin gewesen, die Frau Doktor A.? und äh, sie hatte den immer, äh sie hatte da wie äh, ich sage einfach wie FabRIK! da drinnen, ja?, die Kinder denn (??)rein raus (??) und die war immer denn fit und die war wirklich sehr gut. Und mit vier oder fünf hat er denn angefangen zu sagen ›AUA AUA‹. Im Bauch. # I: Mh #
IP: Aber ›AUA AUA‹ hat (?? ich ??) nichts reagiert, weil ›AUA AUA‹ sagen alle Kinder ›AUA AUA‹. JA? Dann denk mir, wenn es WEHtut, vielleicht BLÄ:Hungen, oder oder oder. Und das diese ›AUA AUA‹ hat nicht mehr aufgehört bis so ungefähr acht oder neun? (-)So acht, ich glaube dann (-). Und mit (-) und dann=dann hatte den gemeint also zu meine Frau »ach gehen se mal zu Urologin da um die Ecke?, lassen sich mal ULTRAschall machen« [Zeile 21–36]

In diesem Fortgang der Erzählung wird ein auffälliger Widerspruch sichtbar: Die Kinderärztin, die Herr A. zuvor beschuldigt hatte, seinen Sohn nicht richtig diagnostiziert zu haben, sei aber eine wunderbare Kinderärztin gewesen, sehr fit und gut, wenn auch ziemlich überlaufen. An dieser Stelle lässt sich vermuten, dass die hohe sprachliche Verschachtelung dieses Widerspruchs in ein und demselben grammatikalischen Wortgefüge einer innerpsychischen Realität Ausdruck verleiht, in der auch eine eigene Beteiligung oder Mitschuld an dem Nicht-Erkennen der Erkrankung des Sohnes Thema sein könnte. Der Sohn hat offenbar jahrelang unter starken Schmerzen gelitten, die weder von den Eltern noch der Kinderärztin richtig zugeordnet werden konnten. Da die Eltern für ihren Sohn aber eine wunderbare, gute und fitte Kinderärztin ausgesucht hatten, trifft sie gewissermaßen keine Schuld.

Dennoch wird das Thema Schuld von Herrn A. im Laufe des Interviews immer wieder thematisiert, wenn auch in Verschiebung auf die Ärzte:

IP: Sag ich »äh, meine lieben Damen und Herren ähm ich sitz jetzt hier, ich weiß nicht warU:m, aber Sie wolln jetzt protokollieren?, bitte schön,(-) ich kann Ihnen kurz und bündig sagen: Die Ärzte ham SchEIße! gebaut und ICH steh mit meine Niere dazu? <<klopft auf den Tisch>> mein Sohn solln mal wieder versU:chen gesund oder # I: Mhm # IP:(-) etwas (-)lÄnger (-) zu halten im Leben.(--) Das wars. (---)[Zeile 267–276]

Wir könnten vermuten, dass mit der Wortwendung »Ich steh mit meine Niere dazu« eventuell auch gemeint sein könnte, zu einem möglichen eigenen Versagen zu stehen, bzw. für dieses Versäumnis geradestehen zu wollen. Der Wunsch, für sein Kind da zu sein, kann in vielen Passagen in beeindruckender Vehemenz nachvollzogen werden:

IP: Da war'n Kinderklinik. Hh, Da hab ich schon gesagt, also äh wenn er (klopft auf den Tisch) äh mein Sohn eine (klopft erneut) Niere braucht?, also ich steh zur Verfügung. Da ist(-) kein Wenn und Aber. [Zeile 537–539]

Also ich habb:e egAL, ob ich nun verhEIratet Bin, geschIEden bin oder oder ODER? Ich steh zu mEIne KindA steh ich denn s:O lange ich lEbe. [Zeile 718–719]

IP: Für mICH war's klA! Wie Amen in der Kirche. Für mein Sohn hIlfe braucht, steh ich DA! (--) Dis war schon(-) also von ANfang an, also dA: (-) äh ich hab auch UNgerne drüber gesprOchen(-) und äh(-) Ich hab bloß mein Sohn gesagt »WENN(-) so wEIt is(-), steh ich DA!« Jetzt(-) also (--) wie soll ich sagen? Was wir jetzt reden, reden reden reden, wir können reden von mir wir können versuchen ALles zu erzählen, zu mAchen zu tUn h, aber, wir kommen auf'n glEIchen Nenner(-) und das is (--) ICH BIN FÜR Ihn DA!
I: Mh mhm
IP: Egal wie, egal wo, egal wAnn. Wenn er braucht (klopft auf den Tisch), steh ich auf die Matte. [Zeile 785–792]

IP: Bei MIR is es kEIN PRObIEm. Also ICH(-) stEH daZU und sage IMmer JA(-) zu JEder Zeit. WENN DU das möchtest und WENn das nicht

*klAPpen SOLlte, egal WIEso WARum WEShalb? Hast IMMer nOch MEIne NIEre. # I: mhm #
IP: Also ich bin IMMER noch für DICH! DA. Also das ist(-) sol ANge Ich LEBe. Äh das(-) DEIne gesicherte NIERe. Das war´s. »Also ich meine alsO(-) überlEGE es Dir.« Und DA habe ich denn gesagt alsO: »H.(klopft zweimal auf den Tisch) Du bist sO und Du blEIbst sO. « Ich h, ich such och kein äh wiegesagt jetzt(-) von irgendJEMand äh ne DikussIONfrAGe mit meine FRAU oder mit meinen BekANNten oder so, ich will=i=ich redde gar nicht. Ich sage nur »Ich mAChe dAS, und Schluß.« [Zeile 1320–1333]*

Jedoch dürfen wir eben annehmen, dass dieses fast schon als Überengagement zu bezeichnende Da-Sein für seinen Sohn in gewisser Weise eine neue Entwicklung darstellt, vielleicht sogar im Sinne eines kompulsiven Umsteuerns, denn in der Kindheit des Sohnes ist nun einmal die wirklich schmerzhafte Erkrankung über Jahre ignoriert worden.
Interessant ist auch, dass sich die Schuldfrage an einer anderen Stelle im Interview sogar umzudrehen scheint: Denn jetzt ist es der Sohn, der höllische Angst um den Vater hat und ggf. schuldig wird, sollte dem Vater bei dem Eingriff etwas passieren:

*IP: und das wird natürlich sehr schwierig und wenn man jetzt hebt oder wenn man nießt oder wenn man hustet oder äh alles Mögliche, dann muss man sehr aufpassen, ja? und da hat mein Sohn höllische Angst um mich, das es also, dass ich das nicht aushalte=nicht durchhalte, weil äh er weiß wie ich bin! # I: <<lachend > weil Sie so viel zu tun haben > #
IP: Weiß wie ich bIN! Und äh wird er mich natürlich äh (-) dauernd wir er denn äh hintergehen =äh Hintergedanken haben # I: Mhm #
IP: »Ich hab an alles Schuld« äh sag »Mach Du Dir bitte keine Sorgen. Wichtig ist, dass Dir gut geht (--) was heißt gutgeht? Es SOLL! Dir gutgehen. Mit der Hoffnung, hh, dass die Niere ehm gut sitzt bei Dir und äh ja und ich hoffe denn auch, dass=dass mir auch gut geht danach, ja(...) [Zeile 329–346]*

Erste Hinweise auf ein *doing gender* in diesem Interview finden sich, so meine Vermutung, in der Art und Weise, *wie* Herr A. sprachlich seine Vaterrolle aber auch seine Motivation zur Lebendorganspende thematisiert: Eine Organspende als ein Akt, bei dem ein gesunder Mensch aufgeschnitten und ihm ein Teil seines Körpers entfernt wird, um jemand anderem damit zu helfen, hat – so könnte eine These sein – von den objektiven Bedeutungsstrukturen eine gewisse Ähnlichkeit mit einem Geburtsvorgang, bzw. der anschließenden mütterlichen Fürsorge einem Baby gegenüber: Es handelt sich um einen körperlich schmerzhaften Akt, ein Teil des eigenen Körpers wird abgegeben, Leben wird geschenkt, Verzicht und Aufopferung geübt. So betrachtet könnte eine Lebendorganspende auf einer Bedeutungsebene als ein weiblicher Akt bezeichnet werden. Interessant ist nun, wie Herr A. diese Spende und seine Beweggründe dafür sprachlich thematisiert. Obwohl er seine Frau im Laufe des Interviews als eine eher ungenügende Mutter schildert – was hier aus Platzgründen nicht dargelegt werden kann – so scheinen nicht primär fürsorgliche »mütterliche« Beweggründe Herrn A.s Hauptantrieb zu sein, im Gegenteil: Durch das gesamte Interview ist eine hohe Ich-Agency zu erkennen und ein zentrales Motiv scheint die klassische männliche Metapher des »In-den-Griff-kriegens« zu sein: Wenn Herr A. die Chance hat, sich irgendwo einzubringen, Dinge aktiv anzugehen, dann ist er dabei, selbst wenn es die Geburt der eigenen Kinder ist:

*Bei den Geburt von meine Kinder war ich dabei. Ich hab noch die NACHgeburt ina Hand gehabt. D=d=die Schwester äh ist die ausgeflippt. Und sagt »Wie NEHm Sie das NICH in ne Hand und machen Sie nicht...« und ich sag »WARUM? WAS lOs?« # I: mh # IP: Ich wollte sehen, wie dis aussieht. »NÄH, das muss noch zu UntersU:chung und so« und »Naja U:nd?« Ich (-) äh manche Leute (-) kippen U:m, wenn die Blut sehen äh #I: mhm # IP: Äh Ich war daBEI, als er RAUSgeflUtscht ist, ja? Und äh, wenn ich das konnte, hätte ich ma SELber gemacht. # I: (lacht) #
IP: Das is=das ist ja NaTUR davon, also ich meine ähm(-) ich(--) ähm wie soll ich SAGen? Ich EKEl mich nicht daVOR. # I: hm mhm. #
IP: Ja? Weil ICH denn, ich schalt immer UM, ich sehe das ANders, ich sehe ich sehe WAS!(--) dabei passieren Kann und ich meine dis ist ja nun noch(-) äh erstmal nicht MIR, sondern ANderen und ich=wenn ich denn(-) noch(-) grEIfen kann, hELfen kann, bin ich DaBEI. [Zeile 1111–1137]*

Abschließende Diskussion und Ausblick

Wie diese Textausschnitte als Illustration deutlich machen sollten, ist eine Spendemotivation natürlich immer etwas sehr individuelles und in einer je spezifischen Familienkonstellation begründet. Dennoch scheint es in vielen bisher geführten Interviews wiederkehrende Themen zu geben und das Motiv des *Leben schenkens* scheint eines davon zu sein. Wie die oben angeführten Beispiele deutlich machen sollten, ist dabei die Identitäts(re)konstruktion (als Organspender), die es hier – vor allem auch mit Fokus auf die sprachlichen Umsetzungen – aufzuzeigen gilt, offensichtlich auch und nicht unwesentlich *geschlechtsspezifisch* kodiert. Geschlecht scheint im Rahmen einer Lebendorganspende sowohl im Fantasieraum als auch in konkreten Handlungen an Relevanz zu gewinnen, oder anders ausgedrückt: Eine Spende-Handlung findet auch immer auf der Folie einer bestimmten Geschlechterrolle und Geschlechtsidentität statt und muss in Hinblick auf diese analysiert werden.

Literatur

Biller-Andorno, N. (2002): Gender imbalance in living organ donation. Medicine, health Care and Philosophy, 5, 199–204.

Decker, O., Winter, M., Brähler, E. (2007): Einstellungen der Deutschen zur Lebendorganspende – Eine Repräsentativerhebung (Veröffentlichung in Vorbereitung).

Deutsche Stiftung Organtransplantation (2007): [Online]. Available: www.dso.de 25.01.2007.

Hartwagner, U. (2002): Organtransplantation und Versicherbarkeit, Versicherungsmedizin, 2, 59–64.

Jindal, R.M., Ryan J.J., Sajjad, I., Murthy M.H. & Baines, L.S. (2005): Kidney Transplantation and Gender Disparity. Am J Nephrology 25, 474–483

Kayler, L.K., Rasmussen, C.S., Dykstra, D.M., Ojo A.O., Port, F.K., Wolfe, R.A. & Merion, R.M. (2003): Gender imbalance and outcomes in living donor renal transplantation in the United States. Am J Transplant, 3, 452–458.

Lakoff, G. & Johnson, M. (1998): Leben in Metaphern: Konstruktion und Gebrauch von Sprachbildern. Heidelberg, Carl-Auersysteme.

Lucius-Hoene, G. & Deppermann, A. (2002): Rekonstruktion narrativer Identität. Ein Arbeitsbuch zur Analyse narrativer Interviews. Wiesbaden: Verlag für Sozialwissenschaften, (2. Auflage 2004).

Müller, C., Vernet, D., Moretti, D., Klinger, S. & Vernet, J.P. (2005): Organspende in der Schweiz. Therapeutische Umschau, 62 (7), 437–442.

OPTN (2007): Organ Procurement and Transplantation Network 2007, [Online]. Available: http://www.optn.org/latestData/rptData.asp 25.01. 2007.

Øien, C.M., Reisæter A.V., Leivestad, T., Pfeffer, P., Fauchald, P. & Os, I. (2005): Gender imbalance among donors in living kidney transplantation: the Norwegian experience. Nephrol Dial Transplant, 20, 783–789

Ramcharan, T. & Matas, A. J. (2002): Long-Term (20–37 Years) Follow-Up of Living Kidney Donors. American Journal of Transplantation, 2, 959–964.

Schicktanz, Silke, Rieger, J.W. & Lüttenberg, B. (2006): Geschlechterunterschiede bei der Lebendnierentransplantation: Ein Vergleich bei globalen, mitteleuropäischen und deutschen Daten und deren ethische Relevanz. Transplantationsmedizin 18, 83–90.

Thiel, G. T., Note, C. & Tsinalis, D. (2005 a): Gender Imbalance in Living Kidney Donation in Switzerland. Transplantation Proceedings, 37, 592–594.
Thiel, G. T., Note, C. & Tsinalis, D. (2005 b): Das Schweizer Lebendspender-Gesundheitsregister (SOL-DHR). Therapeutische Umschau, 62, (7), 449–457.
Transplantationsgesetz 1997: BGBL. I S. 2631, vom 5. November 1997.
Winter, M. & Decker, O. (2005): Genderaspekte in der SpenderIn –EmpfängerInbeziehung bei Lebendorganspende. In: Manzei, A., Schneider, W. (Hrsg.) (2005): Transplantationsmedizin. Kulturelles Wissen und gesellschaftliche Praxis. Münster, Agenda Verlag, S. 225–247.

Geschichten mit und ohne Bart: Narrative Konstruktionen von Alter und Geschlecht

Judith Rossow und Mone Spindler

Die Mitglieder des Postdoc-Kollegs ›Alter – Geschlecht – Gesellschaft‹ der Universität Greifswald, Heike Hartung, Christiane Streubel und Angelika Uhlmann, hatten vom 4. bis 6. September 2006 zu einer internationalen Tagung über narrative Konstruktionen von Alter und Geschlecht nach Greifswald geladen. Unter dem Titel ›Geschichten mit und ohne Bart‹ wurde die Narratologie als methodisches Verbindungselement zwischen geistes- und naturwissenschaftlichen Ansätzen in Bezug auf Alter und Geschlecht gewählt, um fachübergreifend unterschiedliche Aspekte der Gerontologie und der Genderforschung zu diskutieren.

Alter und Gedächtnis

In den Vorträgen zum ersten Themenbereich zeigte sich eine manifeste Verbindung von Erinnerung und Identität; diese Beziehung wurde jedoch zum Teil sehr unterschiedlich gezeichnet. Hans J. Markowitsch (Psychologie, Bielefeld) eruierte die elementare Bedeutung von Erinnerung für die Bildung von Identität. Während Markowitsch Erinnerung in ihrer Gebundenheit an Sprache und den Zustand des Gehirns als basale Voraussetzung für soziale Partizipation definierte, demonstrierte Roberta Maierhofer (American Studies, Graz), dass die Fähigkeit, soziale Beziehung herzustellen, nicht an das Vorhandensein geteilter Erinnerung geknüpft ist. In der Bildung von Identität spielten nicht nur Subjekt und Objekt eine Rolle, sondern vor allem auch das Selbst in seinen Beziehungen zur Außenwelt. Kathryn de Medeiros (Gerontology, Sykesville) fokussierte die Reflexion von Erinnerungen und kennzeichnete das (Be)Deuten von Erinnerung als sinn- und identitätsstiftende Daseinstechnik. Margaret Morganroth Gullette (Women's Studies, Waltham) betrachtet das Altern selbst als Geschichtenschreiben. Neben der identitätsbildenden Funktion von Erinnerung könne die Strategie der positiven Deutung von Lebenserinnerung als Kulturtechnik intergenerational weitergegeben und in der Tradition eines Erzählens von Erfolgsgeschichten als sinngebende Überlebensstrategie genutzt werden. Auch Christiane Streubel (Geschichte, Greifswald) beschrieb die Interpretation von Erinnerung als soziale Kompetenz, die es ermöglicht, Lebenserinnerungen durch ihre unterschiedliche Deutung strategisch zu nutzen. Am Beispiel des Einpassens autobiografischer Erinnerungen in vorgegebene ideologische Deutungsmuster thematisierte Streubel zudem den Zusammenhang zwischen sozialem Alter(n) und institutionellem (Renten)System. Resümierend entwickelte Rüdiger Kunow (American Studies, Potsdam) eine kritische Perspektive auf die Grenzen der Narratologie. Sinnerzeugende Lebensgeschichten könnten nur aus Kohorten vorliegen, die sich dieser Strategie (noch) bedienen können. Als Gegenstand kritischer Forschung stünden keine Beschreibungen aus der durch Abbau geprägten spätesten Lebensphase zur Verfügung.

Alter und Körper

Der zweite Themenbereich thematisierte den in der Forschung nicht selten ›unsichtbaren‹ alternden Körper. Belege für die historische Kontingenz von Bildern alternder weiblicher Körper wurden angeführt und damit die biologische Essenz von Alter und Geschlecht in Frage gestellt. Lynn Botelho (History, Pennsylvania) problematisierte am Beispiel der Heilerin und Patientin Elizabeth Frekes (1641–1714, Norfolk, England) die Debatte über den Beginn der Medikalisierung von Alter, die gewöhnlich auf das späte 18. Jahrhundert datiert und in Deutschland und Schottland verortet wird. Ähnlich argumentierte Patricia Vertinsky (Human Kinetics, British Columbia) in ihrer Analyse der stark patriarchalisch geprägten medizinischen Debatten über ›normales Altern‹ und ›angemessene körperliche Betätigung‹ im späten 19. und im 20. Jahrhundert. Eine praktische Perspektive auf Bewegung im Alter gab Rosa Diketmüller (Sportwissenschaften, Wien) im Hinblick auf Möglichkeiten der Einbeziehung von Alter und Geschlecht in die Planung und Umsetzung sportpädagogischer Projekte. Angelika Uhlmann (Medizingeschichte, Greifswald) verortete die Förderung körperlicher Betätigung älterer Frauen im Kontext gesellschaftlicher Diskurse über ›erfolgreiches Altern‹ und fragte, inwiefern sportlich aktive ältere Frauen zur Disziplinierung von Alter beitragen oder diese in Frage stellen. Auch Gertrud Pfister (Sports Sciences, Kopenhagen) verdeutlichte diesen Zusammenhang und argumentierte, dass Sport gleichsam sowohl ›Anti-Aging-Strategie‹ als auch Mittel zum Widerstand gegen Stereotype sein könne.

Alter und Gespräch

Im dritten Themenkomplex demonstrierten die Vortragenden Ergebnisse aus Forschungsarbeiten, in denen Gesprächsführung als Methode angewandt und Kommunikationsinhalte und -strukturen zum Untersuchungsgegenstand gemacht werden. Cornelia Kricheldorff (Gerontologie, Freiburg) eruierte das Potential biografischer Reflexion zur Bewusstmachung von im Lebenslauf erfolgreich angewandten Bewältigungstechniken und argumentierte, dass ihre strategische Nutzung zum Lernziel im Alter gemacht werden solle. Brigitte Boothe (Psychologie, Zürich) zog erzählte Lebensgeschichte(n) zur Deduktion zugrunde liegender, an das Leben gestellter Erwartungen heran. Ihre Untersuchung der aufgedeckten Deutungsmuster ergab, dass eine optimistisch-progressive Lebenseinstellung nicht das Ausbleiben negativer Erlebnisse voraussetzt. Anne-Kathrin Mayer (Psychologie, Trier) analysierte die subjektiv wahrgenommene kommunikative Anpassungsleistung in verbalen Enkel-Großeltern-Interaktionen. Die von den jugendlichen Enkeln erlebte Beziehungsqualität hänge dabei sowohl von der Richtung der Akkommodation als auch von der Gesundheit des Großelternteils ab.

Alter und Medium

Im vierten Themenbereich wurde das übergreifende Thema der Konferenz in einem engeren Sinne aufgegriffen. Ulrike Jekutsch (Slawistik, Greifswald) befasste sich mit Alterskonstruktionen im Werk des russischen Dichters Nikolaj Zabolockij (1903–1958) und belegte, wie Zabolockijs persönliches Konzept von Alter auf verdeckte Weise dem offiziellen, stalinistischen Konzept von Alter widerspricht. Elfi Bettinger (Anglistik, München) zeigte, wie Virginia Woolf (1882–1942) in ihren Romanen Alter als das Ergebnis eines intersubjektiven, von Geschlechts- und Klasseneffekten durchzogenen Dialogs darstellt und damit quasi postmoderne Positionen vorwegnimmt. Erzählungen über Alzheimer standen im Mittelpunkt des Vortrags von Heike Hartung (Anglistik, Greifswald). Anhand eines Vergleichs der Konstruktion narrativer Identität in Krankengeschichten über Alzheimer zeichnete Hartung Aspekte des Wandels medizinischen Wissens und der öffentlichen Wahrnehmung von Alzheimer nach. Kathleen Woodward (English Studies, Washington) reflektierte aus psychoanalytischer Sicht über kulturelle Parabeln des Alterns im Hinblick auf Kernfamilie und Technologie und erkundete, inwiefern moderne Kommunikationstechnologien als emotionale Prothesen für das Fort-Da, die Bewältigung der Angst des Verlassenseins, im Alter dienen können. William Randall (Gerontology, Fredericton) plädierte für einen analytischen Rahmen, in dem Altern an sich als literarischer Prozess zu begreifen sei; jedes Individuum inszeniert sich als Erzähler, Figur, Leser und Text seines eigenen biografischen Alterns. Pat Thane (Contemporary History, London) thematisierte geschlechtsspezifische Auswirkungen gesellschaftlicher Narrationen von Alter und arbeitete den Einfluss ›offizieller‹, z. B. durch das Rentensystem entstandener Altersgrenzen auf die Strukturierung von Lebensläufen und den finanziellen und sozialen Status des Subjekts heraus.

Der narralogische Zugang sowie die äußerst gelungene Zusammenstellung der Beiträge ermöglichten sehr lebendige und konstruktive Diskussionen über fachspezifische und nationale Grenzen hinweg. Die vielen Übereinstimmungen wie auch die Bereiche des Dissenses geben Anlass zur Weiterführung des interdisziplinären Austauschs.

Alt und älter

Louis Jent

Meine Mutter ist aus Glas. Ihre Haut ist durchsichtig. Sie wiegt nur noch vierunddreißig Kilo, denn sie hat einen Hungerstreik hinter sich. Wenn sie noch einmal hinfällt, geht sie in Scherben.
 Sie hatte zwölf Stunden auf der Terrasse ihrer kleinen Wohnung gelegen, bis sie jemand entdeckt hat. Sie hatte sich das Gesicht aufgeschlagen und den rechten Arm verstaucht.
 Als ich sie im Spital besuche, winkt sie fröhlich mit dem Gipsarm, um darauf aufmerksam zu machen, wie kregel sie noch sei.
 »Du musst dich einrollen, wenn du hinfällst«, sage ich, »so wie es die Torhüter machen.« Meine Mutter weiß Bescheid. Am liebsten sieht sie sich Sportsendungen an; sie lässt kein Fußballspiel am Fernsehen aus.
 »Hä? Du vergisst, ich bin zweiundneunzig. Da gibt es nichts mehr einzurollen.«
 Meine Mutter trinkt. Ein Gläschen Cognac (sagt sie) am Mittag und am Abend und zum Essen ein Glas Wein. Ich hatte niemals die Absicht, ihr das zu verbieten, bis heute nicht. In ihrem Alter gibt es nicht viele Dinge, die mehr Spaß machen als ein Gläschen Cognac. Ich will nur, dass sie kontrolliert trinkt und kontrolliert hinfällt.
 »Du weißt, warum du hingefallen bist, oder?«
 »Nein – man hat keinen Alkohol im Blut gefunden.«
 Alles klar und sehr clever von ihr, mir mit ihrer Antwort auch gleich das Argument aus der Hand zu schlagen. Ich hätte es mir denken können. Falscher Anfang. Ich beuge mich über sie und küsse sie auf die Wange. Sie will auch auf die andere geküsst werden und zeigte das mit dem Finger an. Ihre Haut ist wie Seidenpapier.
 Die nächsten drei Wochen verbringe ich damit, mir Altersheime anzusehen.
 »Nein«, sagt meine Mutter, als sie wieder zuhause ist, »ich will nicht in ein Altersheim.«
 »Du musst mehr essen«, sage ich, denn es ist ihr anzusehen, dass sie langsam zerfällt. Ich lege ihr Lachs in den leeren Kühlschrank und bringe Schokolade mit. Als ich zwei Tage später wieder komme, liegt der Lachs noch immer unangerührt im Kühlschrank und die Tafel Schokolade daneben. Dabei hat sie nichts lieber als Lachs. Ich schmiere Butter auf ein Brötchen

und lege zwei Lachsschnitten drauf. »Ich gehe nicht weg, ehe du das gegessen hast«, sage ich.

Zwei Wochen später wird durch einen Todesfall ein Platz im schönsten Altersheim frei, das ich auf meiner Suche gesehen habe. Das Zimmer ist groß, geräumig und sonnig, ebenerdig und mit einem Ausgang in einen kleinen Park.

»Dein Vater hat immer darauf geachtet, dass wir nie in eine Parterrewohnung müssen«, sagt meine Mutter. Ich hole die Cognacflasche.

»Nein«, sagt meine Mutter, »ich will hier nicht weg.«

Meine Schwester hilft mir beim Packen. Wir finden überall Geldscheine. Unter der Bettwäsche, in der Bibel, zwischen Briefschaften. Mutter liegt derweil im Bett, dreht sich der Wand zu und weint. Ich setze mich ratlos neben sie und streichle ihren kleinen geschrumpften Kopf, das schüttere Haar. Sie greift nach meiner Hand und sagt: »Und was ist mit den Möbeln?«

O, das ist doch schon ein Gedankenschritt nach vorn. »Deine Möbel«, sage ich, »kannst du mitnehmen«. Natürlich nicht alle, aber das sage ich ihr jetzt noch nicht.

Am Tag, bevor die Möbelpacker kommen, schläft sie bei mir. Ich habe Briefpapier für sie gedruckt, denn ich bin sehr beeindruckt von der vornehmen Adresse meiner Mutter: SCHULTHEISS VON MEISS-STIFT.

»Schulthess«, sagt meine Mutter, »hieß der übelste Hausmeister, den wir je hatten. Er wohnte im Parterre.«

Wir füllen die Anmeldeformulare aus. Mutter will, dass ich unter Beruf SÄNGERIN eintrage. »Aber du warst Jodlerin«, sage ich. Wenn man Sängerin hört, stellt man sich gleich eine Oper vor.«

Mutter beharrt auf Sängerin: »Schließlich habe ich im Radio gesungen und Schallplatten gemacht. Mit dem Walzer Kari und dem Geißbergchörli.«

Als meine Mutter zum ersten Mal ihr Zimmer betritt, ist alles eingerichtet. Über dem Bett hängt wie früher der gekreuzigte Heiland mit der weinenden Muttergottes. Die gibt es auch noch in der Botticelli-Version, gleich neben dem Bauernschrank. Mutters Gesicht ist verwirrt. Ich merke, dass sie etwas Zeit braucht, um die ihr vertrauten Möbel in die neue Umgebung einzuordnen.

»Und wo ist die Joseph-Statue?« fragt sie. »Und der Rosenkranz aus Muscheln?«

»Vielleicht sollte man es nicht übertreiben«, sage ich, »das ist hier ein reformiertes Heim, geleitet von den Neumünster Diakonissinnen.«

»Hä«, sagt sie, »Neumünster? Du bist im Neumünster-Spital auf die Welt gekommen, und es hat keine Diakonissin gestört, dass ich dir immer ein Kreuzchen auf die Stirn machte, wenn man dich mir gebracht hat.«

Ich schalte beiläufig den CD-Player ein, den ich für sie gekauft habe. Bis dahin hat sie ihn übersehen. Ich habe die alte Schellackplatte mit dem Walzer Kari und dem Geißbergchörli auf eine CD gebrannt.

Mutter hat sich unterdessen, nicht ohne vorher die Matratze einer eingehenden Prüfung zu unterziehen, aufs Bett gesetzt, das leider nicht ihr eigenes ist, sondern das vom Heim verordnete Gerät für den praktischen Umgang mit prospektiven Pflegefällen. Ich setze mich neben sie und drücke sie ermunternd, als ihre junge, glasklare Stimme unvermittelt Besitz nimmt von der neuen Welt, in der die alten Möbel für Ordnung sorgen sollen.

Dä mit em brune Huet diolodiodiololodi dä gfallt mer cheibe guet diololodidiololodidioliadiolidu

Mutter wirft mir ein eiliges Lächeln zu und macht sich mit der Zunge die Lippen feucht, bevor sie sich mit einem kühnen Schwung auf ihre dürren Beinchen stellt und loslegt. Sich mit beiden Händen selbst dirigierend wagt sie sich hinauf bis in die Kopfstimmlagen, wo die Vokale wild durcheinander kullern, angetrieben von immer schneller werdenden Zungenschlägen, die jeden Ton mit einem L oder einem D in den nächsten schicken: *diololodidiololodidioliadiolidu*

Es ist Zeit, die Cognacflasche zu holen.

»Ich bin jetzt auch alt«, sage ich, als wir anstoßen »nicht so alt wie du, aber auch alt.«

Anzeige

2006 · 326 Seiten · Broschur
EUR (D) 28,– · SFr 49,–
ISBN 978-3-89806-567-2

2006 · 172 Seiten · Broschur
EUR (D) 19,90 · SFr 34,90
ISBN 978-3-89806-564-1

Die Erforschung von frühen traumatischen Belastungen in Kriegszeiten hat große Fortschritte gemacht und den Fokus auch auf deutsche Kindheiten im II. Weltkrieg gerichtet. Dieses Buch enthält Erlebnisberichte, bewegende Dokumente von Psychotherapeuten über die Erfahrungen aus ihrer eigenen Kriegskindheit und Beispiele aus psychotherapeutischen Behandlungen, Beispiele von künstlerischen und schriftstellerischen Verarbeitungen und repräsentative Forschungsberichte zu den Folgen von traumatischen Belastungen, Verlusten und Vaterlosigkeit.

Diese Zusammenstellung hilft, das durch Krieg verursachte Leid in einer erweiterten Dimension zu verstehen und bietet zudem Ansatzpunkte, die 68er Zeit und weitere gesellschaftliche Entwicklungen bis heute vor diesem Hintergrund neu zu interpretieren.

Da die Ostdeutschen an der Geschichtsschreibung bisher wenig teilhaben, geraten ihre Traumatisierungen durch Nazizeit und Krieg, Flucht und Vertreibung, durch stalinistische Repressionen und Stasi-Praxis leichter in die Vergessenheit. Tabus und Sprachlosigkeit verhindern nicht nur jede Wundheilung, sondern verursachen selbst Verletzungen. Sie spielen auch bei der Weitergabe von Traumen an die nächsten Generationen eine zentrale Rolle.

10 ostdeutsche Psychoanalytiker betreiben eine hochpolitische Krankengeschichtsschreibung und ermöglichen – 60 Jahre nach Kriegsende und 15 Jahre nach der Wende – eine umfassendere sowie psychoanalytisch orientierte Sicht auf die Geschichte der Deutschen aus ostdeutscher Sicht.

Psychosozial-Verlag

Goethestr. 29 · 35390 Gießen · Tel. 0641/9716903 · Fax 77742
bestellung@psychosozial-verlag.de
www.psychosozial-verlag.de

GAT Transkriptregeln

Siglen:

I: Interviewer
P: Patientin

Transkriptionskonventionen:

[ ]	Überlappungen und Simultansprechen
=	direkter Anschluss
(.)	Mikropause
(-)	kurze Pause (ca. 0.25 Sek.)
(--)	mittlere Pause (ca. 0.50 Sek.)
(---)	längere Pause (ca. 0.75 Sek.)
(2.0)	gemessene Pause in Sek.
:; ::; :::;	Dehnung, Längung, je nach Dauer
akZENT	Primär- bzw. Hauptakzent
ak!ZENT!	extra starker Akzent
!	Ausruf, Emphase
?	hoch steigende Intonation, Frageintonation
,	mittel steigende Intonation
;	mittel fallende Intonation
.	fallende Intonation – gleichbleibende Intonation
∧	steigend-fallende Intonation
∨	fallend-steigende Intonation
↑	auffälliger Tonhöhensprung nach oben
↓	auffälliger Tonhöhensprung nach unten
( )/(das)	unverständlicher/vermuteter Wortlaut
(das/was)	mögliche Alternativen
<<lächelnd> na ja>	interpretierende Kommentare mit Reichweite
((schnauft))	para- und außersprachliche Handlungen/Ereignisse
.h, .hh, .hhh	deutliches Einatmen, je nach Dauer
h, hh, hhh	deutliches Ausatmen, je nach Dauer
Ä: (na:. s=meld si niemand;)	Beschreibung v. nonverbalen/sichtbaren
_____/	Kommunikationsanteilen
\\	legt Hörer auf, wählt eine andere Telefonnummer

GAT Transkriptregeln

Lautstärke- und Sprechgeschwindigkeitsveränderungen mit Reichweite:

<<f>	> / <<ff>	>	= forte, laut / fortissimo, sehr laut
<<p>	> / <<pp>	>	= piano, leise / pianissimo, sehr leise

Autorinnen und Autoren

Puspa Agarwalla, Dr. phil. I, (Jg. 1968), Klinische Psychologin, Forschungspsychologin an der Abteilung Psychotherapie und Psychohygiene der Universitären Psychiatrischen Kliniken Basel,
Forschungsschwerpunkte: Psychotherapieforschung, Gewalt in der Psychiatrie. Weitere Interessengebiete: Psychosomatik, Schmerzerkrankungen und Schmerzverarbeitungsstörungen.

Dr. phil. Puspa Agarwalla
Psych. Universitätsklinik
Abteilung Psychotherapie u. -hygiene
Socinstraße 55a
CH 4051 Basel
puspa.agarwalla@upkbs.ch

Brigitte Boothe, Prof. Dr. phil., (Jg. 1948), Psychoanalytikerin (DGPT, DPG), Psychotherapeutin (FSP) und Lehrstuhlinhaberin für Klinische Psychologie Psychotherapie und Psychoanalyse an der Universität Zürich. U.a. Veröffentlichungen zur Psychoanalyse der frühen weiblichen Entwicklung zu Traum und Erzählung und zu Modellen des Glücks in Märchentexten.

Prof. Dr. phil. Brigitte Boothe
Psychologisches Institut
Klinische Psychologie, Psychotherapie und Psychoanalyse
Universität Zürich
Binzmühlestraße 14/16
CH 8050 Zürich
b.boothe@psychologie.unizh.ch

Elisabeth Gülich, Prof. em. Dr. phil.,(Jg. 1937), Professorin für Romanistik/Linguistik an der Universität Bielefeld, seit 2002 i.R. Arbeitsgebiete: Textlinguistik, Konversationsanalyse, Erzählforschung, medizinische Kommunikation. Seit 1995 Zusammenarbeit mit Dr. Martin Schöndienst (Epilepsiezentrum Bethel); interdisziplinäre Forschungsprojekte zur Beschreibung von (epileptischen und nicht-epileptischen) Anfällen durch Patienten

Autoren

und zur kommunikativen Darstellung von Angst mit dem Ziel einer differenzialdiagnostischen und differenzialtherapeutischen Auswertung konversationsanalytischer Forschungsergebnisse.

Prof. em. Dr. phil. Elisabeth Gülich
Heinrichstr. 5
D 33824 Werther
elisabeth.guelich@uni-bielefeld.de

Marie-Luise Hermann, cand. lic. phil., (Jg. 1966), nach Musikstudium und langjähriger Berufstätigkeit als Orchestermusikerin seit 2002 Studium der Psychologie an der Universität Zürich, Schwerpunkt Klinische Psychologie, Psychotherapie und Psychoanalyse. Forschungsinteressen Narrative Gerontologie, Kreditierung im lebensgeschichtlichen Interview, Zukunft der seelischen Gesundheit im Alter.

Marie-Luise Hermann
Flühstr. 4
CH 5415 Nussbaumen
mlhermann@bluewin.ch

Heinz Hunziker, lic. phil. (Jg. 1968), Psychoanalytischer Psychotherapeut (FSP), wissenschaftlicher Mitarbeiter im Forschungsprojekt FIPP (Forschungsinitiative Psychoanalytische Psychotherapie) an der Abteilung Psychotherapie und Psychohygiene der Psychiatrischen Universitätsklinik Basel und wissenschaftlicher Mitarbeiter in der Forschungsgruppe Substanzstörungen der Psychiatrischen Universitätsklinik Zürich.

Heinz Hunziker
Sonnenbergstraße 28
CH 5408 Ennetbaden (Aargau)
heinz.hunziker@gmx.ch

Thorsten Jakobsen, Dipl.-Psych., Psychologischer Psychotherapeut, Fachpsychologe FSP, Psychoanalytiker DGPT, DPV, IPV
Studium der Psychologie, Forschungstätigkeit am Sigmund-Freud-Institut

Frankfurt, Langjährige Tätigkeit in der Psychosomatischen Klinik Heidelberg mit den Schwerpunkten Statistik, Psychotherapieforschung, Operationalisierte Psychodynamische Diagnostik (OPD) und somatoforme Störungen. Aktuell Mitarbeiter im Projekt in der FIPP Studie Basel, in der Praxisstudie Analytische Langzeittherapie (PAL), Sprecher des Arbeitskreises Sucht der OPD und tätig im Projekt QPP des Institutes für Psychotherapieforschung und Qualitätssicherung Heidelberg. Mehrjährige Niederlassung als Psychoanalytiker in Heppenheim (Hessen) und aktuell in eigener Praxis tätig in Basel.

Dipl.-Psych. Thorsten Jakobsen
Gerbergasse 43/Postfach 710
CH 4001 Basel
jakobsen@gmx.de

Louis Jent und seine Erzählung Alt und älter: Im Herbst 2004 lancierte das Gesundheits- und Umweltdepartement der Stadt Zürich den Kurzgeschichtenwettbewerb »Alt und ... «. Kinder, Jugendliche und Erwachsene waren aufgefordert, Erfahrungen mit dem Alter, dem Älterwerden und mit alten Menschen niederzuschreiben. Aus den rund 1000 eingereichten Kurzgeschichten wurden die besten jeder Alterskategorie prämiert. Zur Jury-Leitung gehörte unter anderem Peter von Matt. Der in Zürich lebende Autor Louis Jent erhielt den ersten Preis. Die eindrucksvolle Erzählung wurde im Intercura, Februar 2005, erstmals publiziert.

Louis Jent
Brandschenkestr. 40
CH 8002 Zürich

Christine Knauss, Diplom Psychologin, (Jg. 1974), Forschung u.a im Bereich Psychotherapieforschung, Forschungsschwerpunkt im Bereich Körperbild im Jungendalter und Geschlechtsdifferenzen im Körperbild.

Christine Knauss
Psych. Universitätsklinik
Abteilung Psychotherapie u. -hygiene
Socinstrasse 55a

Autoren

CH-4051 Basel
christine.knauss@gmx.net

Joachim Küchenhoff, Prof. Dr. med, (Jg. 1953), Arzt für Psychiatrie, Arzt für Psychotherapeutische Medizin, Psychoanalytiker (DPV, SGPsa, IPA), Professor für Psychotherapie und Psychosomatik und Leitender Arzt für Psychotherapie und Psychohygiene an den Psychiatrischen Universitären Kliniken Basel. Wissenschaftliche Schwerpunkte: interdisziplinäre Forschung in Kulturwissenschaften und Psychoanalyse, psychoanalytische Theorie, Psychotherapieforschung, Psychosomatik (v.a. somatoforme Störungen, umweltbezogene Gesundheitsstörungen). Letzte Buchpublikationen: Küchenhoff J (2005) Psychodynamische Kurz- und Fokaltherapie. Schattauer Stuttgart; Küchenhoff J (2005) Die Achtung vor dem Anderen. Velbrück Weilerswist; Küchenhoff J, Hügli T, Mäder U. (Hrsg.) (2005) Gewalt – Ursachen, Formen, Prävention. Psychosozial Verlag Gießen

Prof. Dr. med Joachim Küchenhoff
Psych. Universitätsklinik
Abteilung Psychotherapie u. -hygiene
Socinstraße 55a
CH 4051 Basel
Joachim.Kuechenhoff@unibas.ch

Judith Rossow, M.A., geb. 1979, Studium der Anglistik/Amerikanistik, Kommunikationswissenschaften und Betriebswirtschaftslehre in Greifswald, seit 2005 Arbeit an einer Dissertation zur kulturellen Konstruktion von Alter(n), seit April 2005 gefördert durch ein Graduiertenstipendium des Landes Mecklenburg-Vorpommern

M.A. Judith Rossow
Pflugstr. 11
D 10115 Berlin
judith.rossow@gmx.de

Autoren

Ruth Schneider, Dipl.Psych., (Jg. 1960), Psychologin FSP, Klinische Psychologie und Ausbildung EFPP, Arbeit in eigener Praxis und Leitung der »Therapeutischen Wohngemeinschaft Arlesheim«.

Dipl. Psych. Ruth Schneider
Klinische Psychologie
Rümelinsplatz 14
CH 4001 Basel
schneider.ruth@gmx.net

Mone Spindler, M.A., geb. 1975, Studium der Soziologie, vergleichenden Religionswissenschaft und Kunstpädagogik in Frankfurt a. M., seit 2003 wissenschaftliche Mitarbeiterin bei ISIS – Institut für Soziale Infrastruktur (Frankfurt a. M.), seit 2005 Arbeit an einer Dissertation über die Anti-Aging Bewegung in Europa, Januar bis September 2006 Marie-Curie-Training Fellow am Sheffield Institute for Studies on Ageing, Universität Sheffield

M.A. Mone Spindler
ISIS – Institut für Soziale Infrastruktur
Kasseler Str. 1a
D 60486 Frankfurt a. M.
spindler@isis-sozialforschung.de

Katarzyna Swita, lic. phil., (Jg. 1979). Studium der Psychologie, Psychopathologie des Erwachsenenalters und Kriminologie in Zürich. 2005 Beginn der Postgradualen Weiterbildung in Psychoanalytischer Psychotherapie (MASP) in Zürich. Seit 2006 im klinischen Jahr an der Kantonalen Psychiatrischen Klinik in Liestal.

Lic. phil. Katarzyna Swita
Dörflistraße 46
CH 8050 Zürich
kswita@hispeed.ch

Autoren

Merve Winter, Dipl.-Psych., (Jg. 1977), ist Kollegiatin am Baseler Graduiertenkolleg »Gender in Motion« und Stipendiatin des Schweizer Nationalfonds im Projekt »Skripts and Preskripts«. Sie lebt in Leipzig und ist dort als psychologische Gutachterin im Bereich der Lebendorganspende tätig. Derzeit arbeitet sie an ihrer Dissertation zum Thema Geschlechterdifferenz in der Lebendorganspende und ist an der Universität Zürich als Promotionsstudentin immatrikuliert. Sie ist Redakteurin der Zeitschrift Psychoanalyse. Texte zur Sozialforschung.

Dipl.-Psych Merve Winter
Antonienstr. 3
D 04229 Leipzig
merve.winter@uni-duisburg-essen.de

Wissenschaftlicher Beirat

Anna Auckenthaler, Berlin
Jessica Benjamin, New York
Hans Bosse, Frankfurt a. M.
Manfred Cierpka, Heidelberg
Martin Dornes, Frankfurt a. M.
Jörg Frommer, Magdeburg
Heidi Gidion, Göttingen
Helmut Göbel, Göttingen
Günter Gödde, Berlin
Charles Goodwin, Los Angeles
Heiko Hausendorf, Bayreuth
Bruno Hildenbrand, Jena
Horst Kächele, Ulm
Heiner Keupp, München
Armin Koerfer, Köln
Joachim Küchenhoff, Basel
Irene Kühnlein, Augsburg
Franziska Lamott, Ulm/München
Gabriele Lucius-Hoene, Freiburg
Karin Martens-Schmid, Köln
Wolfgang Mertens, München
Ulrich Oevermann, Oberflorstadt
Christa Rode-Dachser, Frankfurt a. M.
Emanuel Schegloff, Los Angeles
Roland Schleiffer, Köln
Rudolf Schmitt, Berlin
Michael Schröter, Berlin
Aglaja Stirn, Frankfurt a. M.
Jürgen Streeck, Austin
Reinhart Wolff, Berlin

www.ingramcontent.com/pod-product-compliance
Ingram Content Group UK Ltd.
Pitfield, Milton Keynes, MK11 3LW, UK
UKHW041947230426
12048UKWH00008B/190